新・社会福祉原論

足立 叡 編

akira adachi

(株) みらい

●編集

　足 立　　叡　　（あだち・あきら）
　元淑徳大学総合福祉学部教授

●執筆者（執筆順）

　足 立　　叡　　前掲……………………序章・終章
　志 水　　幸　　北海道医療大学…………第1章
　藤 森　雄 介　　淑徳大学…………………第2章
　津 田　耕 一　　関西福祉科学大学………第3章
　植 戸　貴 子　　神戸女子大学……………第4章
　米 村　美 奈　　淑徳大学…………………第5章
　松 倉　佳 子　　こども教育宝仙大学……第6章
　長 尾　弥 子　　元淑徳大学短期大学部…第7章
　藤 野　達 也　　淑徳大学…………………第8章
　三田寺　裕 治　　淑徳大学短期大学部……第9章
　中 神　洋 子　　元同朋大学………………第10章

発刊によせて

　このたび、同じ職場の大学で30年以上にわたり社会福祉の教育を共に担ってきた、同志ともいうべき足立叡教授が編者となって、ソーシャルワーカーをめざす学生に向けた格好の入門書を上梓されることとなった。しかも執筆者の多くは教授の教え子で母校並びに系列校の教壇に立つ、私もよく知る将来楽しみな新進の研究者である。

　先ごろ足立教授は、本書のゲラを携えて来室されるや、改めて私に本書企画の経緯や趣旨、構成と執筆陣など熱い思いを込めて語られ、かねて約束の序文を当方に託された。11人もの手になる社会福祉の原論を一書にまとめあげるご苦労は私の想像を超えようが、編者はそれをみごとに成し遂げられた。多年にわたり「社会福祉原論」の授業を担当され、幾多のソーシャルワーカーを実践現場に送り出し、つねに実践と教育、研究との相互作用と緊張関係に身をおかれた教授にしてはじめてなし得ることである。私は、時宜を得た本書の発刊を心から喜ぶものである。

　まず、本書のタイトルが『新・社会福祉原論』とあるのに注目したい。編者によればその理由は、「執筆者一同それぞれ、自らの社会福祉の教育と実践への視点を、『基礎への』そして『基礎からの』視点として明確化することを読者のみなさんとともに共有できればと願った」（「はじめに」）からにほかならないという。つまり、「基礎教育」再確認の書でもある。したがって、これまでの社会福祉の教育と実践のありように対する厳しい批判や反省が本書を通底していることを見逃してはならない。編者が、「社会福祉の学びと実践への関心が、もしその『本体構造』にのみもっぱら向けられ、それを支える『基礎構造』の意味を問う姿勢が見失われたとき、……本体と基礎の乖離という事態が実践現場において生じないとも限らない」（「終章」）と警鐘を鳴らしているのがそれである。

　編者の「基礎構造」への視点は、さらに現下の社会福祉基礎構造改革の理念に向けられ、それまでの社会福祉の基礎構造にみられた「してあげる・してもらう」という関係の次元から、相互主体的な「ともに生きる」という、「共生と自立支援」の次元へとパラダイム転換したとし、そのめざす意味をソーシャルワーカーの実践的役割に見出そうとしている。そしてそこから、「ソーシャルワーカーには、『関係を生きる人間』の存在論的事実への気づきと、その気づきに基づく関係論

からの援助の視点が問われ、求められている」と述べられるように、人間理解の存在論的視点として、「独我論から関係論への転換の視点」が示唆される。こうした点もまた本書全体を貫いている重要な視点であり、特に「社会福祉の実践的理解」をテーマとする第5・6・7章によく反映していると思われる。

　以上のように本書は、福祉の価値や倫理に深く根ざしつつ、実践を以って結実する社会福祉の基礎構造から本体構造に及ぶ教育体系を、ソーシャルワーカーに焦点化した類書の少ない入門書となっている。江戸時代の儒者貝原益軒は、その著『慎思録』のなかで、学問の要諦を身体になぞらえて次のように述べる。初学ないし俗学の徒の「知」は皮膚の段階に止まるが、君子の「知」は「皮よりして肉に到り、肉よりして骨に到り、骨よりして髄に到る」と。社会福祉を学ぶ学生にとって、文字通り「骨の髄」にまで到る貴重な手がかりを与えてくれる本書をより多くの方々にお薦めしたい。

　おわりに、本書の誕生にあたって、名産婆役を務められた㈱みらいの荻原太志氏は編者の教え子だと聞き、これまたうれしい限りである。

2005年3月

淑徳大学学長　長谷川匡俊

はじめに

　今日、わが国の社会福祉は、その教育・実践・研究のそれぞれの場面において、これまで以上にその取り組みへの現実性・多様性・総合性が強く求められてきている。そしてまた、現代社会が抱えている種々の社会的生活問題への福祉的取り組みと、それに対応するための社会福祉制度改革の波のなかで、社会福祉の教育と実践においては、そうした変動や変化を生きる社会福祉の視点とは何かが問われてきているといえよう。

　こうした状況のなかで、私たちは教育の場で社会福祉を教え、学ぶということにおいても、また、福祉現場で社会福祉実践を担うということにおいても、ともに一つの大きな課題に直面しているのではないかというのが、編者、執筆者一同が本書に取り組もうとした動機である。

　では、今日の社会福祉の教育や実践において私たちが直面している課題とは何か。それは一言でいうならば、これからの教育や実践にとって、これまで積み上げてきた「社会福祉についての教育・実践」にとどまることなく、「社会福祉の教育・実践」に対しての新たな視点を生み出すものとして問われ、求められているという課題だといってもいいのではないだろうか。言い換えるならば、これからの社会福祉の教育や実践に問われ、求められていることは、社会福祉「についての」知識や技術、さらには制度を受け身に、マニュアル的に学び、実践するのではなく、社会福祉「を」学び、実践する視点や態度の明確化という課題といってもよいであろう。さらにいうならば、社会福祉士養成を中心とした社会福祉の教育課程においても、また、福祉現場での現場教育においてもともに、それぞれの本体の教育を支える「基礎教育」が、今、改めて問われているのではなかろうか。したがって、そこで求められているのは、教育と実践、大学と現場、という領域的二分法ではなく、教育も実践も、大学も現場も、ともに「基礎への」、さらには「基礎からの」教育であり、実践であるという視点だといってもいいのではないだろうか。

　したがって本書の編集に際しては、編者も含め、執筆者一同それぞれ、自らの社会福祉の教育と実践への視点を、「基礎への」そして「基礎からの」視点として明確化することを読者のみなさんとともに共有できればと願った。その願いがどこまで実現できたかは、読者のみなさんの判断にお任せするしかないが、本書を

『新・社会福祉原論―現代社会福祉の視点と社会福祉援助の可能性』としたのは、そうした願いゆえであることをご理解いただければ幸いである。

　なお、本書の各章のねらいと内容、また全体の編集方針を執筆者相互でできるだけ共有するために、執筆者一同の参加による編集会議を数回にわたり開催し、検討を重ねたが、そうしたプロセスを経ることができたのは、出版社である（株）みらいの編集担当者として本書の出版に同志として参加いただいた荻原太志氏の熱い理解ゆえである。ここに改めて感謝したい。

　また、最後になったが、編者および執筆者の多くが勤務する淑徳大学の学長である長谷川匡俊先生から「発刊によせて」と題した手厚い序文を賜ったことは、執筆者一同望外の喜びであり、ここに心より感謝申し上げる次第である。

2005年3月

編者　足立　叡

目次

発刊によせて

はじめに

序章

社会福祉と人間理解
　——ソーシャルワーカーの視点を求めて

1　社会福祉の新たな概念化と社会福祉実践への現代的視点 …… 1
　1．「保護と救済の社会福祉」から「共生と自立支援の社会福祉」へ／1
　2．社会福祉における「共生」の視点とノーマライゼーションの思想／3

2　人間とその生活への社会福祉の視点と概念 …………… 5
　1．社会福祉の固有の視点と社会福祉的援助の原理／5
　2．人間理解における関係性への視点／8

3　社会福祉実践における制度・政策・組織への視点 ………… 13
　1．「制度・組織における人間」から「人間における制度・組織」への転換／13
　2．ソーシャルワークとしてのアドミニストレーションの実現／15

第1章

社会福祉の理念と概念
　——現代社会福祉はどのように形成されたのか

1　社会福祉の淵源 ……………………………………… 19
　1．社会福祉の語源／19
　2．関係態としての人間観／20

2　社会福祉理念の位相 ………………………………… 22
　1．規範的理念としての基本的人権／22
　2．実践的指針としてのノーマライゼーション／23
　3．実定法上の権利としての社会福祉／24

3　社会福祉概念の位相 ………………………………… 26
　1．社会福祉概念の用法／26
　2．目的概念と実体概念／27
　3．狭義概念と広義概念／28

　　　　4．社会福祉の今日的課題／30

　　4　ソーシャルワークの社会的再編 …………………………………… 31
　　　　1．社会福祉概念の理論的課題／31
　　　　2．制度的概念と機能的概念の統合的理解／32
　　　　3．ソーシャルワークの社会的再編／34

第2章
社会福祉の歴史
　　——日本における社会福祉の歩みを中心に

　　1　社会福祉前史としての慈善・救済の時代における制度と人物 …… 39
　　　　1．古代律令国家における公的救済制度／39
　　　　2．仏教思想に基づく慈善・救済活動／41
　　　　3．近世の幕藩体制と儒教思想による慈善・救済の諸相／43
　　　　4．イギリスにおけるエリザベス救貧法の成立と展開／44

　　2　近代国家成立期における慈恵・慈善事業、感化救済事業の時代 …… 46
　　　　1．近代国家成立の過程と公的救済制度の限界／46
　　　　2．近代日本社会の底辺を支えた民間社会事業家の諸活動／47
　　　　3．イギリス・アメリカにおける民間慈善活動と展開／51

　　3　大正・昭和戦前期における社会事業・厚生事業から戦後の社会福祉へ … 52
　　　　1．「社会事業」の成立／52
　　　　2．方面委員制度の成立と時代に与えた影響／53
　　　　3．戦時体制下における社会事業から厚生事業への転換／54
　　　　4．戦後日本における社会福祉の出発と展開／55

第3章
社会福祉のニード
　　——生活課題からの福祉ニードの把握

　　1　社会福祉援助における福祉ニードの概念 …………………………… 59
　　　　1．生活問題と生活課題／59
　　　　2．福祉ニードの意味／61

　　2　福祉ニードの理解の仕方 ……………………………………………… 62
　　　　1．福祉ニードの概念／62
　　　　2．ニードと日々のディマンド／63

3．ニードの普遍化から個別化へ／64
　　　4．潜在的ニードと顕在化（表出）したニード／65

　3　福祉ニードの基準的指標とサービス提供の形態 …………………… 66
　　　1．福祉ニードの基準的指標／66
　　　2．サービス提供の形態／67

　4　ソーシャルワーカーにとっての福祉ニードの把握 …………………… 68
　　　1．利用者の意思確認の重要性と困難性／68
　　　2．ニードの意味的理解／70
　　　3．まとめ／71

第4章
社会福祉援助の考え方と方法
　──社会福祉援助実践における援助技術の視点

　1　社会福祉援助とは ……………………………………………… 75
　　　1．社会福祉と社会福祉援助／75
　　　2．社会福祉援助の意義／76

　2　社会福祉援助技術 ……………………………………………… 77
　　　1．社会福祉援助技術の価値・原理・原則／77
　　　2．社会福祉援助技術の体系／80
　　　3．社会福祉援助活動の機能／84
　　　4．社会福祉援助技術とソーシャルワーカー／87

　3　社会福祉援助の新しい視点 …………………………………… 88
　　　1．ジェネラリスト・アプローチ／88
　　　2．エンパワメントとストレングス視点／89
　　　3．パートナーシップ／90

第5章
社会福祉の実践的理解Ⅰ
　──ソーシャルワーカーの倫理と専門性

　1　ソーシャルワーカーの倫理を支えるもの …………………………… 93
　　　1．日本における倫理綱領／93
　　　2．「ソーシャルワーカーの倫理綱領」のもつ援助関係からの視点／94

2　対人関係において培われる倫理……………………………………… 102
1．良心的エゴイズム／102
2．自立の阻害への気づき／103
3．秘密保持からの芽生え／105
4．組織人であるということの意味／107
5．対人関係のなかで築く倫理／108

3　ソーシャルワーカーにとっての倫理と専門性………………………… 110
1．援助関係を支える倫理／110
2．倫理の遂行と専門性／112

第6章
社会福祉の実践的理解 II
——社会福祉援助における対象理解の基本的視点

1　社会福祉援助の対象における制度的理解の限界………………… 117
1．制度上の援助対象と現実の援助対象者／117
2．制度がなければ援助対象とはならないのか／119

2　社会福祉援助の対象における実践的理解の必要性……………… 121
1．生活者としての対象理解の必要性／121
2．援助とのかかわりからの対象理解／123

3　得永幸子にみる社会福祉の対象理解と援助者の視点…………… 125
1．援助者の態度にあらわれる対象理解／125
2．対象理解と援助者の態度／128

第7章
社会福祉の実践的理解 III
——社会福祉実践の場としての地域福祉の可能性

1　社会福祉実践の場の理解………………………………………… 131
1．生涯を通しての支援の必要性／131
2．社会福祉実践の場の特性／132

2　ライフステージごとのニードと社会福祉実践の場……………… 135
1．生活問題の構造と社会福祉実践の場／135
2．利用者を生涯にわたって支える実践の場／137

　　　　3．新たな課題──利用者の自己決定の保障／139

3　「地域」という実践の場で広がる福祉　…………………………… 140
　　　　1．地域福祉の場における問題把握の視点と実践／140
　　　　2．他者との共存について／141

第8章
社会福祉法制と実施体制
　──社会福祉はどのような仕組みで行われているのか

1　社会福祉利用者の権利と社会福祉の法律と制度………………… 145
　　　　1．社会福祉と人権／145
　　　　2．ノーマライゼーションと社会福祉関係法／146
　　　　3．社会福祉の法と制度およびサービスの関連／146

2　社会福祉の法制………………………………………………………… 147
　　　　1．福祉六法と関係法令／147
　　　　2．社会福祉法／149

3　社会福祉の実施体制…………………………………………………… 150
　　　　1．国の福祉行政の体制／150
　　　　2．地方公共団体の福祉行政の体制／151
　　　　3．専門的行政機関／152
　　　　4．社会福祉を担う民間団体／153
　　　　5．社会福祉専門職の資格／156

4　社会福祉のサービス…………………………………………………… 159
　　　　1．社会福祉のサービスの形態／159
　　　　2．社会福祉施設の種別／160
　　　　3．福祉サービスの課題／160

5　社会福祉の財源………………………………………………………… 162
　　　　1．社会福祉関係費用の動向／162
　　　　2．社会福祉事業の運営費用／163
　　　　3．利用者負担／165

6　これからの社会福祉実施体制の方向と課題………………………… 166

第9章
福祉サービスの質
―― 福祉経営に求められるサービス評価・権利擁護・リスクマネジメント

1　福祉サービスの質の評価……………………………………………………169
- 1．サービス評価のこれまでの主な流れ／169
- 2．サービス評価の視点と方法／172
- 3．第三者評価事業の実際／174

2　契約制度下における権利擁護と利用者支援……………………………176
- 1．権利擁護の必要性／176
- 2．地域福祉権利擁護事業／177
- 3．福祉サービスにかかる苦情解決システム／179

3　福祉サービスにおけるリスクマネジメント………………………………181
- 1．経営環境の変化とリスクマネジメント／181
- 2．福祉サービス事業者を取り巻くリスク／181
- 3．福祉サービスの事故の状況／182
- 4．リスクマネジメント・プロセス／183

第10章
国際社会福祉の概念と問題
―― 地球的視野で考える福祉課題とは何か

1　「国際社会福祉」の概念と理解……………………………………………189
- 1．「国際社会福祉」とは何か／189
- 2．研究基盤としての『世界人権宣言』／191

2　戦　　　争………………………………………………………………………192
- 1．戦争・民族紛争／192
- 2．祖国を追われる人々／193
- 3．戦争で傷つく子どもたち／194
- 4．戦争・紛争の終結後の問題／195

3　構造的な貧困……………………………………………………………………195
- 1．貧困／195
- 2．児童搾取労働／196

4　環境と人間 ……………………………………………………………… 200
　　1．『世界人権宣言』が見落とした環境問題／200
　　2．チェルノブイリ原発事故／201

5　「国際社会福祉」の実践に向けて ………………………………… 203
　　1．地球規模の問題に立ち向かう力の源泉としての教育／203
　　2．ボランタリー精神で築く「水平的」な関係／206

終章

社会福祉基礎構造改革の考え方と課題
　　——社会福祉はどこに向かっているのか

1　社会福祉における基礎構造改革の意味とその考え方 …………… 212
　　1．社会福祉の学びと実践における「本体構造」と「基礎構造」／212
　　2．社会福祉基礎構造改革の基本的視点とソーシャルワークの課題／214

2　社会福祉の基礎構造を支える存在論と「福祉の哲学」 ………… 216
　　1．人々の生活を支える価値の転換／216
　　2．人間理解における独我論から関係論への転換／217
　　3．ソーシャルワークにおける対人援助論の課題／219

索　引

序章

社会福祉と人間理解
──ソーシャルワーカーの視点を求めて

●本章のねらい

　本章では、現代のわが国の社会福祉に求められていることは何かについて、次の3つの視点を明らかにすることを通して考えてみたい。
　第1は、わが国において、今日、社会福祉についての人々の理解と考え方の転換がどのような意味で問われ、求められているのか、そしてその転換において社会福祉実践に取り組もうとするとき、私たち（福祉専門職）に求められているその実践への現代的視点とは何かということである。
　第2は、そうした社会福祉実践への現代的視点から、その対象である人間とその生活を理解していこうとするとき、それはどのような視点として概念化されうるのかということである。
　そして第3には、そうした社会福祉の視点からの人間理解は、社会福祉実践に欠かせない制度や政策、そしてその組織へのソーシャルワーカーのかかわり方としてどのような視点が問われ、求められているのかということである。

1 社会福祉の新たな概念化と社会福祉実践への現代的視点

1.「保護と救済の社会福祉」から「共生と自立支援の社会福祉」へ

1　これまでの社会福祉とその考え方

　今日、わが国の社会福祉についての考え方やその制度・政策の性格の理解にとって、戦後の50年以上続いた「措置」という言葉に象徴されるような、生活困窮者や社会的弱者といわれる人々への救済保護的な考え方からの根本的な脱皮・転換が求められてきている。そうした転換への歩みは、1998（平成10）年の「社会福祉基礎構造改革」への取り組み[1]と、その基礎構造改革をふまえた2000（同12）年の「社会福祉事業法」の改正による「社会福祉法」の制定等のもとで、社会福祉の各分野で今日実践的にそのスタートを切りつつあるといえよう。
　そして、そうした改革と転換の基本的視点は、これまでの「保護と救済の社会福祉」から、これからの「共生と自立支援の社会福祉」への視点であるといえよ

う。1940年代の半ばよりスタートを切ったわが国の社会福祉は、1960年代までは、「戦後間もない時期において、戦争被災者、引揚者などが急増する中で、生活困窮者を中心として出発し、その後の経済成長とともに発展を遂げてきた」[2]といわれるように、その対象と視点を貧困問題と、そこにおける「生活困窮者」の救済保護に限定することによって意味づけられていたといえよう。さらに、1960年代に入り、その対象は経済成長の流れのなかで、それまでの「生活困窮者」のみならず、社会的にハンディキャップをもった障害者といわれる人たちや高齢者といった、いわゆる「社会的弱者」へと広げられていったが、しかしなお、社会福祉についての考え方や制度の性格は、依然として救済保護的な「措置制度」のもとで理解されてきたのである。

2 これからの社会福祉とその考え方

今日では、人々の生活や人生における幸せや生きがいに関する考え方や価値観も多様化し、かつ高度化してきており、「社会福祉に対する国民の意識も大きく変化してきている。少子・高齢化の進展、家庭機能の変化、障害者の自立と社会参加の進展に伴い、社会福祉制度についても、かつてのような限られた者の保護・救済にとどまらず、国民全体を対象として、その生活の安定を支える役割を期待されている」[3]といわれるに至っている。すなわち、表序−1にみるように、社会福祉の制度やサービスも、その対象、性格、方法の理解において、これまでのような「救済・措置」という考え方ではもはやとらえられなくなってきているのである。

「社会福祉基礎構造改革」では、これからの新しい社会福祉の考え方と今後の展

表序−1 社会福祉制度の現状と今後

制度 項目	これまでの社会福祉	これからの社会福祉
対　象	（対象の限定・対象者） 生活困窮者・社会的弱者	（対象の拡大・利用者） 国民全体
性　格	救済・措置 （保護的救済・措置的救済）	利用・選択 （契約的利用）
方　法	収容保護 （施設内福祉）	自立支援 （在宅・地域福祉）
背　景	社会経済状況の変化：少子・高齢化の進展： 家族の構造と機能の変化	

出典：足立叡・佐藤俊一・宮本和彦編『新・社会福祉学』中央法規出版　1999年

望について、次のように指摘している。

「これからの社会福祉の目的は、従来のような限られた者の保護・救済にとどまらず、国民全体を対象として、生活上のさまざまな問題が発生した場合に社会連帯の考え方に立った支援を行い、個人が人としての尊厳を持って、家庭や地域の中で、障害の有無にかかわらず、その人らしい安心のある生活が送れるよう自立を支援することにある」[4]。

この指摘にみられる「社会連帯」と「個人の自立」という言葉はしたがって、これからのわが国の新たな社会福祉の視点を意味しているものであり、それは言い換えれば、これまでの「保護と救済の社会福祉」から「共生と自立支援の社会福祉」への転換を意味しているのだといえよう。そこで次に、これからの社会福祉における「共生と自立」の視点についてさらに考えてみたい。

2．社会福祉における「共生」の視点とノーマライゼーションの思想

1　社会福祉における「共生」の視点とその意味するもの

今日のわが国では、ここでいう「共生」という言葉は、さまざまな分野の人々の間で、いわば流行語のように使われる言葉だといっても過言ではなかろう。たとえば、「世代間での共生」「男女間での共生」「自然環境との共生」「地球規模での民族間の共生」等、この「共生」という言葉は多用されている。しかし、この「共生」という言葉は本来、仏教思想（特に大乗仏教）の基本を示す言葉の１つであり、その意味は、仏教思想の根本である「縁起観」、すなわち、すべて存在するものは、縁り由って存在するのであり、すべては因縁会遇の結果であって、一つとして個体的存在はない、という考え方に裏打ちされた言葉である[5]。

それゆえこの言葉は、「ともに生きる」という空間的な意味とともに、さらには、人間は他者との出会いにおいてその都度「ともに生まれていく」存在であるという時間的な意味をも有した言葉である。したがって、わが国で社会福祉が制度化される以前に、特に仏教社会福祉思想のなかでは、この言葉は社会福祉の基本を指し示す言葉として明言されていたのである。たとえば、わが国の近代以降（特に大正期から昭和にかけて）の仏教社会福祉事業の実践家の一人としてその名を残している長谷川良信は、1919（大正8）年刊の近代社会事業論の名著の一つである『社会事業とは何ぞや』[6]において、すでに今日でいう「共生の視点」について次のように述べている。

「救済は相救済互でなければならない。即ちフオアヒム（彼の為に）ではなくて、トウギヤザーウイズヒム（彼と共に）でなければならない」[7]。

さらにまたこの言葉は、1950年代から60年代にかけて、先に述べたようにわが国の社会福祉がいまだ「保護的救済」として一般に理解されていた時代において、

わが国の重度障害児・者の福祉と教育に多大の先駆的貢献を成し、「重障児の父」としてその名を残している糸賀一雄の福祉思想の根底にもその意味をみてとることができる。糸賀は、重度の障害をもった子どもたちをめぐる社会福祉の意味するものは、「この子らに世の光を」にあるのではなく、「この子らを世の光に」という視点にこそ存在するのであるという、当時からみれば、きわめて今日的かつ先駆的な「福祉の思想」をその実践を通して主張していたのである。次の文はその糸賀の著書『この子らを世の光に』[8]のなかの一節である。

「世の光というのは聖書の言葉であるが、私はこの言葉のなかに、『精神薄弱（今は〈知的障害〉という―筆者）といわれる人たちを世の光たらしめることが学園の仕事である。精神薄弱な人たち自身の真実な生き方が世の光となるのであって、それを助ける私たち自身や世の中の人々が、かえって人間の生命の真実に目ざめ救われていくのだ』という願いと思いをこめている。近江学園二十年の歩みとは、このことを肌身に感じ確かめさらに深く味わってきた歩みといえるのである」[9]。

したがって、この「この子らを世の光に」という糸賀の言葉は、その障害ゆえ他者の全面的な介護なくしては生き、生活することのできない子どもたちの福祉とは、人々の同情や憐れみによる一方向的な救済にあるのではなく、その子どもたちとの出会いやかかわりを通して、私たちが「ともに生きる」ことの意味に気づき、その子どもたちと「ともに生きよう」としていくことにこそあるのだということを意味しているといえよう。

2 ノーマライゼーションの思想にみる「共生と自立」

しかし、「保護的救済」や「措置的救済」を基礎とした今日までのわが国の社会福祉の考え方とその制度のなかでは、上述した先駆的な社会福祉の「共生」の思想と視点、すなわち私たち人間は他者との出会いやかかわりを通して、その都度関係のなかに生まれていく存在であるという、「共生」に基づいて「共存」する存在としての人間への視点は、それがもつ福祉思想としての意義は実践的には評価されてきたとはいえるが、社会福祉の制度を支える思想の中核には必ずしも十分に位置づけられてこなかったといっても決して過言ではないであろう。しかしながら、先にみたこれからの社会福祉の新たな理解にとって、長谷川や糸賀らに代表される社会福祉への「共生の視点」は、単に「障害者福祉」や「仏教社会福祉」の領域における固有の思想や視点としての理解にとどまらず、これからの社会福祉の基本的理解として、きわめて現代的意義をもつものとして私たちに迫ってくるといえよう。

そして、今日の社会福祉にとってこの「共生」という言葉は「ノーマライゼー

ション」（normalization）という言葉で示され、その制度的実現が求められてきている。このノーマライゼーションとは、そもそもはデンマークの知的障害者の福祉実践を支える「福祉の思想」を表現する言葉として提唱されてきたものである[10]。それは、社会福祉の制度や実践を、いわゆる「収容保護」という考え方に基づく「施設収容主義」や「施設隔離主義」を乗り越え、たとえば高齢者であろうと、障害者であろうと、地域や社会のなかで他者とともに普通に生き、生活できる社会を実現していくことへの制度や実践としてとらえていく考え方を意味する言葉である。そうしたノーマライゼーションとしての社会連帯のなかでこそ、一人ひとりの人間の「自立」が初めて可能となるのだといえよう。私たちが自立的に生きるということが意味をもちうるのは、私たちが個体として自分の力だけで生きるのではなく、他者とともに生きることの実現においてである。したがって、ここでいう「自立」とは、どこまでも「社会への自立」であり、それは人と人との「関係への自立」である。そしてまた、そのことは援助実践における「自立支援」の関係のなかでも問われ、求められていることなのである。

「社会福祉基礎構造改革」は、その改革の基本的視点の1つとして、これからの社会福祉サービスを支える基盤に関して、「サービス提供者とサービス利用者との対等な関係の確立」[11]を謳っているが、そのことは逆に、これまでのわが国の社会福祉の制度とサービスの理解がどこかで「してあげること」「してもらうこと」としての理解でしかなかったこと、つまり、サービス利用者の「自立」への視点が欠如していたことを意味しているといえよう。したがって、これからの社会福祉の制度と実践への視点は、個々人の「自立」とそれを支える「社会連帯」の相互的実現に向けての支援にこそあるといえる。

2 人間とその生活への社会福祉の視点と概念

1．社会福祉の固有の視点と社会福祉的援助の原理

1 岡村社会福祉論における「社会福祉の固有の視点」

ソーシャルワーク（社会福祉的援助）の観点から、人間とその生活への社会福祉の視点を明確に理論化したその代表的なものは、岡村重夫の社会福祉論である。そこで本節では、まず岡村社会福祉論でいう「社会福祉の固有の視点」と、そこから導き出されている社会福祉的援助における対象理解の原理についてみておきたい。

岡村は、ソーシャルワークとしての社会福祉が対象とする問題を「社会生活の

基本的欲求を充足するために、個人が社会制度との間にとり結ぶ関係」[12]として、すなわち「社会関係」として概念化し、その「社会関係」をいかにとらえるかというところにソーシャルワークとしての社会福祉の固有性の意味が問われるとする。つまり岡村は、社会福祉における人間理解の視点は、抽象的な個体としての人間とその生活の理解にあるのではないとして、「抽象的な個人は社会制度に関連せしめられ、それと〈社会関係〉をもつことによって、はじめて具体的な生活の主体者となる。してみれば〈社会関係〉からひき離された抽象的な個人は社会福祉の問題にはなりえない。また社会制度（それ自体―筆者補足）は個人の生活に対する重要な社会的環境条件であることは事実であるとしても、しかし生活そのものでないことは明らかである。むしろわれわれの生活の便宜のためにかかる社会制度を利用し、改善していくのが生活者の主体的立場である。従って生活困難を生活者の主体的立場から問題にする社会福祉においては、社会制度と個人との〈社会関係〉が基本的な意味をもつのであって、この社会関係を離れて、社会制度や社会体制それ自体の法則や問題を研究し、取り扱うのは少なくとも社会生活上の困難にかかわる社会福祉の本領ではないであろう」[13]と指摘している。そしてさらに岡村は、社会福祉の固有の視点は、この「社会関係」をいかにとらえ、問題にするかにあるのだとして、その「社会関係」を「客体的側面」と「主体的側面」においてとらえ、前者は「社会制度から個人に対して要求する客体的な制度的側面」[14]を意味し、後者は「社会制度の要求に対する応答的行動としての主体的、個人的側面」[15]を意味するとし、社会福祉における人間理解の論理と社会福祉の固有の視点は後者としての人間とその生活の理解にあるととらえ、次のように指摘している。

「社会関係の客体的側面においてあらわになる個人は、平均化され、分業的に機能化された〈もの〉（例えばそれは、数量化された統計やデータとしての抽象的な個人だといえよう―筆者補足）であるのに対して、主体的側面においてあらわになる個人は個別化された人間である。つまり社会制度が個人に要求する役割の期待は客観的に一定の制度的論理に規定されるのに対して、それに応答する個人の能力条件や態度は個体の主体的論理によって規定される」[16]。

そして岡村は、こうした社会福祉の固有の視点は、対象理解の固有性を意味すると同時に、「社会福祉の対象とは援助の対象ということにはほかならない」[17]がゆえに、それはまた社会福祉の援助の固有性を意味するとして、それを、「個別化された人間の主体的論理」に基づく原理、すなわち社会性の原理、全体性の原理、主体性の原理、現実性の原理の４つに概念化している。そこで次に、それぞれの原理についての岡村自身の説明を紹介しておこう。

2　社会福祉的援助としてのソーシャルワークの原理

❶社会性の原理

「社会福祉が社会生活上の困難を問題にするということは、いいかえれば、社会的存在としての人間生活を強調するものであり、そのかぎりにおいて生活問題の社会的方策による解決を強調する。個人の任意的慈恵による問題の解決は、社会福祉的解決ではない。(中略) 社会福祉のもつこの社会的人間像は、社会的存在ないし共同的存在としての人間であるから、生活問題の解決の援助は、問題の当事者による共同的解決ないしは問題当事者と援助者との共同的解決の援助でなくてはならない」[18]。

❷全体性の原理

「社会関係の主体的側面は、個人のもつ社会関係の全体を集中的に表現したものであり、それ自身が複数的、全体統合的である。これが社会福祉における全体性的人間像である。(中略) 社会福祉的援助において重要なことは、社会生活上の基本的要求を充足する重要な社会関係の困難が、どのように重複しているか、あるいはA社会関係の困難がB社会関係にどのように影響しているかを発見し、これを取りのぞいて、多数の社会関係が調和するよう援助するのである。これが全体性の原理の意味するところである」[19]。

❸主体性の原理

「社会関係の主体的側面の第3の意味は、個人は多数の社会関係に規定されながらも、なおそれらの社会関係を統合する主体者であるということである。(中略) 社会関係の主体的側面を固有の視点とする社会福祉は、個人の社会生活における主体的契機を明確にし、それの自覚と実現を援助する社会制度ないし行為として存在しなくてはならない。従って社会福祉の対象とする生活上の困難は、この点に関するかぎりにおいて、単なる衣食住の欠乏ではなくて、生活主体者としての自己を自覚し、これを実現しえないことである。各種の生活関連施策の提供するサービスを、ただ受動的に受けとる権利が保障されていても、それだけのことでは社会福祉に固有の視点は実現されたことにはならない。むしろこれらの生活関連施策のサービスが、サービス利用者の自己決定によって選択されることや、サービスの運営や基本方針の決定に対して生活主体者の参加が保障されなければ、社会関係の主体的側面の意味は、真実に貫徹されたということはできない」[20]。

❹現実性の原理

「われわれの生活問題は、その問題の当事者にとっては、単なる理論的説明ですますことのできないほどの現実的課題であって、ともかくも現実的に利用できる条件によって解決するか、代償的方法によって満足するか、いずれにしても解決を求めてやまない問題である。(中略) 従ってこの原理は、生活問題の認識と評

価において、対象の理想化や抽象化ではなくて、援助者の好むと好まざるとにかかわりなく、事実をありのままに認識することを指示するものである。また援助の原理としては、対象者に対しては正しい現実認識と現実的な生活態度をもつように援助するとともに、生活問題に関連する専門分業制度に対して、現実の生活条件を理解させて、事実を無視する制度の運営方針を改めさせたり、現実に可能な新しいサービスを開始させるように援助するのである」[21]。

以上、岡村社会福祉論で展開されている社会福祉的援助の4つの原理のそれぞれの意味について、岡村の説明をそのまま忠実に紹介したが、実は岡村がこの援助原理を提起したのは、1968（昭和43）年に刊行された『全訂社会福祉学総論』[22]および1983（昭和58）年に刊行された『社会福祉原論』[23]においてである。つまり今からほぼ30年以上前にさかのぼる。しかし、ここにみたように、この4つの社会福祉的援助の視点と考え方は、実は第1節でみたわが国の社会福祉の新たな概念化とそこでの社会福祉実践への現代的視点の援助原理としての概念化であるといっても決して過言ではないであろう。言い換えれば、このように岡村が先駆的に提起した社会福祉的援助の原理的意味は、その分野、領域の如何を問わず、今日改めてソーシャルワーカーの実践的視点として現実化されることが求められているのだといえよう。岡村の提起したこの4つの原理とその視点のもつ課題性をいまだ課題性のままにとどめないで、自らの援助実践における専門性として実現していくことが、今日のソーシャルワーカーに強く求められていることは確かであろう。

さて次に、社会福祉の視点に関する人間理解のもう一つの原理とでもいうべき、「関係性の原理」について、人間の生や生活の3つの次元に目を向け、人間における「障害」の意味を例として取り上げながら考えてみたい。

2．人間理解における関係性への視点

1　人間における「障害」理解の3つの視点

先にみた岡村の指摘する人間における社会関係の主体的側面においてあらわになる生活上の危機や困難は、私たちが、たとえば、病いや心身の障害、また老いや死といった事態に直面するとき最も典型化されるといえよう。しかし、今日のわが国においては今なお、人々の日常的態度にみられる社会福祉の対象理解に関する、さらには社会福祉ということに関するイメージの多くは、そうした事態は人間の社会関係の主体的側面における危機や困難としての理解に基づくというよりは、個体としての個人の「障害」や「老い」それ自体に向けられ、その個体における「障害」や「老い」への援助としてあるといっても過言ではなかろう。しかしながら、改めていうまでもないが、図序-1の世界保健機関（WHO）によ

る「障害」概念の国際分類規定にみるように、私たちにとって「障害」という言葉は生活上さまざまな意味で体験されている危機的事態を指す多義的な概念である。たとえば、心身の障害の場合を考えてみると、まず誰の目にも明らかなのは、その障害は第1に、医学的、生理学的に把握される、心身のなんらかの欠損（impairment）を意味する事態であることはいうまでもない。しかし、そのことは当然それだけにとどまるものではない。つまりその欠損の種類と程度に応じてではあるが、そうした医学的・生理学的な欠損ゆえに、人はしばしば、その日常生活における生活行動が狭く制限されたり、あるいは不自由な状態に直面しがちである。すなわちそれは、第2の視点として、私たち人間の日常生活における個人的な能力障害（disability）として概念化されるものである。

そして、私たち人間の「障害」の意味を、そうした「医学的・生理学的欠損（impairment）」および「日常生活における個人的能力障害（disability）」としてのみ理解するかぎり、その「障害」とは、どこまでもその当人の「個体」に属する事態であり、そのとき、その人はそうした「障害」をもった「個体」として対象化され、その人は医学的治療や管理、あるいは教育や訓練、さらには制度的措置などの、いわゆる「対象者」としてもっぱらイメージされるといっても過言ではなかろう。今日のわが国においても、そうした障害をもった人々に対して私た

図序－1　国際障害分類と国際生活機能分類

国際障害分類（ICIDH：International Classification of Impairments, Disabilities, and Handicaps, 1980.）

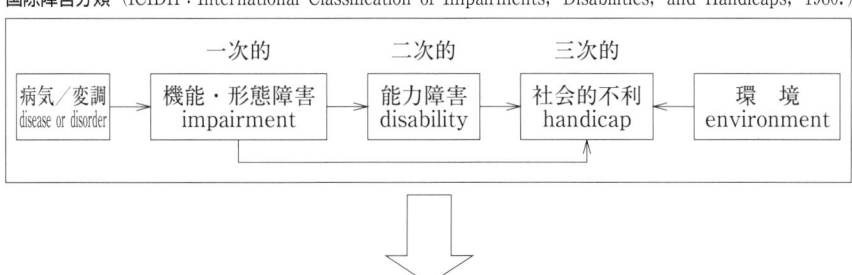

国際生活機能分類（ICF：International Classification of Functioning, Disability and Health, 2001.）

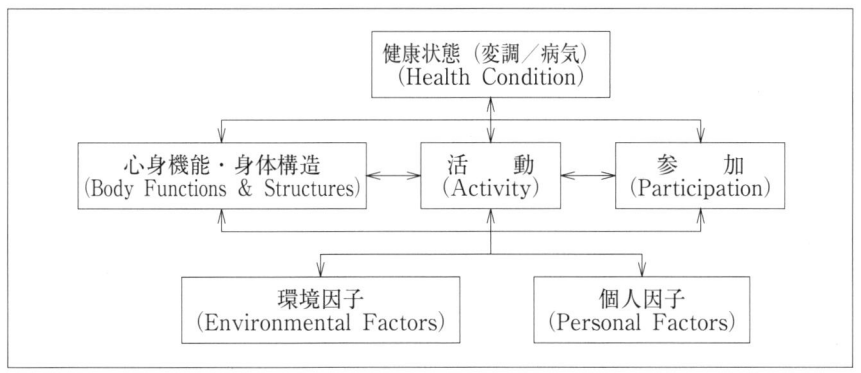

ちがしばしば口にする「気の毒な人」「かわいそうな人」という言葉は、そうした日常意識のあらわれであるといってもよい。

　しかしながら、たとえば重度障害児・者の福祉の実践に長年取り組んできた山浦俊治や、第1節でも取り上げた、わが国の「重障児の父」としてその名を残している糸賀一雄の自らの実践に基づく次の言葉を目にするとき、私たち人間は「個体」としてその障害を体験しているのみならず、さらにまたそうした医学的障害や能力障害を有するがゆえに、社会的存在として生きること、すなわち、第3の視点としての人と人とのかかわりのなかで自らの生活や人生を実現していくことが妨げられているという、関係性における社会的障害（handicap）としてその障害を体験していることに気づくのである。

　「リハビリテーションの進展は、障害者福祉に強いインパクトを与えました。昔は到底考えおよばなかった目覚ましい障害の克服が、可能になってきました。（中略）ところが同時に、ほとんどリハビリテーションの効果が期待できない、重度障害者の問題が、一層コントラストをもって浮かび上がってくるのも、避けがたい事実です。生産関係を基盤とした能力主義、そこで生まれた経済価値はもちろん、人格の生存の価値を問われても答えられない、深刻な重度障害者がいるのを、私たちは知っています。そこには有用性の有無を問う、価値基準では、成立しない世界があります。哲学的には〈価値論〉ではなく、〈意味論〉でなければ、光のない世界です。（中略）しかし〈意味論〉もそれだけに留まるならば、理論的には〈絶対価値論〉や〈価値の逆転〉論と同様、観念的にすぎて不毛だと思うのです。深刻な重度障害者の存在に意味があるのは、その障害者と、それをとりまく人々との〈関係〉が生きている時にこそ、正に意味があると思うのです。〈意味論〉の中身は、〈関係論〉だと考えます」[24]。

　「びわこ学園に運びこまれたA青年は、ひどい脳性麻痺で、足も動かず、ベッドに寝たきりで、知能は白痴程度（重度の知的障害—筆者）であった。しかも栄養失調で骨と皮になり、死相があらわれているのではないかと思わせるほどであった。半年あまりしたある日のこと、いつものように保母（保育士—筆者）がおむつをかえようとすると、Aは、息づかいをあらくして寝たまま腰を心もちあげているのであった。保母は手につたわってくるA青年の必死の努力を感じて、ハッとした。これは単なる本能であろうか。人間が生きていく上になくてはならない共感の世界がここに形成されているのであった」[25]。

　ここに明らかなことは、まさしく社会福祉の視点として、「個体としての人間」理解から、改めて「関係性としての人間」理解への視点の転換が、その「人間」理解を通して求められているということである。そして、そうした視点の転換と理解を明確化していくなかで初めて、医学や教育・訓練といった欠損や能力障害そ

れ自体への専門的援助もまた、そこにとどまることなく「全体性としての人間」への援助としての意味をもちうるのだといえよう。そこで次に、その点について、さらに考えてみたい。

2 人間的生の3つの次元と社会福祉の視点

先にみた人間における「障害」理解の3つの視点は、実は何も「障害」のみならず、私たちの「老い」や「病い」の理解にも当然あてはまるものであることはいうまでもない。したがって、そうした3つの視点は、私たち人間の生き、生活する「人間的生」において構造化されている3つの次元、すなわち、「生物的生」（個体的生）、「機能的生」（行動的生）、「社会的生」（関係的生）の各次元を意味しているのだといえよう。先の山浦と糸賀の言葉からも明らかなように、私たち人間は医学的に対象化された「生物的生」の危機をも、主体的には常に、その関係性の危機、すなわち、さまざまな生活場面において「人とともに生きられない」「人とともに生きたい」という「社会的生」の危機として体験している存在だといえる。したがって、社会福祉の視点にとって、そのかかわりにおける援助の対象は、「社会的生」（関係的生）としての人間である。そして図序-2にみるよう

図序-2 人間的生の3つの次元と社会福祉の視点について
—「生物的生」・「機能的生」・「社会的生」—

```
                      人 間 存 在

        社会的生                    生物的生
        （関係的生）                （個体的生）

     ［福 祉］                      ［医 学］
     〈障害〉                        〈障害〉
     handicap                        impairment
     （社会的障害・社     B     A    （心身の機能と構
     会参加への妨げ）                造の欠損）
     （社会的不利）                  impairmentとし
     handicapとしての                ての「老い」
     「老い」
                       機能的生
                       （行動的生）

                      ［教 育］
                 （介護）   （看護）
        （リハビリテーション医学） （医学的リハビリテーション）
                      〈障害〉
                      disability
                （生活上の行動と能力の制限）
                 disabilityとしての「老い」
```

に、この「生物的生としての人間」理解と「社会的生としての人間」理解とが領域的にも交わり、交差するところに、とりわけリハビリテーションを中心とした教育の視点と「機能的生」(行動的生)としての対象理解があるといえよう。図序－2は、これら3つの領域におけるそれぞれの対象（人間）理解の視点の違いとともに、その領域的関連を示したものである。

図における右の三角形と左の三角形がともに交わらない部分（AとB）はそれぞれ、純粋に医学の人間理解とその援助の領域（A）と、「社会的生としての人間」理解とその社会福祉的援助の領域（B）を意味している。そして、右と左の両三角形が交差する真ん中の三角形の部分は、「機能的生（行動的生）としての人間」理解とその援助の領域、すなわち、介護・看護を含む教育の領域を意味している。そしてまた、この図でいうならば、医学と教育がもっぱら右の三角形の枠のなかで自己完結する場合と、それらが左の三角形の視点でその援助を意味づける場合とでは、同じ医学と教育であっても、そこでの援助行為の意味は援助者にとっても、また利用者にとっても当然違ってくるといえよう。先の糸賀の紹介しているA青年への、そこでの保育士のおむつ交換という介護の意味は明らかに「関係的生としての人間」理解に結びついている。また、リハビリテーションを念頭に置いた場合、それがもっぱら右の三角形の枠のなかでの視点でとらえられている限り、それは、いわゆる「医学的リハビリテーション」の域を超えることはないといえよう。しかし、もしそれが左の三角形の視点でとらえられていくとき、その知識や技術、またその訓練は単に身体の機能の回復を意味するのみならず、その人の「社会的生」としての自己実現をめざす、医学における「社会的リハビリテーション」、すなわち「リハビリテーション医学」としてとらえられるであろう。しかし、そのことは同時に、社会福祉の視点にも問われてくることだといわなければならない。つまり、もし社会福祉ということが右と左の三角形の交差する部分の領域でのみとらえられるとき、先にみた岡村のいう社会福祉的援助の原理とは裏腹に、その対象理解において人間（利用者）はいわゆる制度や政策、そしてサービスの「対象者」としてのみもっぱら意識され、とらえられることになりかねないのである。

そこで次節では、社会福祉的援助の視点を、改めてソーシャルワークとしての社会福祉実践における制度や政策、組織への視点の問題として、その基本的な意味について確認しておきたい。

3 社会福祉実践における制度・政策・組織への視点

1．「制度・組織における人間」から「人間における制度・組織」への転換

1　社会福祉における制度・組織と「主体性と現実性の原理」

　社会福祉や医療、そして教育といった対人援助や対人サービスを目的とする制度や組織において、援助者自身の当の制度や組織へのかかわり方を考えるとき、しばしばそのたとえとして引き合いに出されるものに、ギリシャ神話に登場する「盗賊プロクルステスの寝台」の話がある。まずその話に目を向けてみたい。

　「昔ギリシャに、プロクルステスという名の盗賊がおりました。この盗賊について奇妙な伝説が残されております。この盗賊は、どういう考えからなのか、あちこちで人を捕らえてきては、自分の鉄製の寝台に寝かせて、その人が寝台よりも長ければ、その余った部分を切断し、その捕らえてきた人が寝台よりも短ければ、その身体を強引に引き延ばして寝台と同じ長さにしなければ気がすまなかったというのであります。こんな盗賊につかまってはたまったものではありません。切られても引き延ばされても所詮いのちはないわけです。古代ギリシャには、奇妙な盗賊がいたものだと思うでしょう。そして、今どきそんな盗賊はもういないだろうと考えられるかも知れません。けれども、現代のわたしたち自身のやっている、自分のものさしで他人を計り、自分のものさしに併せて他人を裁断するということは、一人の生きた人を自分の勝手な寸法に合わせて切断し、結局その人を殺してしまうことにほかなりません。それはまさに、盗賊プロクルステスの行為と同じだと言って良いと思います」[26]。

　ここに述べられている話の「寝台」を、制度や組織に置き換えてみると、社会福祉的援助にかかわる制度と組織の意味と、そこでの課題がみえてくるといってもよかろう。第2節でみたように、岡村のいう社会福祉的援助における「主体性の原理」と「現実性の原理」は、そこでの制度と組織の管理・運営においても本来原理的に貫かれるものであろう。しかし、わが国のこれまでの「措置制度」に基づく制度や組織の管理・運営においては、そのサービス提供の過程やその方法において、しばしば制度や組織の論理に利用者をあわせる、あるいは利用者のニーズやその生きている世界を制度や組織に強引にあわせるということがなかったとはいえないであろう。かつてシャルロット・トール（Towle, C）が、「人類に奉仕するために設けられた社会福祉の施設と機関が、人びととの緊密なつながりを失い、自己硬直をおこして固定し、人間の欲求に適合しないものになるべきでないなら、絶えずそれらに生命の息ぶきがふきこまれなければならない。この生命の

息ぶきとは一体何であるか」[27]と問い、さらに「権利としてあたえられる資格のあるものを個人に差しだすとき、何を与えるかというだけでなく、どんな仕方であたえるかが、重要なのである」[28]と指摘したとき、そこには、社会福祉の制度と組織へのソーシャルワーカーのかかわり方に関する鋭い問題意識があったといえる。

　上のたとえ話に戻るなら、ソーシャルワーカーにとって、自分のもつ援助資源としての寝台（制度・施策・組織）が利用者にあわない短いものならば、とりあえずそこに何かを継ぎ足すとか、さらにはその利用者にあう寝台（資源）を探すとか、さらなる場合は、思い切って、利用者にあうように寝台を作り直すというかかわりが求められているのだといえよう。そうしたかかわりのなかでこそ、岡村のいう「現実性の原理」が実現されていくのだといえよう。

2　「制度・組織からの自由」と「制度・組織への自由」

　前項でみたように、ソーシャルワーカーにとって、その制度や組織とのかかわりのなかでの社会福祉的援助において、とりわけ、「全体性の原理」「主体性の原理」「現実性の原理」に基づく援助を実現するためには、ソーシャルワーカー自身がどこまで人間的に自由であり得るかが問われてくるのである。実は、岡村のいう「社会関係の客体的側面」と「社会関係の主体的側面」という概念は、社会福祉に固有の対象理解に関する視点の概念にとどまらず、ソーシャルワーカー自身の自らの社会福祉制度や組織との社会関係の理解においても問われていることなのである。つまり、ソーシャルワーカーにとって、自らがかかわる社会福祉制度や組織との社会関係を、その「主体的側面」においてとらえ、生きることが求められているのである。岡村の言葉をここで改めて振り返ってみよう。社会関係の客体的側面においては、「社会制度が個人に要求する役割の期待は客観的に一定の制度的論理に規定されるのに対して」、「社会制度の要求に対する応答的行動としての主体的、個人的側面」を意味する社会関係の主体的側面においては、「それに応答する個人の能力条件や態度は個体の主体的論理によって規定される」。ここでいわれる「主体的論理」とは、一言でいうならば、それは「人間的自由」ということである。社会福祉的援助は、ソーシャルワーカーにとってその制度や組織から自由な「個人の任意的慈恵による問題解決」ではないのは、岡村のいう「社会性の原理」からみて当然である。したがって、ここで求められている「人間的自由」とは制度や組織からの自由（liberty）ではもちろんない。

　人間にとって、自由であるということの意味に目を向けてみると、そこには2つの意味があることに気づく。1つは制度や組織のさまざまな拘束や束縛から解放された「状態としての自由」（これを liberty という）と、2つは制度や組織に

身を置いていながら、しかしその拘束や束縛に対して「自由であろう」とする「態度としての制度や組織への自由」（これを freedom という）である。ソーシャルワーカーには、社会福祉的援助において、制度や組織に対して真に応答していくためには、ここでいう「主体的論理」に基づいた「態度としての制度や組織への自由」が求められ、そうした自由さが社会福祉的援助における援助原理を支えているのだといえよう。そうした援助実践においてこそ、社会福祉の制度や組織は、その制度的論理で人間を規定してしまう「制度・組織における人間」から、人間にとって生き、生かされる「人間における制度・組織」となっていくのだといえる。

2．ソーシャルワークとしてのアドミニストレーションの実現

1　社会福祉における「管理」への視点の必要性

すでに述べたことでもあるが、岡村の指摘する社会福祉的援助を支える4つの援助原理は、同時に社会福祉機関や施設という組織の管理・運営においても、その組織原理として理解されるべき性格のものである。ソーシャルワーカーは、利用者に対する援助者であると同時に、サービス提供組織の管理・運営という役割を担うことを避けることはできない。しかし、現実にはしばしば、利用者への援助原理と組織の管理原理とが二分法化され、ソーシャルワーカーであることと、組織の管理者であることとの狭間のなかでの矛盾が生み出されがちである。そうした矛盾が生まれてくる背景には、本来社会福祉的援助とそこでのサービス提供を目的として、組織はそのための手段であるという視点がいつか見失われてしまい、目的と手段の転倒が起こりがちであることがあげられよう。したがってソーシャルワーカーには社会福祉的援助にとっての組織管理の必要性の認識と、その視点としての援助原理と組織原理の統合化が求められている。したがって社会福祉にとって、援助論と組織論は互いに不可分な1枚の紙の表と裏の関係だといえよう。それは表面だけの紙、裏面だけの紙が存在しないのと同じことだといってもよい。

なお、この点についてのさらなる考察と検討は、「第5章　社会福祉の実践的理解Ⅰ」および「第9章　福祉サービスの質」を参照されたい。

2　マネジメントとアドミニストレーション

組織管理をもっぱらマネジメント（management）としてのみとらえるとき、その組織管理は、社会福祉にとってのソーシャルワークの援助実践とはしばしば対立したり、社会福祉的援助における主体的論理は、組織の制度的論理に吸収されがちであるといえよう。なぜなら、マネジメントとしての管理の感覚はその言

葉にも由来するように、もともと「馬を飼いならす」(マネジメントの語源のラテン語の manus の意味)という意味からも、人間の一方的な統制としてのモノの管理(設備管理、金銭管理等)の感覚を呼び起こしがちだからである。したがって、社会福祉における援助原理と組織原理の統合への視点を意味する管理概念として、改めてアドミニストレーション(administration)の概念(その語源はラテン語の ad minister〈神に奉仕する人〉)のもつ意味の検討とそれに基づくソーシャルワークとしての社会福祉組織論の構築が求められているといえよう。

なおまた、こうした視点からの社会福祉組織の管理と運営についての検討は、「第9章 福祉サービスの質」を参照されたい。

【引用文献】

1) 「社会福祉基礎構造改革について」社会福祉法等研究会編『速報 社会福祉の増進のための社会福祉事業法等の一部を改正する等の法律—新旧対照条文・関係資料—』中央法規出版 2000年
2) 同上書 p.395
3) 同上
4) 同上書 p.396
5) 石津照璽『宗教経験の基礎的構造』創文社 1971年 p.335
6) 長谷川良信「社会事業とは何ぞや」長谷川匡俊監修『長谷川良信全集 第1巻』日本図書センター 2004年
7) 同上書 p.86
8) 糸賀一雄『この子らを世の光に』柏樹社 1965年
9) 同上書 p.301
10) 花村春樹訳・著『〈ノーマリゼーションの父〉N・E・バンク‐ミケルセン—その生涯と思想—』ミネルヴァ書房 1994年
11) 「社会福祉基礎構造改革について」社会福祉法等研究会編『前掲書』p.396
12) 岡村重夫『全訂社会福祉学(総論)』柴田書店 1971年 p.122
13) 同上書
14) 同上書 pp.135−136
15) 同上
16) 同上書 p.136
17) 同上書 p.159
18) 岡村重夫『社会福祉原論』全国社会福祉協議会 1983年 p.97
19) 同上書 p.98
20) 同上書 pp.99−100
21) 同上書 pp.101−102
22) 岡村重夫『前掲書』柴田書店
23) 岡村重夫『前掲書』全国社会福祉協議会
24) 山浦俊治『この子らは光栄を異にす』地湧社 1991年 pp.213−217
25) 糸賀一雄『前掲書』p.294
26) 谷口隆之助『人間学入門』桜山参究会 1988年 p.10
27) Charlotte Towle, *Common Human Needs*, 1945(村越芳男訳 黒木利克監修『公的扶助ケースワークの理論と実際—人間に共通な欲求—』全国社会福祉協

議会　1966年　p.8）
28）同上書　p.14

【参考文献】
　足立叡・佐藤俊一・宮本和彦編『新・社会福祉学』中央法規出版　1999年
　足立叡『臨床社会福祉学の基礎研究』（第2版）　学文社　2003年
　岡村重夫『社会福祉原論』全国社会福祉協議会　1983年
　糸賀一雄『この子らを世の光に―自伝・近江学園20年の願い―』柏樹社　1965年
　長谷川匡俊監修『長谷川良信全集　第1巻』日本図書センター　2004年
　花村春樹訳・著『〈ノーマリゼーションの父〉N・E・バンク-ミケルセン―その生涯と思想―』ミネルヴァ書房　1994年
　山浦俊治『この子らは光栄を異にす』地湧社　1991年

第1章

社会福祉の理念と概念
──現代社会福祉はどのように形成されたのか

● 本章のねらい

　「社会福祉とは何か？」の解明は、社会福祉学の永遠の課題である。この問いは、社会福祉学の存立基盤を左右する、いわゆる社会福祉概念の解明に関するものである。一方で、わが国の社会福祉学研究の営為は、その胎動期を含めるならば優に100年余の歴史を堅持している。しかし、未だ社会福祉学は、この問いに対する明確な答えを提示することができない現状にある。

　本章では、抽象的な議論をできるだけ回避し、現実の社会福祉の理念や制度史的変容の跡づけを通して、今日的な社会福祉概念の解明に迫りたい。具体的には、第1に、社会福祉の淵源を理解するために語源をたどりながら、その語源に包摂される人間観を理解する。第2に、憲法や法令をもとに、成文化された社会福祉の理念を概観する。第3に、社会福祉の制度史的変容のなかから、社会福祉制度の守備範囲の拡張過程を概観する。第4に、社会福祉概念に関する理論的課題を整理し、今日的な社会福祉概念の理解の仕方を探る。

　一見すると、このような議論は、現実の社会福祉援助活動からかけ離れたものとして、日々の臨床場面では不必要なものであると思うかもしれない。しかし、ソーシャルワーカーとしてのアイデンティティーの確立のためには、自らの依って立つべき理論的基盤について理解することが必要なのである。そのことが、自らが従事する職種に負託された社会的使命の自覚を促すことにもなるのである。

1　社会福祉の淵源

1．社会福祉の語源

　福祉という言葉は、われわれが「福祉とは何か？」を問う以前から、既に存在していた。したがって、その言葉に包摂される語意を理解するためには、その言葉の語源を吟味することが出発点となる。

　周知の通り、日本語の漢字表記は中国を発祥の地とする。そのため、"福祉"の字義をたどるには、漢籍を紐解くことになる。一般に、"福"は"さいわい・しあわせ"を、"祉"は"神の授ける福・めぐみ"をあらわす言葉として、ともに幸福

を表記する言葉として使用されている。また、"幸"は"辛いことがない"消極的な幸福をあらわすのに対して、"福"はより積極的な幸福をあらわす言葉である。

次に、熟語としての"福祉"の典拠を、『大漢和辞典』[1]をもとにたどりたい。そこでは、中国の漢時代の人である焦延寿（しょうえんじゅ）により著されたとされる『易林』と、同時代の韓嬰（かんえい）により著された『韓詩外伝』の二書を出典として説明されている。それぞれ、『易林』では「賜我福祉、寿算無極（我に福祉を賜い、寿算極まり無し）」を、『韓詩外伝』では「是以徳沢、洋乎内外、福祉帰乎王公（是を以て徳沢内外を洋し、福祉王公に帰す）」の箇所が引用されている。

一方で、これまで刊行されている社会福祉原論や概論のテキストの多くは、『易林』をもって"福祉"の初出としているものがほとんどである。しかし、二書の成立年は現在でも不明であり、それぞれの著者が生きた年代から推測した場合、文献学的には『韓詩外伝』を初出とすることが妥当とする説が有力である[2]。『韓詩外伝』が著された時代は、およそ2200年から2100年前のことであり、"福祉"はその時代の新語ということになる。横山裕によれば、既に"福"や"祉"で幸福を表現し得た時代にあって、あえて熟語としての"福祉"を創作した意図は、自分以外の他者の存在を前提としてしか成立し得ない幸福があることを明らかにすることであったとされる[3]。

さて、法令用語としての"社会福祉"の初出は、1946（昭和21）年に制定された日本国憲法第25条である。そこでの社会福祉は、憲法草案にある英語の"social welfare"の訳語に充てられたものである。英語の"welfare"とは、幸福な暮らし（well：幸福 + fare：暮らし）を意味する造語である。したがって、本来の字義も訳語の語意も、ともに幸福な状態を表記するものであることが明らかになった。

時に、われわれの幸福な暮らしは、予期せぬ病気や失業、さらには障害などにより、突然の中断を余儀なくされることがある。社会福祉の"社会（social）"とは、そのような状況を克服するために必要とされる社会サービスの体系を意味するものである。その意味で、自分以外の他者の存在、すなわち社会を前提にしてのみ成立し得る幸福としての福祉の語意は、本来の人間存在のあり方を想起させるものである。

2．関係態としての人間観

人は、一人では生きてゆけない。ゆえに、社会を形成してきたのである。人間の存在それ自体が社会的なものであることは、洋の東西を問わず繰り返し提起されてきたことである。ここでは、この議論に関連する古今の碩学の所論を概観することにより、社会的存在としての人間に対する理解を深めたい。

古くは、ギリシアの聖哲アリストテレス（Aristotelēs）によって、人間は"社会的動物"であると規定されている。アリストテレスがいう「人間は本性上市民社会的なものにできている」[4]の所論は、"人"を単に独立した人としてではなく、ポリス（社会）の人（politikos）、すなわち社会における人間としてとらえていた証例である。わが国でも倫理学者の和辻哲郎が、慧眼をもって"人間"という言葉の由来に着目し、人間とは文字通り人と人との間、すなわち"間柄"という社会関係のなかで成立する概念であることを明らかにしている[5]。

次に、社会的存在であることの与件として、人間存在の原初形態について概観する。哲学者ルソー（Rousseau, J. J.）は『エミール』のなかで、「わたしたちは弱い者として生まれる。（中略）わたしたちには助けが必要だ」[6]として、教育の必要性を訴えた。また、動物学者ポルトマン（Portmann, A.）も、哺乳類の誕生の状態を比較し、人間の誕生の特性を"生理的早産"であるとした。この言葉は、高等哺乳類が誕生当初から自立能力をもった"巣立つもの（離巣性）"として誕生するのに対して、人間のみが下等哺乳類と同じ"巣にすわるもの（就巣性）"として誕生し、他の高等哺乳類と同等の発達段階に到達するためには数年を要することを表現したものである[7]。これらの所論は、人間の原初形態がはらんでいる脆弱性と同時に、限りない可能性を浮き彫りにしたうえで、絶対的存在条件である社会との密接かつ不可分な関係性を示唆したものであろう。

それでは、環境適応能力が極めて脆弱な存在として世に放たれた人間は、いかにして今日まで存続し得たのであろうか。クロポトキン（Kuropatkin, P.）は、ダーウィンの進化論の影響を強く受けつつも、その基本原理となる"適者生存"や"不断の闘争と生存競争"を批判的に継承し、自然法則の一つとしての"相互扶助"原理を発見し、それこそが生命を進化させる条件の一つであるとした★1。

これらの所論が展開していることを換言すれば、人間は本来、非力な存在として誕生しながらも、自然（外なる社会）と共生し互いに支え合うことによって生き残ってきたことになる。この現象は、一見すると、まず人間という実体があり、また自然という実体があって、両者が共生しているかのごとく認識されるが、本質的に人間は、その原初形態から自然との共生関係として実存しているのである。人間関係学の視点から臨床社会福祉学の構築を提唱する足立叡は、"関係を生きる人間"としての存在を前提に、ソーシャルワークとしての社会福祉を、「それが『人間』の福祉であろうとする限り、それは、種々の制度や政策、さらには具体的なサービスを手段として活用しながら、そのハンディキャップのいかんを問わず、クライエントの『関係を生きる人間』としての自己実現をめざす臨床的な援助活動に他ならない」[8]と指摘している。

したがって、論理的な帰結として、人間存在は実体ではなく関係態であるとい

★1
Kuropatkin, P., *Mutual Aid, A Factor of Evolution.*（大杉栄訳『相互扶助論』同時代社 1996年）を参照されたい。また、科学的なソーシャルワークの生みの母であるリッチモンド（Richmond, M. E.）は、クロポトキンの理論との邂逅を、「社会は人間以前に存在していたという理論に出会ったときのショックを私は今でも思い出す」と記している（Richmond, M. E., *What is Social Case Work?*〔小松源助訳『ソーシャル・ケース・ワークとは何か』中央法規出版 1991年 p.76〕）。さらに、「ケース・ワーカー（ソーシャルワーカー）は何か独自の哲学をかならず受け入れなければならないということはないが、ある種の哲学をもたなければならない」（括弧内引用者）とし、その基本原理として、❶人間は相互に依存している。❷人間は異なっている（個々に独立した存在）。❸人間は依存的な飼いならされた動物ではないことを指摘している（前掲書 pp.161-162）。

う人間観が形成される。人間は社会関係として実存しているのである。この人間観に立脚すれば、先に一瞥した"自分以外の他者の存在を前提としてのみ成立し得る幸福"としての福祉とは、まさに人間存在の本質に基づいた行為といえよう。20世紀の知の巨人である哲学者ラッセル（Russell, B.）は、『幸福論』において、「人間の本能は完全に自己中心的なものではない」[9]と指摘した。つまりは、経験的には極めて利己的な存在として認識される人間も、より本質的には世界に開かれた存在として、向社会的行動を指向する可能性を示唆した言葉である。したがって、人類普遍の原理である基本的人権の保障や、その理念に基づき権利として実定法化された社会福祉は、生きるための智慧としての向社会的行動を構造化したものであると理解されよう。

2 社会福祉理念の位相

1．規範的理念としての基本的人権

　社会福祉の理念は、社会福祉がめざすべきものを方向づけるとともに、日々の臨床の強さの源泉となるものである。社会福祉の理念の中核は、基本的人権の擁護である。人権とは、人間が人間であるという事実を根拠とするものであり、法律制定以前から存在する人類普遍の原理に基づくものである。

　人権宣言の淵源をたどったイエリネック（Iellinek, G.）は、「権利の宣言の思想は、（中略）自然法や啓蒙主義や経済の理論が非常に有用であったにも拘らず、それらだけから導き出されたわけではなかった。現在の立法の諸項目を形成し続けるには、他の力が加わらなければならなかったのである。そして、その力こそ、歴史の生命の力以外のものではあり得なかった」[10]と指摘している。この人類普遍の諸原理を、改めて憲法上で再規定したものが基本的人権である。わが国における基本的人権は、最高法規である日本国憲法第3章「国民の権利及び義務」によって規定される。具体的には、第11条〔国民の基本的人権の永久不可侵性〕、第12条〔自由及び権利の保持責任、濫用の禁止〕、第13条〔個人の尊重〕、第14条〔法の下の平等〕において基本的人権に関する諸原則を総論的に規定し、第15条から第29条および第31条から第40条において例示列挙的に規定されている。

　また、憲法第98条では、わが国が締結した条約および確立された国際法規について、誠実な遵守が求められている。それらのなかで、基本的人権に関連する主なものは、1948（昭和23）年の国連第3回総会で採択された世界人権宣言、1966（同41）年の国連第21回総会で採択された国際人権（A）規約（経済的、社会的

及び文化的権利に関する国際規約）および国際人権（B）規約（市民的及び政治的権利に関する国際規約）である。嶋田啓一郎は世界人権宣言について、「僅か30条のなかに、人権の福祉的展開を計る上で、（日本国憲法と比較して）遥かに含蓄の深い内容をもち、特に権利成立の根拠として、明快に人格主義の立場を固守して、幾たびか『人格』を宣言の目標として提言している」（括弧内引用者）[11]とし、宣言の人格主義的基盤に着目している。殊に、第29条「すべて人は、その人格の自由かつ完全な発展がその中にあつてのみ可能である社会に対して義務を負う」との規定について、「私たち（ソーシャルワーカー）の闘うべき土俵と取り組みの様相を明瞭にしめしている。それは、心身に問題をもつクライエントが、人格の自由かつ完全な発展がその中にあってのみ可能である環境のうちに在って、その臨終の瞬間まで、守られてあるべきことを、厳粛に指示しているのである。それを、時代に的確な内容をもって裏付けするのが、私たち働き人の課題なのである」（括弧内および傍点引用者）[12]としている。

これまで、社会福祉における人権は、第25条から第28条までに規定される、いわば国が国民に対して積極的保障に努めるべきものの範疇（社会権）を源泉とする考え方が一般的であった。しかし、この社会権の保障水準は、その時々の社会経済情勢により制御されうる相対的なものである。一方、嶋田が着目した通り、人権の本来的意義は優れて人格的な範疇に属するものである。したがって、社会福祉の理念としての人権擁護の源泉は、第12条および包括的基本権としての第13条が規定する幸福追求権に求めることが妥当であろう★2。

2．実践的指針としてのノーマライゼーション

社会福祉の理念は、地域社会を基盤とする包括的な生活保障システムの形成によって達成される。そのために、社会福祉の規範的理念は、具体的な政策目標を制御しうる実践的指針に変換されなければならない。この位相における理念の中核が、ノーマライゼーション（normalization）である。この理念は、1950年から60年代にデンマークのバンク－ミケルセン（Bank-Mikkelsen, N. E.）やスウェーデンのニーリェ（Nirje, B.）★3により創出され、1970年代にアメリカのヴォルフェンスベルガー（Wolfensberger, W.）によって体系化されたものである。

ノーマライゼーションの概念は、1959（昭和34）年にバンク－ミケルセンにより制定されたデンマークの精神遅滞者法を端緒とする。その法律では、サービス目的としてのノーマライゼーションを、「精神遅滞者の生活を可能なかぎり通常の生活状態に近づけるようにする」[13]と定義された。その後、この定義は、「精神遅滞者の住居、教育、仕事、そして余暇の条件を通常にすること。そしてそれは、すべての他の人びとがもっている法的権利や人権を、彼らにもたらすことを意味

★2
近年、この説を支持する見解を多数散見するが、一方で、「個人の尊重及び幸福追求権はヒューマニズムという人間の尊厳を認める思想が背後にあるため、人間の尊厳は社会保障法を支える理念であるということができる。（中略）人間の尊厳は、生存権のみならず、自由権、平等権等の基本的人権すべての理念でもある。したがって、人間の尊厳はこれらの人権より上位の理念というべきであり、社会保障法を支える直接的な理念はやはり生存権及び社会連帯である（堀勝洋『社会保障法総論』〔第2版〕東京大学出版会 2004年 p.101）」とする禁欲的見解もある。

★3
これまで、Nirje, B. の日本語人名表記については、「ニーリェ」または「ニルジェ」を用いることが一般的であった。しかし、本人に発音を確認したとする田代幹康の研究によれば、「ノイレ」とすることが適切であるとされる（田代幹康「ノーマライゼーションを実現する知的障害者のサブカルチャー支援に関する一考察ースウェーデン、ノーショッピング市における取り組みから－」日本社会福祉実践理論学会第18回大会抄録集 2001年 p.26）。

する」[14]と具体化されている。スウェーデンでは、1960年代にニーリェによって「すべての精神遅滞者に対して、社会生活の通常の環境や方法にできるかぎり近づけるような生活パターンや日々の暮らしの条件をえられるようにすること」[15]と再定義された。この思想を北米に移植したヴォルフェンスベルガーは、1972（同47）年に「可能なかぎり文化的に通常である個人的行動や特徴を維持したり、確立するための、可能なかぎり文化的に通常となっている手段の利用」[16]と定義した。さらに、1983（同58）年には、「ノーマリゼーションのもっとも明白で最高の目標は、社会的に価値を低められる危険性のある人びとにとって価値ある社会的役割の創造、支援と防衛でなければならない」[17]と再規定されている。

　実践的指針としてのノーマライゼーションの原理は、イギリスではコミュニティ・ケアへの再編のなかで高齢者や精神障害者を入所施設から解放し、アメリカでは「障害をもつアメリカ国民法（Americans with Disabilities Act of 1990. 以下、ＡＤＡと略す）」[18]成立の契機となった。ADAの意義は、人間の尊厳や平等などの基本的人権の実現の実践的適用として、"差別の包括的禁止"という現実的原理の遵守を国家や社会に求めるべく、その原理の行動規範を具体的に明文化したことにある。また、わが国では、1970（昭和45）年に制定された心身障害者対策基本法から障害者基本法（1993〔平成5〕年）への改正の契機となった。この法律の意義は、第2章「障害者の福祉に関する基本的施策」のなかで、従来の福祉六法の枠組みを超えて、教育、雇用、住宅、医療などを含む包括的生活保障システムとしての社会福祉の機能的概念を提起したことにある。

　また、近年、ソーシャルインクルージョン（social inclusion）が、新たな社会福祉の理念として位置づけられつつある。この理念は、いわゆる偏見や差別に象徴される一元的な価値観に基づく社会的排除に対抗し、多様性を尊重する新たな行動指針を示したものである。具体的には、排除された人々の市民権を回復し、再び社会に参入するために、公的扶助や職業訓練、就労機会の提供などの包括的実施を要請するものである。

3．実定法上の権利としての社会福祉

　規範的理念としての基本的人権は実践的指針に変換され、それらの実現に向けて整備される具体的な諸権利に収斂される。これらの諸権利は、個々の法令によって規定されている。しかし、いわゆる福祉六法のなかで、法文上"権利"の文言を使用している唯一の例は、生活保護法の第8章「被保護者の権利及び義務」のなかの第59条〔譲渡禁止〕「被保護者は、保護を受ける権利を譲り渡すことができない」（傍点引用者）である。また、社会福祉関連の基本法まで視野を拡大すれば、障害者基本法の第1章「総則」第3条〔基本的理念〕で「すべて障害者は、個人

の尊厳が重んぜられ、その尊厳にふさわしい生活を保障される権利を有する」(傍点引用者)の使用例があるのみである。

わが国における社会福祉法制上、サービス利用者の権利性が極めて脆弱であることは、繰り返し指摘されてきたことである。では、そもそも社会福祉の権利構造とは、いかなるものなのであろうか。一般に、権利とは法的優位性(legal advantage)であるとされる。ウェルマン(Wellman, C.)によれば、法的優位性とは、「法上支持される立場(legally favored position)、すなわち相対立する意志があるときに、一方の意志が法によって支持される、その支持される立場にあること」[19]である。また、プラント(Plant, R.)は、社会福祉の権利が「十分に発達した権利論であるためには、少なくとも次の四つの側面について説明できる権利論でなければならない。❶その権利の帰属する主体、❷そのような権利の帰属を正当化する主体の特質、❸何に対する権利であるかということ、すなわち権利の対象たる資源、状態、手続または不作為の性質、❹他の主体の有する権利に対応して義務もしくは責務を負う個人もしくは団体の範囲、すなわち個人の有する権利を尊重し、履行し、もしくは満たすべき義務を負うのは誰か、もしくはどこであるかということ」[20]の重要性を指摘している。

河野正輝はこの所論を援用し、それを「A(権利帰属主体)は、Y(権利の帰属を正当化する主体の性質)にもとづいて、B(だれに対する主張であるか)に対して、X(主張される権利の性質)の権利を有する」(括弧内引用者)[21]と公式化し、社会福祉の権利を明確化するうえで重要なのは、権利帰属を正当化する主体の性質(Y)および権利の対象たる資源・手続・状態・不作為等の性質(X)であると指摘している。さらに、河野は、社会福祉サービスの利用をめぐる中核的権利を、❶支援費の支給(または措置)と福祉サービスの請求権、❷援助過程の権利、❸費用負担に対する免除権、❹権利侵害に対する救済訴訟権に分類し、社会福祉各法の権利性を詳細に分析している[22]。近年、重要性の度合いを増している権利擁護とは、本来はこれらの諸権利の侵害に対する対抗手段の一つなのである。その際、ソーシャルワーカーは、当事者が問題対処能力の強化(empowerment)を図る過程を支え、ともに対抗する代弁者(advocator)としての機能が求められる。

これまで、社会福祉の理念をめぐる議論は、極めて抽象的な哲学的論議に終始しがちであった。しかし、現代社会における基本的人権の保障は、具体的な法制度に基づいて実現されるのである。したがって、ソーシャルワークを学ぶ者は、専門的知識としての社会福祉法制について実践的理解がなければならない。

3　社会福祉概念の位相

1．社会福祉概念の用法

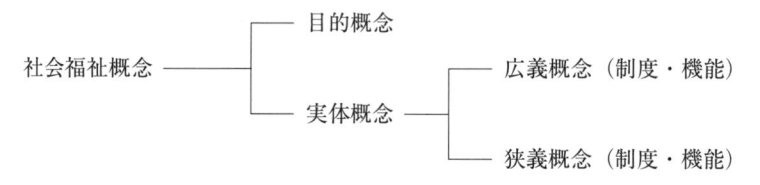

　社会福祉理論史の知見に鑑みれば、社会福祉概念をめぐる論点は、❶社会福祉の理念的概念（目的概念）と実体的概念（制度的概念）との位相、❷実体的概念における広義・狭義概念（制度的概念の範囲）の位相、❸構造的概念（制度的概念の範囲）と機能的概念（社会福祉援助活動）の位相の整序に収斂される。
　ここでは、社会福祉概念の用法を見渡す枠組みを提示し、主に実体的概念としての社会福祉制度の守備範囲の拡張や機能の変容過程をたどりたい。さらに、狭義概念から広義概念への拡張に伴い合目的化されたソーシャルワークの社会的再編（＝機能的概念の構造化）の過程を跡づけたい。
　これまで、社会福祉概念は、理論的にも多義的に使用されてきた。社会福祉概念の多義的な用法を図式化したものが、社会福祉概念の用法である（図1－1）。

図1－1　社会福祉概念の用法

```
社会福祉概念 ┬─ 目的概念
             └─ 実体概念 ┬─ 広義概念（制度・機能）
                          └─ 狭義概念（制度・機能）
```

　目的概念的用法とは、社会福祉概念が、社会福祉がめざすべき理念や目的である幸福な暮らしや安寧と同義語的に使用される場合である。たとえば、"人類の福祉の向上"といった用法がこれに該当する。実体概念的用法とは、社会福祉概念が、具体的な制度を示す概念として使用される場合である。この場合、実体概念は、包摂される具体的な制度の範囲や機能によって、広義概念と狭義概念とに分類される。広義概念とは、いわゆる社会福祉制度のみならず医療制度や年金制度などの幅広い制度を包摂するものであり、実質的には社会保障制度と同義語的に使用される場合である。たとえば、"福祉国家"といった用法がこれに該当する。狭義概念とは、社会保障制度の一分野として、主に福祉六法を軸に展開される諸サービスを示すものとして使用される場合である。これまでの、社会福祉概念の一般的用法は、目的概念から峻別された具体的な制度を示す実体概念として、社会保障制度の一分野を意味する狭義概念として使用されてきたのである（図1－2）。

図1−2　社会福祉と社会保障の概念整理

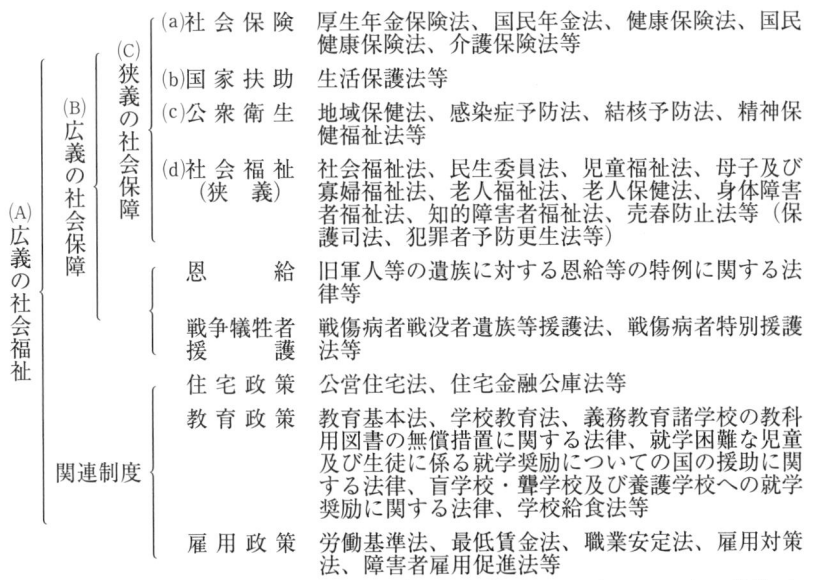

```
                         ┌(a)社 会 保 険   厚生年金保険法、国民年金法、健康保険法、国民
                         │                健康保険法、介護保険法等
              ┌(C)       │(b)国 家 扶 助   生活保護法等
              │狭義の    │(c)公 衆 衛 生   地域保健法、感染症予防法、結核予防法、精神保
       ┌(B)   │社会保障  │                健福祉法等
       │広義の│          │(d)社 会 福 祉   社会福祉法、民生委員法、児童福祉法、母子及び
       │社会  │          │   (狭  義)     寡婦福祉法、老人福祉法、老人保健法、身体障害
(A)    │保障  └                          者福祉法、知的障害者福祉法、売春防止法等(保
広義の─┤                                 護司法、犯罪者予防更生法等)
社会   │      ┌恩    給   旧軍人等の遺族に対する恩給等の特例に関する法
福祉   │      │           律等
       └      │戦争犠牲者 戦傷病者戦没者遺族等援護法、戦傷病者特別援護
              │援    護   法等
              └
              ┌住 宅 政 策  公営住宅法、住宅金融公庫法等
              │教 育 政 策  教育基本法、学校教育法、義務教育諸学校の教科
              │             用図書の無償措置に関する法律、就学困難な児童
       関連制度│             及び生徒に係る就学奨励についての国の援助に関
              │             する法律、盲学校・聾学校及び養護学校への就学
              │             奨励に関する法律、学校給食法等
              │雇 用 政 策  労働基準法、最低賃金法、職業安定法、雇用対策
              └             法、障害者雇用促進法等
```

資料：仲村優一『社会福祉概論（改訂版）』誠信書房　1991年　p.14を一部修正。

2．目的概念と実体概念

　社会福祉概念を理解する第一の方途は、目的概念と実体概念の峻別にある。竹中勝男によれば、目的概念とは、「社会保障や公衆衛生と周到に置かれた狭義の社会福祉ではなくて、この二つを包含し総合する広義の社会福祉一般として、或いは社会政策や社会事業等や保健衛生政策や社会保障制度の根底に共通する政策目標として、或いは又、これらの政策や制度を実現しようと目指している目的の概念としてのそれである」[23]。三浦文夫が指摘するように、この用法における「社会福祉というのは、社会の福祉（welfare of society）ということを意味し、社会の成員の（福祉の）維持、確保をはかる」[24]（括弧内引用者）ということである。また、一番ヶ瀬康子は、目的概念と実体概念について、「人類社会の福祉という場合、それは人類の幸福という概念と同義語であり、いわば理念または一種の目的概念あるいは望ましい在り方を意味している用語であろう。それに対して、社会福祉という時は、現実の福祉すなわち日常生活の欲求充足を即時的に保障する社会的制度およびそのもとでの行為を意味する」[25]とし、前者（目的概念）を哲学的・形而上学的な課題とし、後者（実体概念）を社会科学的な課題とした。

　一般論的にいえば、目的概念としての幸福は、極めて抽象的かつ主観的な現象である。他方、いわゆる不幸は具体的かつ客観的な現象として認識される。不幸な現象を除去することが、ただちに幸福の総量の増加にはつながり得ないまでも、

具体的な政策課題を設定するための指針（社会福祉の方向性や強さを規定する）としては有効である。したがって、目的概念が担うべき理論的課題は、社会福祉の基盤となる価値前提や人間観、さらには社会福祉の哲学ということになる。また、社会福祉が実現すべき理念として、人道主義や民主主義の理想に根ざした人権や社会正義、さらにはノーマライゼーション、エンパワーメント、ソーシャルインクルージョンなどが含まれる。一方、実体概念が担うべき理論的課題は、社会福祉が実現すべき目的のための方策としての、具体的な政策や制度を含む社会福祉援助活動全般ということになる。換言すれば、目的概念レベルでは社会福祉の規範的理念や実践的指針の内実が、実体概念レベルでは権利としての社会福祉の内実が問われるのである。

3．狭義概念と広義概念

目的概念から峻別された実体概念は、具体的な政策および制度の範囲や機能をめぐって狭義概念と広義概念に分類される。

社会福祉の法源は、1946（昭和21）年に公布された日本国憲法第25条である。

第25条〔国民の生存権、国の保障義務〕
「すべて国民は、健康で文化的な最低限度の生活を営む権利を有する。②国は、すべての生活部面について、社会福祉、社会保障及び公衆衛生の向上及び増進に努めなければならない」。

条文では、第1項における生存権を保障するための具体的な方策、すなわち、実体概念的用法のもとに、第2項において「社会福祉」「社会保障」「公衆衛生」を併記している。

政府は、憲法第25条の規定を具現化すべく、1949（同24）年に社会保障制度審議会を発足させた。1950（同25）年に同審議会は、わが国の社会保障の基本理念と具体的制度のあり方を初めて包括的・体系的に示したものとして、「社会保障制度に関する勧告（以下、50年勧告）」を提出した。50年勧告における社会保障制度の枠組みとは、「疾病、負傷、分娩、廃失、死亡、老齢、失業、多子その他困窮の原因に対し、保険的方法（社会保険）又は直接公の負担において経済保障の途を講じ、生活困窮に陥った者に対しては、国家扶助によって最低限度の生活を保障するとともに、公衆衛生及び社会福祉の向上を図り、もってすべての国民が文化的社会の成員たるに値する生活を営むことができるようにすることをいう」（傍点および括弧内引用者）と規定された。さらに、社会福祉は、「国家扶助の適用を受けている者、身体障害者、児童、その他援護育成を要する者が、自立してその能

力を発揮できるよう、必要な生活指導、更生補導、その他の援護育成を行うこと」
（傍点引用者）と規定され、主に福祉六法に規定される限定的範囲の施策として
位置づけられたのである。この選別主義的な低所得性をニーズの中核とし、それ
に対する生活指導、更生補導および援護育成を行うものとしての枠組みが、狭義
の社会福祉（最低生活保障＝well fare）である。

　1980年代以降、この枠組みは広義の社会福祉概念形成に向けてドラスティック
な変容を遂げた。この変容の様態は、以下の2つの側面から看取される。すなわ
ち、第1に社会福祉の対象の普遍主義的拡大、第2に包括的生活保障のための制
度横断的・機能的な社会福祉概念への要請である。1986（昭和61）年の『厚生白
書』（p.43）では、「福祉サービスの対象者はかつての低所得者を対象とした個別
的選別的サービスから、現在では所得に関係なく国民全体を対象とした一般的普
遍的サービスに変容しつつある」（傍点引用者）との見解を示している。また、
1990（平成2）年の「老人福祉法等の一部を改正する法律」（福祉関係八法改正）
によって改正された社会福祉事業法（現・社会福祉法）第3条第1項〔基本理念〕
では、社会福祉の利用者を表記する言葉として「福祉サービスを必要とする者」
を使用すると同時に、同条第2項では「医療、保健その他関連施策との有機的な
連携を図り、地域住民の理解と協力の必要性」が新たに加えられたのである。こ
れは、要援護者の所得保障を中核とする選別主義的な社会福祉サービスから、す
べての人々を対象とする普遍主義的な社会福祉サービスへの転換を示すと同時に、
保健・医療・福祉の連携と統合による総合的サービスの提供を示唆したものであ
る。

　2000（平成12）年には、一連の社会福祉改革の到達点として、「社会福祉の増進
を図るための社会福祉事業法等の一部を改正する等の法律」（いわゆる社会福祉基
礎構造改革）が成立した。改正法の中心となる社会福祉法では、社会福祉事業の
目的（第1条）に、「利用者の利益の保護」が位置づけられた。社会福祉の対象者
を表記する法令用語として、"利用者"が使用された最初の例である。また、福祉
サービスの基本理念（第3条）では、利用者の立場を明確にする「個人の尊厳の
保持」および自立生活支援が明記された。一連の改革は、社会福祉の対象を国民
全体にまで普遍的に拡大し、さらに機能的には最低生活保障レベルから個人の尊
厳の保持（幸福追求＝well-being）への変容を推進したのであった。換言すれば、
福祉六法を中核とする社会福祉から、自立生活を支援するための包括的生活保障
システム全体を射程内に収めた制度横断的・機能的社会福祉概念（広義概念）へ
の変容である。この変容のなかに、専門的な社会福祉援助活動としてのソーシャ
ルワークが、社会的に再編される必然的要因があるのである。

4．社会福祉の今日的課題

2000（平成12）年7月、厚生省（現・厚生労働省）に「社会的な援護を要する人々に対する社会福祉のあり方に関する検討会」が設置された。同年12月に提出された報告書では、今日的課題として、従来からの課題である"貧困"に加え、新たに"心身の障害・不安""社会的排除や摩擦""社会的孤立や孤独（個別的沈殿）"を座標軸とするマトリックスが提示された（図1－3）。そこでは、ホームレス、路上死や孤独死、中国残留孤児や外国人排除など急激に増加しつつある新たな課題を見渡している。これらの課題に対応するためには、既存の制度的な社

図1－3　現代社会の社会福祉の諸問題

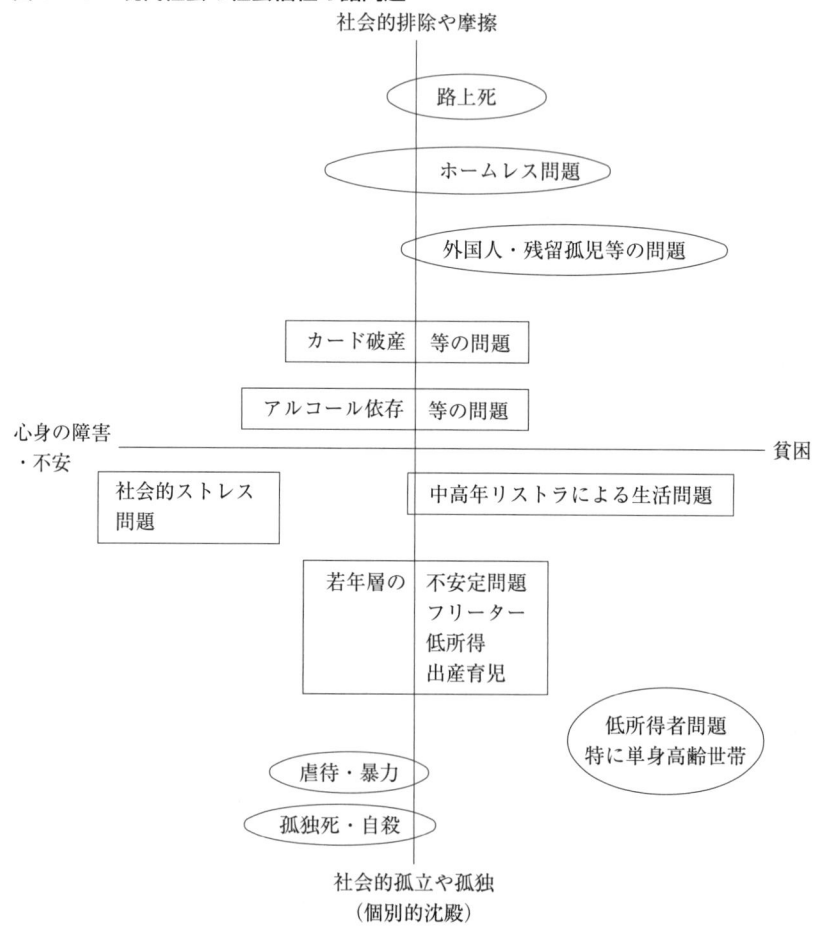

```
                      社会的排除や摩擦
                            │
                        ( 路上死 )
                            │
                     ( ホームレス問題 )
                            │
                  ( 外国人・残留孤児等の問題 )
                            │
                   ┌──────────────┐
                   │ カード破産  等の問題 │
                   └──────────────┘
                            │
                   ┌──────────────┐
                   │ アルコール依存 等の問題│
                   └──────────────┘
  心身の障害                 │
  ・不安 ────────────────────┼──────────────── 貧困
            ┌──────┐     │
            │社会的ストレス│  ┌──────────────┐
            │ 問題   │  │中高年リストラによる生活問題│
            └──────┘  └──────────────┘
                            │
                   ┌─────────────┐
                   │若年層の  不安定問題 │
                   │      フリーター  │
                   │      低所得   │
                   │      出産育児  │
                   └─────────────┘
                            │         ( 低所得者問題  )
                            │         ( 特に単身高齢世帯 )
                      ( 虐待・暴力 )
                            │
                      ( 孤独死・自殺 )
                            │
                      社会的孤立や孤独
                        （個別的沈殿）
```

注1：横軸は貧困と、心身の障害・不安に基づく問題を示すが、縦軸はこれを現代社会との関連で見た問題性を示したもの。
　2：各問題は、相互に関連しあっている。
　3：社会的排除や孤立の強いものほど制度からも漏れやすく、福祉的支援が緊急に必要。
資料：「社会的な援護を要する人々に対する社会福祉のあり方に関する検討会」報告書。

会福祉の枠組みを超えて、実態論的に再編された社会福祉概念が要請されるのである。

報告書では、これらの諸課題の解決の方途として、今日的な"つながり"の再構築を図り、すべての人々を孤独や孤立、排除や摩擦から援護し、健康で文化的な生活の実現につなげるよう、社会の構成員として包み、支え合う（ソーシャルインクルージョン）ための社会福祉を模索する必要性が示唆されている。また、再構築の具体的方向性としては、❶新たな"公"の創造－公的制度の柔軟な対応と地域社会での自発的支援の必要性、❷問題の発見把握それ自体の重視－金銭やサービスの供給のみではなく、情報提供、問題の発見把握、❸問題把握から解決までの連携と統合的アプローチ－問題の発見・相談、制度や活動への結びつけなどのプロセスの重視、❹基本的人権に基づいたセーフティネットの確立－個人の自由の尊重と社会的共同によるセーフティネットの確立が指摘された。

対象の普遍主義的拡大は、既存の制度の谷間で起こる課題をも包摂し、さらには上記❷から❹に示された機能的枠組みの明示は、包括的生活保障システムとしての制度横断的・機能的社会福祉概念の強化を期待するものである。

4 ソーシャルワークの社会的再編

1．社会福祉概念の理論的課題

さて、社会福祉概念を措定する試みは、主に理論研究領域のなかで展開されてきた。古川孝順によれば、戦後の社会福祉理論研究の系譜は、❶孝橋正一の"社会福祉政策論"から一番ヶ瀬康子、真田是、高島進による"社会福祉運動論"へと受け継がれてきた系譜、❷岡村重夫の"社会福祉固有論"－そのなかには竹内愛二の"社会福祉技術論"の系譜が継承されている－の系譜、❸三浦文夫に始まる"社会福祉経営論"の系譜に整理される[26]。社会福祉理論史に鑑みれば、1950年代から1970年代後半までの理論的営為は、"社会福祉政策論"と"社会福祉固有論・技術論"との分立・拮抗（いわゆる社会福祉本質論争）として理解されている[27]。その後、社会福祉学研究は専門分化・多様化が進み、膨大な量の研究成果を産出する"制度化された学問"★4の途を歩みはじめ、その影で理論研究領域はいまだ閉塞状況にとどまったままである★5。

さて、この間に提起された、主な理論的課題は、以下の２つに収斂される。すなわち、第１の課題は社会福祉と他の包括的生活保障システムとの位相をめぐる"補充性"に関する議論★6であり、第２の課題は社会福祉の本質に関する"政策"

★4
"制度化された学問"とは、当該学問分野の定義を必要とする際に、研究の守備範囲を示す"制度的定義"に依存することができる学問分野を指す。富永健一は"制度的定義"を、「大学とか研究所に現に存在している講座名や部門名を示し、それらの中で制度的地位をもっている人々が従事している活動の内容をあげて、それを定義の基準としました例証すること」（富永健一『社会学講義』中公新書 1995年 p.7）としている。

★5
かつて高沢武司は、理論研究を棚上げにしたまま進展する、いわば専門分化された研究実態について、「社会福祉研究の理論的性格やそれを用いる専門職業的特質についての伝統的視点と無関係に進行することができ、そのために、研究の統合性や基礎概念の確定、事実測定の単位の設定作業などの収斂作業は、手遅れとなるか、ひどい場合には抽象化そのものが有害無益とさえなることがありうる」（高沢武司「社会福祉理論のパラダイム転換」仲村優一編『福祉サービスの理論と体系』誠信書房 1988年 p.33）と危惧している。

★6
補充性に関する主な議論は、大河内一男（大河内一男「わが国における社会事業の現在及び将来－社会事業と社会政策の関係を中心として－」大河内一男『増補 社会政策の基本問題』日本評論社、1954年）と、孝橋正一（孝橋正一『全訂 社会事業の基本問題』ミネルヴァ書房 1962年）により展開された。仲村優一は、補充性に関する先行研究を整理し、

と"技術"の位相をめぐるものである。換言すれば、前者は社会政策（今日的には、社会保障あるいは総合社会政策）と社会福祉政策の位相をめぐる課題であり、後者は社会福祉政策とソーシャルワークの位相をめぐる課題である。

今日的地平からみれば、これらの課題は、表裏一体のものであるといっても過言ではない。マンハイム（Mannheim, K.）の"科学の存在被拘束性"[28]の知見を援用すれば、社会福祉概念の位相をめぐる混乱要因の一つは、社会福祉の位置づけが不明確な時代に理論的議論のみが先行したことにある。すなわち、社会福祉本質論争の影響下にある先行研究を拘束したものは、理念としては最低生活保障としての生存権であり、実体としては選別主義的かつ消極的な福祉六法に限定された制度的範囲であり、ソーシャルワークの担い手の中心は極めて位置づけが曖昧な社会福祉主事のみの時代状況であった★7。かつて、ウィレンスキー（Wilensky, H.L.）とルボー（Lebeaux, C.N.）は、アメリカにおける社会福祉の形成過程を、補完的（residual）モデルから制度的（institutional）モデルへの移行として定式化した[29]。わが国でも、"最低生活保障としての社会福祉（welfare＝狭義の社会福祉）"から、"個人の尊厳に配慮しつつ自己実現を支援する包括的生活保障としての社会福祉（well-being＝広義の社会福祉）"への変容が加速度的に進行している。

三浦文夫は、この転換を社会福祉が担うべき主要なニーズの変化ととらえ、次のような指摘をしている。すなわち、「社会福祉にとっては貨幣的ニードと並んで、あるいはそれに代わって、非貨幣的ニードがクローズ・アップされ、それに対応する対人福祉サービスの再編成とその推進が社会福祉政策の主要な課題となる」★8と。つまりは、社会福祉概念の機能的拡張に伴って、社会福祉の政策的側面と技術的側面を一体的にとらえる枠組みが必要とされるのである。

2．制度的概念と機能的概念の統合的理解

社会福祉の基本的性格に関する2つの課題を一体的に理解するためには、古川孝順の所論が示唆に富む。

古川の多元的統合論によれば、社会福祉政策とソーシャルワークの位相をめぐる課題の解法は、「社会福祉における政策と技術の意味するところを明確化するとともに、両者を結びつけている環とその論理を解明することによってのみ可能である」[30]と指摘する。そこでは、政策と技術を結ぶ環としてサービス概念が定立され、その展開図式として"無形物としての政策"→"有形物としての制度"→"具現化されたサービス（人間労働ないしモノ〔財〕の有用なはたらき）"→"利用者による利用"のプロセスが同定されている。

また、総合社会政策と社会福祉の位相をめぐる課題の解法については、多面総

---

❶社会福祉と一般施策がそれぞれ独自な領域を持ちつつ相互補完的に機能している場合を"並列的補充性"、❷社会福祉が一般施策の働きを効果的なものにするために補足的な機能をはたす場合を"補足的補充性"、❸社会福祉が一般施策の不備を補うために代替的機能をはたす場合を"代替的補充性"とした（仲村優一『社会福祉概論（改訂版）』誠信書房 1991年を参照されたい）。また、補充性とは別に、社会福祉の基本的性格をめぐる議論として、一番ヶ瀬康子（一番ヶ瀬康子「社会福祉学序説」一番ヶ瀬康子『社会福祉とはなにか』労働旬報社 1994年）は相対的独自性論を、岡村重夫は固有性論（岡村重夫『社会福祉原論』全国社会福祉協議会 1983年）を展開している。

★7
かつて、松田真一は、この論争について資本主義体制の弊害をめぐる「告発と冤罪の二つの態度」と表現したことがある（松田真一「戦後社会福祉論史」野久尾徳美・真田是編『現代社会福祉論－その現状と課題－』法律文化社 1973年 p.195）。この論争に対する評価は多様であるが、悪戯に不毛な議論を展開したわけではない。京極高宣は、両者のイデオロギー的差異を超えて、その根底にある共通性に着目し、「国民の福祉の立場、福祉を実現しようという立場で議論がなされているわけで、違った立場からやっていたわけではなく、それなりの共通土俵があった」と指摘している（日本社会事業大学編『社会福祉システムの展望』中央法規出版 1997年 p.5）。この共通土俵とは、いかなる

合独自性論の立場から、社会福祉の固有性と補充性の統合を試みられた。古川によれば、現代社会福祉は、人々の自立生活支援のために展開される保健医療保障や所得保障などの多様な一般的施策に対してＬ字型構造の位置関係を形成するとされる（図１－４）。その際、「社会福祉は、一般対策にたいして独自の視点、課題、援助の方法をもって並列的な位置関係において自存する施策・制度として存在している（縦部分－独自性としての制度・機能）。つぎに、社会福祉は一般対策にたいして、これを代替し、あるいは補充するという機能をもって存在している（横部分－代替・補充性としての制度・機能）」（括弧内引用者）31) ものとして措定される。

この所論における統合のメカニズムは、概ね首肯しうるものである。実際に、利用者の自立生活を支援するためには、利用者の生活全体を射程内に収めなければならない。その証例の一つが、先述の障害者基本法の第２章「障害者の福祉に関する基本的施策」の枠組みである。そもそも、自立生活を支援するということは、いわゆる社会保障制度はもとより、教育、雇用、住宅、情報、文化など多岐にわたる包括的生活保障システムを利用することにより達成されるものである。しかし、看過してはならない点は、制度や具体的なサービスは提供主体あるいは社会福祉援助活動としてのソーシャルワークと、社会福祉専門職としてのソーシャルワーカーを媒介として成り立つという事実である。したがって、統合のメカニズムが成立する前提条件として、社会福祉専門職に関する社会的（制度的・構造的）位置づけの明確化、すなわちソーシャルワークの社会的再編の足跡をたどらなければならないのである。ソーシャルワークの社会的再編は、社会福祉援助活動の内実を明らかにする専門性に関する議論と、その担い手としての専門職制に関する議論の２つの側面から看取される。

状況のなかにあっても、常に利用者の側に立とうとする社会福祉の姿勢である。

★8
三浦文夫『増補改訂社会福祉政策研究－福祉政策と福祉改革－』全国社会福祉協議会1995年　p.130。補充性に関するおもな議論は、すべて1970年代以前に展開された。一方、先に概観した通り、社会福祉の普遍主義的拡大は、1980年代以降のことである。

図１－４　社会福祉のＬ字型構造

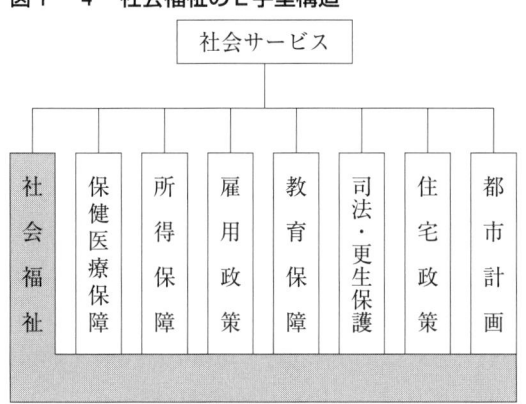

```
              社会サービス
    ┌────┬────┬────┬────┬────┬────┬────┐
   社  保   所   雇   教   司   住   都
   会  健   得   用   育   法   宅   市
   福  医   保   政   保   ・   政   計
   祉  療   障   策   障   更   策   画
       保               生
       障               保
                        護
```

出典：古川孝順『社会福祉21世紀のパラダイムⅠ
　　　―理論と政策―』誠信書房　1998年　p.71

3．ソーシャルワークの社会的再編

　いうまでもなく、ソーシャルワークは自発的な実践を源流とする。他方、制度的な社会福祉は、社会福祉理念の拡張を背景に、量的にも質的にも制度化・構造化が促進された。その変容に伴い、制度的な社会福祉は、自己目的を貫徹するために合目的的にソーシャルワークの社会的再編に迫られたのである。

　ソーシャルワークの専門性の具体的な内実については他章に譲り、ここでは社会福祉専門職の国際的職能団体である国際ソーシャルワーカー連盟（IFSW）が2000（平成12）年に採択した「ソーシャルワークの定義」を一瞥するにとどめる。

　「ソーシャルワーク専門職は、人間の福利（ウェルビーイング）の増進を目指して、社会の変革を進め、人間関係における問題解決を図り、人びとのエンパワーメントと解放を促していく。ソーシャルワークは、人間の行動と社会システムに関する理論を利用して、人びとがその環境と相互に影響し合う接点に介入する。人権と社会正義の原理は、ソーシャルワークの拠り所とする基盤である」（括弧内訳者）★9とされる。また現在、この定義を現実的に展開するための倫理綱領やソーシャルワーク教育のグローバル・スタンダードについて合意形成されつつある。

　次に、社会福祉専門職制についてである。秋山智久は、専門職成立の条件を、以下の6つに整理している。すなわち、❶高度な理論体系、❷伝達可能な技術、❸利他的な価値観、❹テストか学歴による能力証明に基づく社会的承認、❺専門職集団の組織化、❻倫理綱領の存在である★10。❶から❸は、当該専門職の基盤となる学問体系（専門性）および、その体系を修得するための教育課程の水準の問題であろう。❹は、一定水準の臨床能力を担保するための専門職任用上の問題である。❺および❻は、主に現任者の臨床能力の担保の問題となる。また、視点を変えれば、❶から❸、また❺および❻は、専門職制成立のための内的（即自的）条件であり、❹は外的（対自的）条件とみることができる。専門職を標榜するうえで内的条件の確立は自明のことであり、より重要なのは外的条件の確保である。

　この外的条件について大橋謙策は、「専門職制度が社会的に認知を受け、成り立つためには、その制度が法律により、規定され、ある種の独占職業として確立していることが必要である」★11としている。そのような意義からすれば、わが国の社会福祉専門職の外的条件の本格的整備は、1987（昭和62）年に成立した「社会福祉士及び介護福祉士法」を嚆矢とし、その後1997（平成9）年の「精神保健福祉士法」成立が証例となる。

　資格法成立を分岐点として、社会福祉専門職の確保が重要な政策課題となった。その証例として、専門職確保のための基盤整備に関する動向を示す。1990（平成2）年には厚生省（現・厚生労働省）が人材確保のあり方を検討すべく、保健医

★9
この日本語訳は、日本ソーシャルワーカー協会、日本社会福祉士会、日本医療社会事業協会で構成するIFSW日本国調整団体が、2001年1月26日に決定した定訳である。

★10
秋山智久「社会福祉の専門職性と社会福祉教育」日本社会事業学校連盟編『戦後社会福祉教育の五十年』ミネルヴァ書房　1998年　p.238。秋山は、わが国の社会福祉専門職に該当するものとして、❸から❻の具体例を例示している。しかし、❶から❸については、禁欲的姿勢が守られている。また、個々の教育・研究機関における教育水準や研究水準のバラつきは否めないものの、1966年時点で教育課程標準化に向けた組織的取り組みがあった事実（証例：日本社会事業学校連盟「社会福祉学科教育カリキュラム学校連盟基準」の策定）を積極的に評価したい。

★11
大橋謙策「戦後社会福祉研究と社会福祉教育の視座」日本社会事業学校連盟編『戦後社会福祉教育の五十年』ミネルヴァ書房　1998年　p.41。いわゆるソーシャルワーカーと社会福祉士・精神保健福祉士の関連について、以下の指摘がある。日本学術会議第18期社会福祉・社会保障研究連絡委員会が2003年に提出した報告書「ソーシャルワークが展開できる社会システムづくりへの提案」によれば、「ソーシャルワークとは社会福祉援助のことであり、人々が生活していく上での問題を解決なり緩和することで、質の高い生活（QOL）を支援し、個人のウェルビーイングの状態を

療・福祉マンパワー対策本部を設置している。1997（同9）年には総務庁（現・総務省）の「日本標準職業分類」の、大分類「Ａ　専門的・技術的職業従事者」の中分類に社会福祉専門職業従事者が、小分類には福祉相談指導専門員、福祉施設指導専門員、保母・保父（現・保育士）、福祉施設寮母・寮父（介護職員）、その他の社会福祉専門職業従事者が位置づけられた。1999（同11）年の人事院勧告では、国家公務員の福祉職俸給表が初めて制定された。また、専門職の臨床水準に関するものとしては、2000（同12）年の社会福祉基礎構造改革の柱の一つである"サービスの質の向上"に関する施策がある。この改革では、専門職の臨床水準の向上がサービスの質を担保するとし、専門職養成教育課程の見直しを行った。また、社会福祉事業経営者に対して、事業内容の自己評価および情報開示を義務づけるとともに、オンブズマン制度などの第三者評価の導入のあり方についても言及している。これまでも法令により、施設の構造や設備の基準、配置すべき職種の基準、定員に対する職員数の基準などのハード面に関する規定はあったが、専門職を媒介とするサービス内容などのソフト面に関する規定は初めてといっても過言ではない。

　さて、これまでの社会福祉の理念と概念をめぐる議論を要約したい。そもそも人間存在は関係態であり、人々の幸福な暮らしは社会とのかかわりを前提としてのみ達成される。社会福祉は、人類の英知の一つとして、その関係態を構造化したものである。いまや社会福祉は、消極的な最低生活保障から、より積極的な人権擁護、さらには幸福追求権を理念とするまでに成熟しつつある。理念としての人権は憲法によって規定され、人権擁護の具体的方途としての権利は法令によって規定されている。この理念の変容に伴い制度的な守備範囲も、福祉六法を中心とする選別主義的なものから、包括的な生活関連施策全般にわたる普遍主義的なものに転換しつつある。この転換を担保するためには、これまでの制度史的発展に加え、ソーシャルワークの社会的再編が喫緊の課題となった。再編の本格的過程は、資格法成立以降の一連の政策動向が証例となる。

　最後に、社会福祉の理念と概念との関係性をふまえて、これまでの議論を簡潔に整理すれば、「社会福祉とは、人々の幸福追求権の実現を目的とした、社会福祉専門職を媒介とする制度横断的な介入機能を意味するものである」といえよう。

高めることを目指していくことである」とし、わが国におけるソーシャルワーカーとして、国家資格である社会福祉士および精神保健福祉士を位置づけている（日本学術会議第18期社会福祉・社会保障研究連絡委員会「社会福祉・社会保障研究連絡委員会報告－ソーシャルワークが展開できる社会システムづくりへの提言」2003年を参照されたい）。

【引用文献】
1）諸橋轍次著、鎌田正・米山虎太郎修訂『大漢和辞典』（修訂第2版）大修館書店　1990－2000年を参照されたい。
2）横山裕「東洋哲学の視座から地域福祉を考える」西尾祐吾・塚口伍喜夫編『社会福祉の動向と課題－社会福祉の新しい視座を求めて－』中央法規出版　2002年を参照されたい。

3）同上書
4）Aristotelēs, *Ethica Nicomachea*.（高田三郎訳『ニコマコス倫理』（上）岩波文庫　1971年　p.31）
5）和辻哲郎『人間の学としての倫理学』岩波全書　1934年を参照されたい。
6）Rousseau, J. J., *ÉMILE DE L' ÉDUCATION*.（今野一雄訳『エミール』（上）岩波文庫　1962年　p.24）
7）Portmann, A., *Biologische Fragmente zu einer Lehre vom Menschen*.（高木正孝訳『人間はどこまで動物か―新しい人間像のために』岩波新書　1961年）を参照されたい。
8）足立叡『臨床社会福祉学の基礎研究』学文社　1996年　p.41
9）Russell, B., *The Conquest Happiness*.（安藤貞雄訳『ラッセル幸福論』岩波文庫　1991年　p.20）
10）Iellinek, G., *Die Erklärung der Menschen-und Bürgerrechte*.（渡辺信英、青山武憲訳『人権宣言論』南窓社　1978年　pp.147-148）
11）嶋田啓一郎「福祉倫理の本質課題」嶋田啓一郎監修・秋山智久、高田真治編『社会福祉の思想と人間観』ミネルヴァ書房　1999年　p.13
12）同上書
13）Bank-Mikkelsen, N. E.：Denmark. Flynn, R. J. and Nitsch, K. E. (eds)：*Normalization, Social Integration and Community Services*, Pro-Ed, 1980, p.56.
14）同上書
15）Nirje, B.：The normalization principle. Flynn, R. J. and Nitsch, K. E. (eds), *Normalization, Social Integration and Community Services*, University Park Press, 1980, p.56.
16）Wolfensberger, W.：*The Principle of Normalization in Human Services*. National Institute on Mental Retardation, 1972.（中園康夫・清水貞夫編訳『ノーマリゼーション－社会福祉サービスの本質－』学苑社　1982年　p.48）
17）Wolfensberger, W.：Social role valorization：A proposed new term for the principal of normalization. *Mental Retardation* 21, 1983, pp.234-239を参照されたい。
18）この法律の邦訳は、全国社会福祉協議会障害福祉部『完訳解説　ADA障害をもつアメリカ国民法』全国社会福祉協議会　1992年を参照されたい。
19）Wellman, C., *Welfare Rights*, Roman and Littlefield, 1982, p.9.
20）Plant, R.：Needs, Agency, and Welfare Rights. Moon, J. D. (eds)：*Responsibility, Rights, and Welfare*. Westview Press, 1988, p.55.
21）河野正輝『社会福祉の権利構造』有斐閣　1991年　p.110
22）河野正輝「社会福祉の権利」佐藤進・河野正輝編『現代法双書　新現代社会福祉法入門〔第2版〕』法律文化社　2003年を参照されたい。
23）竹中勝男『社会福祉研究』關書院　1950年　p.6
24）三浦文夫『社会学講座15　社会福祉論』東京大学出版会　1974年　p.20
25）一番ヶ瀬康子『現代社会福祉論』時潮社　1973年　p.43
26）古川孝順『社会福祉学序説』有斐閣　1994年を参照されたい。
27）社会福祉本質論争の詳細については、真田是編『戦後社会福祉論争』法律文化社　1979年を参照されたい。
28）Mannheim, K., *Ideolgie und Utopie*, 1929.（高橋徹ほか訳『イデオロギーとユートピア』（世界の名著56－マンハイム・オルテガ－）中央公論社　1971年

を参照されたい。
29) Wilensky, H. L. and Lebeaux, C. N., *Industrial Society and Social Welfare*, Russell Saga Foundation, 1958.（四方寿雄監訳『産業社会と社会福祉（上）』岩崎学術出版　1971年　pp.143-155）
30) 古川孝順「社会福祉理論のパラダイム転換」古川孝順編『社会福祉21世紀のパラダイムⅠ－理論と政策－』誠信書房　1998年　p.41
31) 同上書　p.72

【参考文献】

京極高宣『現代福祉学の構図』中法法規出版　1990年
松井二郎『社会福祉理論の再検討』ミネルヴァ書房　1992年
高田眞治『社会福祉混成構造論－社会福祉改革の視座と内発的発展－』海声社　1993年
吉田久一『日本社会福祉理論史』勁草書房　1995年
宮田和明『現代日本社会福祉政策論』ミネルヴァ書房　1996年
京極高宣『現代福祉学レキシコン』（第2版）雄山閣　1996年
池田敬正『現代社会福祉の基礎構造－社会福祉実践の歴史理論－』法律文化社　1999年
一番ヶ瀬康子・高島進・高田眞治・京極高宣編『講座　戦後社会福祉の総括と二十一世紀への展望（1）』ドメス出版　1999年
秋山智久『社会福祉実践論－方法原理・専門職・価値観－』ミネルヴァ書房　2000年
古川孝順『社会福祉学』誠信書房　2002年
秋元美世・大島巌・柴野松次郎ほか編集『現代社会福祉辞典』有斐閣　2003年
京極高宣『社会福祉学とは何か──新・社会福祉原論』全国社会福祉協議会　1995年
星野貞一郎『社会福祉原論〔新版〕』有斐閣　2002年
高田眞治『社会福祉研究選書1　社会福祉内発的発展論－これからの社会福祉原論』ミネルヴァ書房　2003年
古川孝順『社会福祉原論』誠信書房　2003年

第2章

社会福祉の歴史
―― 日本における社会福祉の歩みを中心に

● **本章のねらい**

　歴史を「学ぶ」とは、単なる年号や人名の暗記ではない。一つひとつの歴史的な事柄を全体の流れのなかに位置づけながら、自身の現在の立脚点を確認し、そこからどれだけ未来を見据えることができるようになれるのかが、歴史の「正しい学び方」である。たとえば、今日、わが国の社会福祉は基礎構造改革の渦中にあるが、これとてある日突然に「改革」が始まったわけではなく、そこに至る歴史的な事実としての過去の経緯が間違いなく存在しているのであり、その歴史的な事実に即して、また未来を常に念頭に置きながら、現在の状況の是非を問うていかなければならないのである。

　本章では、社会福祉の歴史について、日本におけるその歩みを中心にまとめてある。現在のわが国の社会福祉をしっかりと理解していくためにも、その過去からの流れと全体像をしっかりと把握したうえで、その流れの先は、どこへ向かおうとしているのかをともに考えてみたい。

1 社会福祉前史としての慈善・救済の時代における制度と人物

1．古代律令国家における公的救済制度

　青森県青森市において発掘された三内丸山遺跡は、紀元前約1万年から紀元前約500年頃の間の日本列島にみられた縄文文化が単なる狩猟採集のみに偏った生活様式ではなく、すでに穀物の生産や家畜の飼育等も行う定住型の、かなりの社会性をもって営まれてきた文化であることを示している。「縄文」と呼ばれる悠久の彼方にあって、すでにわれわれの祖先は、自然発生的な相互扶助を含む「生活」を基盤とした共同体社会を形成していたのである。しかし、「生活」を基盤とした集団はやがて他集団を統合し、より大きな集団となってその繁栄と存続を図ろうとする。その過程で「生活」を基盤とした共同体社会は崩壊し、「権力」を「もつ者」と「もたない者」に再統合され、やがて「国家」という一つの大きな集団を生み出していくこととなる。そしてそのようななかで、自然発生的な相互扶助も、

より「もたない者」である社会的弱者を救済する制度として「国家」の仕組みに組み込まれていくのである。

3世紀から4世紀前半までに、日本列島のうち九州北部から中部地方までの地域が、天皇という「権力」に基づいた大和政権によって統一された。大和政権は中国の唐にならい、645（大化元）年の「大化の改新」や701（大宝元）年の「大宝律令」等によって、税制や法制を整えた中央集権国家体制を形成していく。しかし、「国家」としての体裁が整いつつある反面、その根底を支える「もたない者」である庶民の生活は、たとえば、山上憶良（660～733）が「貧窮問答歌」で農民の苦しみを歌い、「術無きものか、世間の道」（『万葉集』）というように、慢性的な貧困生活にあえいでいたのである。

庶民が貧困生活にあえぐ現状に対して、大和政権も全くの無策だったわけではなく、時に応じて、公的な救済制度として「賑給（しんごう）」が行われていた。ただ、「賑給」の実施に際しては大きく2通りあり、天皇即位や立太子といった慶事や皇族の罹病の平癒といった大事の際に行われる場合と、旱魃（かんばつ）、風水害、飢饉等の天変地異や疫病の流行等に際して行われる場合があった。遠藤興一は、この制度について、「前者を一般に賑給といい、可視的、実際的な方法で天皇の慈恵、高徳を天下に知らしめ、公民に対して、支配秩序を受け入れさせるところにねらいがあり、後者は現実的な罹災救助を目的としたもので、両者に共通しているのは、いずれも天皇の有徳、恩恵を示すためのイデオロギー政策といった意味合いが濃かった点であろう」[1]と述べている。なお、当時の具体的な救済対象は、718（養老2）年制定の「戸令」において、「鰥、寡、孤、独、貧窮、老、疾、自存不能者」と定められている。これは、❶61歳以上で妻のない者（鰥）、❷50歳以上で夫のない者（寡）、❸16歳以下で父のない者（孤）、❹61歳以上で子のない者（独）、❺財貨に乏しい経済的困窮者（貧窮）、❻66歳以上の者（老）、❼病や疾病に伏せっている者（疾）で、なおかつ自分の力だけでは生活できず（自存不能）、地縁・血縁といった地域共同体からも外れてしまった者に限るという、非常に限定された範囲での対象であった。

そのような政治状況のなか、同時代において大陸より新たに伝えられた仏教は、その後のわが国の慈善・救済実践を支える重要な精神的基盤となっていったのである。以下、仏教思想に基づいていち早く行われた実践事例を、歴史の時間軸にそっていくつか紹介しておきたい。

2．仏教思想に基づく慈善・救済活動

1　四箇院と聖徳太子

　古代律令国家体制下における救済事業を語る際に、また、わが国に連綿として受け継がれる仏教福祉の先駆者として、聖徳太子（574～622）は欠かすことのできない人物の1人である。聖徳太子は、体制確立の立役者の1人であり優れた行政指導者であると同時に、深く仏教に帰依し、仏教理念を色濃く反映した「十七条憲法」の制定や、自らが中心になって作成したとされる、経典の注釈書である『三経義疏』等を通じて、広く仏教思想の啓蒙・普及に尽力しているが、また仏教福祉実践として、593（推古元）年に建立されたとされる四天王寺で四箇院の事業を始めたとされている。四箇院とは、❶貧困者や孤児などを収容した悲田院、❷貧窮病者に対する薬の施し所となった施薬院、❸男女を問わず貧困病者の寄宿療養を担った療病院、❹悪事を犯してしまった人の、（仏教的教化の要素も含めた）修養の場としての敬田院の4つの事業をいい、それぞれ、現在の社会福祉関連施設の原型と呼べるべきものであった。

　なお、聖徳太子を嚆矢とする仏教思想に基づく救済活動は、その後、仏教信仰に深く帰依した皇族・豪族、後に名僧とよばれる僧侶、そして時に対象者となり、また時に担い手となったであろう名もなき庶民とともに、さまざまに展開されていくこととなるのである。

2　豪族、貴族の救済活動

　藤原不比等の娘であり聖武天皇の皇后である光明子（701～760）は、その仏教信仰も篤く、藤原氏の氏寺である山階寺（現　法相宗大本山興福寺）に、723（養老7）年に施薬院および悲田院を「普く疾病及び貧乏の徒を救養せんがために」（『続日本紀』）設置し、その維持・運営に私財を投じてあたったという。また、道鏡の宇佐神託事件の際の立役者である和気清麻呂の姉であり、進守大夫尼位を授かって法均という法名ももつ和気広虫（730～799）は、764（天平宝字8）年の恵美押勝（藤原仲麻呂）の乱に際し、「乱止むの後、民飢疫に苦しみ、子を草間に棄つ。人をして収養せしめ、八十三児を得る」（『日本後紀』）と、社会の混乱によって生じた孤児を引き取って養育したとの記録が残されており、現在でいう児童保護事業の先駆けであるとされている。

3　民間土木事業と行基

　一介の私度僧（処罰の対象となる政府非公認の僧侶）として市井の庶民に対する布教活動を続けた行基は、単に仏教の教えを説くことにとどまらず、各地域で

困窮にあえぐ庶民の声をきき、必要に応じて彼らの「生活」を支える灌漑土木事業を、彼ら自身も担い手として巻き込みつつ、各地において実践していった。架橋、道路整備、灌漑整備、舟息（船着場）、布施屋（無料宿泊所）等、行基のかかわったものとして今に伝わる事業は複数あるが、それら庶民の「生活していくための切実な欲求（ニーズ）」に応じた諸事業の成功が、行基を支持する民衆の熱いエネルギーへと昇華していったのであろう。はじめ行基の諸活動を疎ましく思っていた朝廷も、無数の民の力が必要不可欠である743（天平15）年の大仏建立事業にあたっては行基を勧進役に登用し、745（同17）年には僧侶としての最高位である大僧正に任命して「大菩薩」の号を与えるに至っている。行基の諸活動をもって、日本社会事業史の先駆と評価するものは数多いが、ここでは、野本三吉の「行基が行い続けてきた民衆救済の思想と行動は、その後の民間福祉活動、民間救済活動の原点ともいえる内容を含んでいる」[2]とする評価のみ記しておきたい。

4　綜芸種智院と空海

　真言密教の宗祖である弘法大師空海は、故郷である讃岐国（現　香川県）における満濃池の築池をはじめ、各地において行基と同様に土木事業に尽力しているが、さらに付け加えるならば、日本初の、庶民を対象とした教育機関である綜芸種智院を設立し、貴賤の別なく教育を受ける機会を設けた人物として記憶にとどめておく必要がある。いわゆる「教育を受ける機会」とは、中・長期的に庶民の「生活」向上を考える際には不可欠の要素であり、その意味において、それまでごく限られた者たちによって独占されていた「教育」を庶民の身近に引き寄せた功績は、極めて重要であると考えられるからである。

5　中世武家政権下の慈善・救済活動

　長期にわたる大和朝廷による政権の維持は、結果として権力の腐敗と制度疲労を招き、武士階級の台頭と古代律令国家体制の解体を促すこととなった。
　1156（保元元）年の保元の乱、1159（平治元）年の平治の乱と続く源平の政争のなかで朝廷の権威は相対的に失墜し、1192（建久3）年、源頼朝の征夷大将軍任命による鎌倉幕府の開府を境に、時代は鎌倉、室町、安土・桃山という武家政権が続く中世へと移り変わっていく。そのような時代の変遷のなかにあって、庶民の生活も封建領主による私的な土地所有と管理支配、他領地との争いと興亡のなかで、次第に村落共同体に基づく相互扶助組織である「惣」を結成し、自治的に農村経済を維持し、互いに扶助を行う例もみられるようになった。
　しかし、同時代にあっても救済活動の主たる担い手は、東大寺復興の立役者としても知られる俊乗坊重源（1121～1206）の湯屋（浴場）の設置活動や、非人や

癩（ハンセン氏病）患者に対する救済活動を行った叡尊（1201～1290）、忍性（1217～1303）等といった仏教者の実践であり、あるいは恒常的な戦乱と飢饉という社会不安から庶民の精神の救済を模索し、その「死」を看とり続けた、法然（1133～1212）、親鸞（1173～1262）、道元（1200～1253）、日蓮（1222～1282）、一遍（1239～1289）といった鎌倉新仏教の宗祖と、そこに救いを見出して集った、無名の門人たちであったのである。

3．近世の幕藩体制と儒教思想による慈善・救済の諸相

1　江戸幕府における救済制度

1600（慶長5）年、関が原の戦いで石田三成率いる西軍方を破った徳川家康は、全国支配の実権を手中にした。1603（同8）年、征夷大将軍に任ぜられたことにより江戸幕府は開かれ、徳川政権と諸藩の二重支配体制という幕藩封建社会が形成されることとなる。

260余年という長きにわたる徳川政権のもとで行われた救済施策のうち、特に触れておきたい点の一つは、窮民救済の手段として複数の施設が立てられている点である。飢饉や災害、あるいは（たびたび江戸の町が見舞われた）大火災等の際の、避難所兼一時保護所的な役割として複数つくられた「救小屋」、1722（享保7）年、目安箱に投書された町医の小川笙船（1672～1760）の建議を受けて、救療施設として設置された小石川療養所、1790（寛政2）年、軽犯罪人や無宿人の職業訓練を兼ねた更生施設として、火付盗賊改役長谷川平蔵（1745～1795）の献言を入れて石川島に設立した「人足寄場」等、それぞれ設立の経緯も含めて興味深いものがある。

ただ、注意しておかなければならないことは、これらの施設利用の対象者はあくまで、共同体社会からはみ出してしまった「無告の窮民」であり、一般庶民の「生活」は、農林漁村であれ都市であれ、「お上」の力を借りない相互扶助関係が原則であった点である。当時の農村では「結」、漁村では「催合」と呼ばれる共同労働組織によってお互いの生活を支え合い、また「講」や「無尽」といった金融面も含めた相互扶助組織も各共同体に誕生している。

2　儒教思想による慈善・救済

精神文化的な側面も含めて、中世までの日本社会を支えていたものが仏教思想であるとするならば、近世の日本社会にあってそれを担ったものは儒教思想である。この点については、吉田久一も「明治以後近代125年の社会事業思想を取り上げる際に、重くのしかかってくるのは、近世260数年の儒教的慈恵・救済思想である。（中略）近世儒教の慈恵・救済思想を除いては、日本社会事業→社会福祉を語

ることはできない」[3]と述べているように、社会福祉の歴史を考えるうえでも例外ではない。

同時代にあって儒教思想は、政治理念の基本であり、文化知識人の教養であり、庶民生活における道徳の規範であった。ゆえに、たとえば先に述べたような徳川幕府の窮民救済のための諸施策も、儒教思想に基づいた「徳治主義」を実践した結果であるし、地域社会にあって、「慈悲無尽」という救済制度を発案した三浦梅園(1723〜1789)、一般庶民の窮乏をみかね、一命を賭して挙兵した大塩平八郎(1793〜1837)、独自の経世思想に基づいて、自著『垂統秘録』に救済機関や児童施設の必要を説いた佐藤信淵(のぶひろ)(1769〜1850)、報徳の精神をもって、農村復興に尽力した二宮尊徳(1787〜1856)、農民に「先祖株組合」という共有財産制度をすすめて、生活基盤安定の必要性を訴えた大原幽学(1797〜1858)等といった、同時代にあって社会事業史上に名を残す人物たちの行動の根底には他者に対する「惻隠の情」があり、その思想的背景には、(その濃淡や解釈の相違はあるにせよ)「仁政」や「仁愛」が含まれていると考えられるのである。

ただし、近世において豊穣な思想的展開をみせ、近代日本の精神的基盤となった儒教思想は、一方で「明治以降太平洋戦争までの、日本国家主義による儒教的仁政思想の利用による御用化」[4]を招き、戦後においてはその正当な評価を得られないまま現在に至っているように思う。

4．イギリスにおけるエリザベス救貧法の成立と展開

ここで、社会福祉史のより大きな流れのなかに日本を位置づけるために、日本における歴史の流れをいったん中断して、近現代の社会福祉の出発点となった「救貧法」が成立した同時代のイギリスの状況に目を向けておきたい。

同時代までのイギリスを含む中世ヨーロッパ社会における福祉実践の思想的基盤は、キリスト教的「愛」であり、実際の活動も、修道院や教会を主体とした慈善活動や「博愛」の精神に基づく多くの民間慈善事業にみることができる。また、(後述するエリザベス救貧法の完成年でもある)1601年には、これら宗教的慈善救済の精神を継承する制度として、幅広い救済対象を視野に入れた「Statute of Charitable Uses」[★1]が成立してもいる。

しかし、社会・経済の急激な変化を経て、後に他国に先駆けて近代の扉を開いていくイギリス社会は、こと「社会福祉」に関していえば、これら長年培ってきた宗教的慈善救済とは趣を異にする理念によって、社会的弱者救済に関する法制度を整えていくのである。

★1
公益ユース法または慈善信託法ともいう。救済の対象と範囲を厳しく規定した救貧法とは異なり、その前文には、老齢者、疾病者、貧困者の救済、学生への援助、橋、道路、公道等の整備、孤児への教育ならびに後援、矯正院に対する支援ならびに維持管理の支援、貧困住民に対する税支払い支援等々、幅広い範囲がその対象としてあげられている(松山毅「Statute of Charitable Uses(1601)に関する一考察－概要と論点整理を中心に－」『社会福祉学』第42巻第2号日本社会福祉学会 2002年 pp.11-21)。

1　エリザベス救貧法の成立

　日本では、戦国乱世の只中にあって、織田信長、豊臣秀吉、徳川家康といった天下人が活躍していた1500年代、前期資本制社会の形成に伴う中世封建社会が緩やかに崩壊していったイギリスでは、農奴制の崩壊や囲い込み運動の結果、その土地を追われ生産手段から切り離された貧民や浮浪者に対して、彼らの取り締まりも含めたさまざまな法律の公布がなされていたが、エリザベスⅠ世の治世であった1601年、それらの集大成としてエリザベス救貧法が完成した。

　この法律は、対象である貧困層をさらに、❶有能農民、❷無能力農民、❸児童とに分類し、また、❶治安判事と貧民監督官の任命、❷救貧税の課税、❸無能力農民の保護、❹懲治監、❺救治院の建設、❻浮浪者や乞食に対する処罰等の規定を定めて、中央集権的な機構のなかでの救済行政をめざしたものであったが、なかなかその成果はみられなかった。

　そこで、貧困者の移住の権利を制限した1662年制定の居住地法や、「ワークハウス（強制労働施設—筆者注）そのものを本当に労働能力のある救済申請者と仮病をつかっているものとをふるいわけるために利用すべきである」[5]という観点から、就労の強制強化を目的に1722年に制定されたワークハウス・テスト法等の実施が試みられた。また一方では、必要に応じて貧民の院外救済（在宅保護）も認める内容をもった1782年制定のギルバート法や、最低生活水準維持に満たない賃金に対して、その不足分の金額を救貧税によって補填するというスピーナムランド制度（1795年）といった、先のワークハウス・テスト法とは全く逆の原則に基づく制度も試みられた。しかし、このような制度の試行錯誤を経ても、結果として貧困問題の解決には至らなかったのである。

　18世紀後半の技術上の変革から始まった産業革命は、イギリスに多大な経済的繁栄をもたらした反面、第２次囲い込み運動等による自営農民の解体と賃金労働者化を加速させた。そして、彼らが何らの生産手段をもたないまま都市部に流入し、最下層の賃金労働者としての生活を強いられることで、治安や労働条件の悪化に伴うさらなる貧困層の増大等といった深刻な社会問題を引き起こしていた。

2　新救貧法の制定

　このような社会状況にあった1834年、従来のエリザベス救貧法に代えて、新救貧法が制定された。同法によって新たに明確化された原則は、❶救済水準の全国一律化、❷労働可能な貧民の在宅保護の禁止とワークハウスによる収容の徹底、❸劣等処遇の原則の３点である。ちなみに、ここであげられている劣等処遇の原則とは、本来働ける貧民が公的救済を受ける際の水準は、最下層の労働者の生活水準よりもすべてにおいて低い内容でなければならないとする考え方であり、こ

の背景には、公的救貧制度は貧困を解決し得ないという主張に基づく国家による救済の抑制と、強制就労による労働人口の増加という意図があった。つまりこれらの救貧制度は、近代社会における貧困等の社会問題に対して、(私的な慈善救済ではなく)国家が初めて取り組んだ公的救済制度という点では非常に意義深いものがあるが、実際の内容についていえば、救済というよりは「貧民管理」の色合いが強く、根本的な意味での貧民救済の機能を期待できるものではなかったのである。

基本的人権や生存権に基づく社会福祉制度の成立までには、まだ今しばらくの時間が必要であった。

2 近代国家成立期における慈恵・慈善事業、感化救済事業の時代

1．近代国家成立の過程と公的救済制度の限界

1867（慶応3）年10月、第15代将軍徳川慶喜は朝廷に大政奉還の上表を提出、その後、戊辰戦争とよばれる東北諸藩を中心とした旧幕府側との内戦を経て、日本は明治新政府のもと、欧米諸国にならって近代国家成立への途筋を急速にたどっていくこととなる。俗にいう「士・農・工・商」とよばれる身分制度は廃止され、居住移転や職業選択の自由も許された。「地租改正」を行って、土地不動産化とその個人所有を明確に認めるとともに、課税の標準をその地価に定めて金納に変更する等、新政府の財政基盤を整理していった。

しかし、社会制度は少なからず変化していったが、それが一般庶民の暮らしぶりを豊かにする方向には必ずしも向かわなかった。近代化の過程において、その変化に対応できない者たちが新たな貧困層として救済の対象となっていくという歴史的事実は、前項においてイギリスの例でも述べた通りであるが、日本のような急速な近代化は、その速度に比例して短期間で膨大な貧困層を生み出していくこととなった。しかし、欧米列国からの植民地支配の脅威にさらされるなかで、一刻も早く他国に相対することができる国力を身につけ、「富国強兵」を推し進めなければならないという急務の課題を抱えていた明治新政府は、内政に目を向けるゆとりはなく、新たな救済対象である貧困層に対する十分な救済施策を打ち出すことはできなかったのである。

1874（明治7）年、❶自立生活の困難な極貧かつ独身の者、❷70歳以上で重い疾病を患い、または老衰で労働不能な独身の者、❸13歳以下の児童、❹重病人等

に対して、一定限度の米代を支給することを定めた「恤救規則」が制定されているが、その基本的な考え方は、「済貧恤救ハ人民相互ノ情誼ニ因テ其方法ヲ設クヘキ筈ニ候得共目下難差置無告ノ窮民ハ自今各地ノ遠近ニヨリ五十日以内ノ分左ノ規則ニ照シ取計置委曲内務省ヘ可伺出此旨相達候事」(明治7年12月8日太政官達第162号)と述べられているように、本来窮民救済は「人民相互ノ情誼」(人民同士の思いやりの心)によって行われるものであるという、前近代的な共同体的相互扶助に依拠した非常に厳しい対象制限を伴った不十分なものであり、近代国家成立の過程で巷にあふれ出た貧困層の生活の支えになるものではなかった。

近代国家にとって、いわゆる国民全般の救貧にかかわる問題は、その政治体制および財政に深くかかわる問題であり、避けて通れる問題ではない。その意味で、新政府樹立の早期の段階で「恤救規則」が国家施策の一つとして制定された点についての意義はあるものの、その内容に関していえば、近代的な公的扶助制度としては程遠いものだったのである。

この「恤救規則」は、その後何度か改正の動きこそあったものの実現には至らず、その抜本的な見直しが行われるのは五十余年を経た救護法の制定を待たなければならなかったのである。

その他、同時期区分の主だった公的な救済制度については、1871(明治4)年に制定された、旅行中の病人等に対する治療費用や対応等を定めた「行旅病人取扱規則」や、身寄りのない児童をもらい受けて養育する場合に、その児童が15歳になるまでの養育米の支給を定めた「棄児養育米給与方」、1880(同13)年に制定された、災害・飢饉等に備えた「備荒儲蓄法」(後の1899(同33)年に廃止、代わって「罹災救助基金法」が制定される)等をあげておくことができる。

また、1900(明治33)年に司法的観点もふまえた児童保護として制定された「感化法」が、1908(同41)年に改正されたことにより、現在の「児童自立支援施設」や「児童養護施設」の源流となる「感化院」が各地に設立されている。

なお、同年9月、内務省主催による第1回感化救済事業講習会が開催されているが、この時期を境に、「感化救済事業」という呼称が頻繁に使用されるようになった。

2．近代日本社会の底辺を支えた民間社会事業家の諸活動

公的な救済制度が極めて不十分な同時期にあって、実際の救済活動を担ったのは、数多くの民間社会事業家とよばれる人々である。彼らの多くは、ある者は「惻隠の情」を矜持として、またある者はキリスト教的「愛」の精神の発露として、そしてまたある者は仏教的「慈善」や「菩薩道」の実践として、社会福祉事業の最前線に身を投じていった。以下、宗教的な信仰や信念をもって先駆的な社

会事業実践を行った代表的な人物と事業を紹介していきたい。

1　東京市養育院と渋沢栄一、安達憲忠

　1872（明治5）年10月に、ロシア皇太子アレクセイの来日訪問にあたって、市中にあふれる乞食や浮浪者を恥と考えた東京府が、彼らを収容するために急きょ設立されたのが、東京市養育院であり、その後同施設を拠点として、保母や看護婦といった対人援助職者の養成、盲唖児教育、虚弱児養護、感化事業、ハンセン氏病患者医療、職業紹介事業等などの幅広い活動が行われた。同施設は近代日本の社会福祉の歴史を語るにあたっては外すことのできない施設であるが、この設立にあたって尽力したのが、渋沢栄一（1840〜1931）である。渋沢は、幕末維新期にあってわが国の産業育成に強い影響力をもち、600余に及ぶ会社・事業の設立・運営にかかわった人物として著名であるが、社会事業にも深いかかわりをもっている。渋沢の思想的土壌には、儒教的倫理観としての私的な部分をなす「仁愛」と、公的な部分をなす「仁政」が、まさに密接不可分な関係のもとに両立していたのであろう。渋沢は、同施設院長のほか、わが国最初の社会事業調査機関として1908（同41）年に設立された中央慈善協会の初代会長、東京感化院顧問等を歴任した。

　また、同施設の実質的な運営にあたっては、渋沢の推挙によって東京市養育院幹事となった安達憲忠（1857〜1930）によってその実務が担われていた。実務者として安達は、同施設の事業規模拡大やその近代化に功績を残した人物であるが、彼の前半生は波乱に富んでおり、同職に携わる以前には、天台宗僧侶として、また山陽新報社の記者となって自由民権思想の啓蒙家として活躍していた。安達の青年期におけるこれらの活動や経験が、同施設の運営のみならず、施設を利用する人々に対する眼差しにも含まれていただろうことは、想像に難くないであろう。

2　家庭学校と留岡幸助

　敬虔なキリスト教者であると同時に、二宮尊徳の報徳思想にも強い影響を受けた留岡幸助（1864〜1934）は、はじめ宗教家として伝道活動に携わっていたが、縁あって監獄の教誨師に就任したことから監獄改良の必要性を感じてアメリカに留学、その理論や実務方法等を学んでいる。帰国の後に感化院設立にかかわり、1899（明治32）年に、東京市巣鴨に（あえて「感化」の語は使用しない）家庭学校を設立、さらに1914（大正3）年には、北海道にも分校および農場を開いている。

　彼の思想は、儒教的倫理観と、キリスト教的「慈善」と、報徳思想に基づく「自然との協同」の精神等が渾然一体となった独特のものであり、その思想が実践のなかで見事に結合している点に特徴がある。留岡によれば、非行少年の感化

にあたっては、自然豊かな環境のなかで家庭的雰囲気をもつ家族舎を配し、農業中心の労作教育を通じて行われるべきであるとして、実際の家庭学校の処遇内容もこれらの考え方を反映した運営・教育が行われていた。

3　岡山孤児院と石井十次

熱心なプロテスタントであった石井十次（1865～1914）は、はじめ医師をめざして学業に邁進していたが、1887（明治20）年、巡礼中の某婦人より1人の子どもの養育を引き受けたことがきっかけとなって孤児教育会を設立、これが後の岡山孤児院へと発展していくこととなる。同施設は、石井の「無制限収容」の考え方を実施して東北地方の大凶作によって巷にあふれた孤貧児を収容した結果、1906（同39）年には収容児童が1200名となり、世界的な規模の孤児院となっていった。

なお、同施設の基本的な処遇方針は、❶家族主義、❷委託主義、❸満腹主義、❹実行主義、❺非体罰主義、❻宗教教育、❼秘密教育、❽旅行教育、❾米洗教育、❿小学教育、⓫実業教育、⓬托鉢主義、の12の特徴からなり、これらは「岡山孤児院12則」としてまとめられている。

4　滝乃川学園と石井亮一

立教大学在学中にキリスト教の洗礼を受けて信仰を得た石井亮一（1867～1937）は、同大学卒業後、立教女学校教頭となっていたが、1891（明治24）年、濃尾地方を襲った大地震の被災孤児が売春婦として売られていることを知ったことがきっかけとなり、被災地の女子の孤児20余名を自宅に引き取って「孤女学院」を開設した。その後、引き取った孤児のうち2名が知的障害児であったことから障害児教育に専念し、名称も「滝乃川学園」と改め、わが国において最初の知的障害児施設が誕生することとなった。

石井は、未知の領域であった知的障害児教育にかかわるために、1896（明治29）年と1898（同31）年の2度にわたって渡米し、調査研究を行ってその処遇方法等を学んでいるが、当時、わが国の知的障害児への対応は欧米諸国に比してもかなりの遅れがみられており、石井が知的障害児教育の領域を新たに切り開いたことは、非常に意義のあることだったのである。

5　浄土宗労働共済会と渡辺海旭

浄土宗僧侶の渡辺海旭（1872～1933）は、同宗海外留学生として赴いたドイツのストラスブルグ大学での11年に及ぶ留学生活を終了して帰国の後は、斯界の中心的な役割を担っていたが、社会事業においても先駆的な実践をなした人物である。渡辺は、留学中のドイツにおいて労働者対策としてのドイツ社会政策を学び、ま

た当地の「労働者の家」をモデルとして、1911（明治44）年、浄土宗労働共済会を設立している。同会の具体的な事業内容は、労働寄宿舎の運営や職業紹介等を含んだ仏教セツルメント事業として、たぶんに「防貧」を意識したものであった。渡辺の社会事業に対する基本的な考え方および同会の基本理念は、1916（大正5）年に同会の機関誌『労働共済』第2巻第1号および第2号に発表された「現代感化救済事業の五大方針」にまとめられているが、ここで述べられた「感情中心主義から理性中心主義へ、一時的断片的から科学的系統的へ、施与救済から共済主義へ、奴隷主義から人権主義へ、事後救済から防貧へ、」の5つの方針は、いずれも「日本社会事業成立の基礎的前提」[6]であり、渡辺の先見性の一端をうかがい知ることができよう。

ちなみに、1912（明治45）年には、渡辺の提唱のもと、東京近郊の仏教社会事業従事者らが参集して「仏教徒社会事業研究会」が誕生しているが、組織体の名称として「社会事業」なる用語が使用されたのは、これが最初である。

6　マハヤナ学園と長谷川良信

前出の渡辺海旭に深く師事し、1917（大正6）年の、わが国初の社会事業教育研究機関である「宗教大学（現　大正大学）社会事業研究室」設立にも主事としてかかわった長谷川良信（1890～1966）が、当時、東京西巣鴨において通称「二百軒長屋」と呼ばれていたスラム地域に移住し、調査・研究のかたわら不就学児童・年少労働者の夜学、近隣住民の相談等を始めたのが1918（同7）年10月であり、同地に「マハヤナ学園」を設立して本格的なセツルメント事業に乗り出したのが、翌1919（同8）年1月である。長谷川の実践活動の基本精神は、「救済は相救済互でなければならない。即ちフオアヒム（彼の為に）ではなくて、トウギヤザーウイズヒム（彼と共に）でなければならない」[7]に端的にあらわされている。つまり、「行う者」と「行われる者」という一方向的かつ従属的にとらえがちな援助における関係性を、あくまで双方向的で対等かつ平等にとらえることで、「共に行い、行われる」＝「共に生きる」という普遍的な解答を導き出している点に、その特徴をうかがうことができるのである。

上述の人物以外にも、同時代にあって社会事業実践に尽力した人々は枚挙にいとまがない。これらの歴史的事実をみるにつけ、日本における社会事業形成の核となったものは、諸制度の充実や学問的蓄積もさることながら、個々の信念をもって社会的弱者のために奔走した人々の「実践」そのものであるとの感が強い。社会福祉が「学」としてどれほど学問的な成熟をみせても、なお「実学」であり続ける以上、彼ら先達の実践は今だ色褪せることなく、われわれにさまざまなこと

を教えてくれている。

3．イギリス・アメリカにおける民間慈善活動と展開

前節に引き続き、ここでもいったん日本の流れを中断して、同時期におけるイギリス・アメリカにおける民間慈善活動について、慈善組織協会とセツルメント運動を取り上げて、若干の説明を加えておきたい。

双方とも、イギリスにおいてその活動が開始され、後にアメリカに渡って活動が広範囲に展開していくという共通の流れをもっているとともに、その活動内容から得た経験や知識の蓄積が、今日のわれわれが学んでいる社会福祉援助技術の形成に強い影響を及ぼしているという経緯がある。先述した、公的な救済制度としての救貧法ははなはだ不完全な代物であったが、一方で、中世のキリスト教精神に基づく宗教的慈善を経てはぐくまれたボランタリズムやヒューマニズムは民間の諸活動に引き継がれ、現在の社会福祉の萌芽を準備することとなっていったのである。

1　慈善組織協会

日本においては、明治維新によってまさに新しい時代の幕が上げられた1869年、イギリスのロンドンにおいて「慈善的救済の組織化および乞食防止協会」という組織が設立され、翌1870年、その組織は「慈善組織協会（Charity Organization Society：以下、COSと略す）」と改称されている。

COSは、それまで個々に行われていた民間の慈善救済活動を統一的に実施して、救済の漏れや重複を避けようとする狙いをもち、❶救済申請者に対する綿密な調査、❷救済者の登録とカード記録の作成、❸各慈善救済団体との連絡調整、❹友愛訪問員活動の4つを主たる活動内容としていた。これらのうち、友愛訪問員活動とは、「施しではなく友人を」という考え方のもと、直接貧困者とかかわりをもちながら個別に彼らの生活状況やニーズを把握していくという活動であり、この個別調査の方法論が、後のケースワークの形成へつながっていくのである[★2]。

アメリカでは、1877年、イギリス人牧師S.ガーディン（Gurteen, Stephen Humphrexs　1836～1898）の指導によりバッファローの地にCOSを組織して以降急速な広がりをみせ、1892年には、全米の主要都市を中心に92団体が組織されていたという。ちなみに、1917年に『社会診断』を著して、初めてケースワークの理論化・体系化を行い、「ケースワークの母」と称されるM.リッチモンド（Richmond, Mary　1861～1928）も、ボルチモアCOSの職員から全米COSの指導者の1人となった人物であり、友愛訪問での経験をもとに、その著作を成したとされている。

★2
この友愛訪問は、最終的には訪問者の主観に基づいて「（救済する）価値のあるケース」と「（救済する）価値のないケース」に判断してしまうという危うさを伴っているという課題もあった。

2　セツルメント活動

　セツルメント(settlement)とは、知識人や人格者がスラム街等に移り住んで、貧困者との直接的なかかわりを通して彼らの生活向上を図る諸事業のことである。

　1884年、オックスフォード大学において経済学の教鞭をとりつつ、セツルメント活動にも身を投じ、30歳の若さで亡くなったA.トインビー(Toynbee, Arnold 1852〜1883)を記念して、S.バーネット(Bernett, Samuel A. 1844〜1913)によってロンドンの貧民街に立てられたトインビー・ホールを拠点として行われた、彼らの生活に密着する諸活動が、セツルメント活動の本格的な始まりであった★3。

　1886年、S.コイト(Coit, S 1857〜1944)によって、「隣人ギルド」がニューヨークに設立され、アメリカでのセツルメント活動が始められているが、有名なところでは、1889年、J.アダムス(Addams, Jane 1860〜1935)によってシカゴに設立された「ハル・ハウス」をあげることができる。

　セツラー（セツルメントに従事する人々）は、地域住民たちと平等の関係を保ち、互いに学び、互いに協力して生活の向上を図ろうとする者であり、「また、社会問題を個人の責任に解決するのではなく、環境にその決定的な原因をもとめることを前提としていた」[8]という点に、その特徴があるといえよう。そして、先にも述べたように、これらの諸活動から蓄積された経験や知識が、コミュニティオーガニゼーションやソーシャルアクションの方法論についても、少なからずの影響を与えていくのである。

　なお、日本におけるセツルメント活動は、1897（明治30）年、片山潜（1859〜1933）の「キングスレー館」の設立によって、初めて行われている。

★3　その活動の実際とは、住民たちの集団討議への参加から、保育所の運営、法律相談、貧困児童の遠足活動等々、身の上相談から文化的なサークル活動まで、その内容は多岐にわたっていたという。

3　大正・昭和戦前期における社会事業・厚生事業から戦後の社会福祉へ

1．「社会事業」の成立

　1911（明治44）年に制定され、1916（大正5）年に施行された工場法は、端的にいえば女子および年少労働者保護のための制度であるが、裏をかえせば、殖産興業の国策のもと、資本家偏重で推し進められてきたわが国の産業革命の結果としての都市労働者の就業実態が、（法制度による規制が必要なほど）いかに劣悪な状態になっていたのかを示す一例であるといえよう★4。

　1918（大正7）年、富山県の漁村の主婦らが起こした米の廉売要求がきっかけとなり、全国の主要都市を巻き込んだ米騒動が発生する。軍隊まで出動してよう

★4　吉野作造が民本主義を提唱し、河上肇が「驚くべきは現時の文明国における多数人の貧乏である」と大阪毎日新聞に連載を始めた『貧乏物語』が評判をよんだのも、同じく1916（大正5）年のことである。

やく沈静化されたこの出来事は、政府に抜本的な救貧政策の必要性を痛感させ、社会事業行政を推し進めるきっかけとなった★5。

労働者の共済団体として鈴木文治（1885～1946）が1912（大正元）年に組織した友愛会は、1919（同8）年には3万人を超える大日本労働総同盟友愛会に発展した。1922（同11）年には、被差別部落民による全国水平社の創立大会が、3000人の参加者を集めて京都で開催された。

大正時代と呼ばれるこの時期、一般庶民は一定程度に近代化された社会のなかでの矛盾や社会不安に自覚的となり、世論を形成し、さまざまな運動という形となって、社会への働きかけを行っていったのである。

2．方面委員制度の成立と時代に与えた影響

1　岡山県の済世顧問制度

さて、当時期区分において特質すべき事柄は、今日の民生委員制度の出発点となっている方面委員制度が成立し、全国的な展開がみられた点であろう。

1917（大正6）年、まず全国に先駆けて、岡山県において、県知事笠井信一（1864～1929）によって済世顧問制度が公布されている。

岡山県下の貧困実態調査結果を重くとらえ、行政施策の「救貧」から「防貧」への転換を痛感して済世顧問制度創設に踏み切った笠井は、「済世顧問設置規定」（大正6年5月12日　岡山県訓令第10号）にも、「済世顧問ハ県下市町村ノ防貧事業ヲ遂行シ個人並ニ社会ヲ向上セシムルコトヲ以テ目的トス（第1条）」、「済世顧問ノ防貧方法ハ精神上ノ感化、物質上ノ斡旋等ニ依リ、現存及ビ将来ニ於ケル貧困ノ原因ヲ消滅セシムルモノトス（第2条）」と、その基本的な考え方を明確に記している。また、済世顧問の実際の委嘱にあたっては、「1．人格正シキモノ、2．身体健全ナルモノ、3．常識ニ富メルモノ、4．慈善同情心ニ富メルモノ、5．市町村内中等上ノ生活ヲ営ミ、少クトモ棒給ヲ以テ衣食ノ資ニ供セサルモノ（第5条）」という条件のもと、同年56名が委嘱され、それぞれ貧困家庭を訪問調査し、必要な援助を書き記して各市町村に届けるという業務を開始したのである。

翌1918（大正7）年、大阪府において、林市蔵（1867～1952）府知事のもと方面委員制度が発足しているが、本制度の発足にあたっては、当時救済事業指導嘱託として大阪に招かれていた小河滋次郎（1862～1925）の尽力が大きい。

なお、ここでいう「方面」とは一定の広さや地域をあらわし、また、これら各方面に必ず方面委員がいるという「必置方式」をとり、各委員の役割を、地域社会における「社会測量」であると定めて、その調査のなかから貧困を発見するという方法をとっている★6。

★5
ちなみに、1920（大正9）年の内務省官制改正で「社会局」が新設されるとともに、公式に「社会事業」という用語が使用され、以降、社会事業の呼称が一般的となっていく。

★6
小河は、ドイツのエルバーフェルト市で行われていた救済委員の制度を参考に本制度を立案したという。

2　方面委員の活躍

　岡山県および大阪府の取り組みは全国に波及し、1926（昭和元）年には1道3府29県において方面委員活動が行われている。そして、翌1927（昭和2）年10月、第1回全国方面委員大会が開催されて全国規模の組織化が図られるとともに、「恤救規則」にかわる新たな救貧制度の必要性が強く訴えられ、新制度制定および実施に向けた政府への積極的な働きかけが行われていくこととなる。そして、方面委員たちの日々の活動から生じた切実な思いは、1929（昭和4）年の救護法制定、1932（同7）年の同法施行の実現へと結実していくのである。

　新たに制定された救護法は、その対象を、❶65歳以上ノ老衰者、❷13歳以下ノ幼者、❸妊産婦、❹不具廃疾者、疾病、傷痍其ノ他精神又ハ身体ノ障碍ニ依リ労務ヲ行ニ故障アル者と定め、国家の扶助責任を明確にした意義のあるものであった。また救護法制定以降、1931（昭和6）年の「労働者災害扶助法」、1933（同8）年の「児童虐待防止法」および「少年教護法」等が制定され、社会事業に関する法体系が形づくられるようになっていったのである。

3．戦時体制下における社会事業から厚生事業への転換

　1931（昭和6）年に勃発した満州事変とそれに伴う日本政府の対応は諸外国の反発と対立を招き、1933（同8）年3月、日本政府は正式に国際連盟からの脱退を通告することとなる。その後、ドイツ、イタリアとの三国枢軸の結びつきを強めた日本政府は、他国との外交上の緊張関係をさらに高ぶらせ、1937（同12）年、北京郊外の盧溝橋において日中両国軍の衝突を引き起こすに至り、第二次世界大戦へと続く泥沼へ、後戻りすることもできずに突き進んでゆくこととなる。

　国民精神総動員運動が展開されるなかで、1938（昭和13）年に国家総動員法が制定され、日本全体が準戦時体制の雰囲気一色に染まりつつあった同年1月、体力・衛生・予防・社会・労働の5局と外局の保険院を設置した厚生省が誕生し、社会事業も軍事政策の一部に組み込まれて、その名称も「厚生事業」と呼びあらわされるようになっていく。

　吉田久一は、戦時下における厚生事業問題を整理分類して、「❶人的資源としての人口問題、❷体位低下に伴う保健・医療問題、❸将来の人的資源としての児童問題、❹戦時下の非行・犯罪問題、❺空襲その他による戦時災害問題、❻隠蔽されたが、貧困その他の要保護問題」[9]の6点をあげているが、つまり厚生事業の役割とは、戦時体制下にあっていかに効率よくすべての国民を「戦争」にかかわらせ、人的資源として活用することができるかという点であり、この「すべての国民」の部分に、これまで蚊帳の外に置かれがちであった貧困層や女子、児童といった社会的弱者と呼ばれる人々も組み込まれていったことを意味しているの

あり、この点一つとっても、これまで長く積み上げられてきた社会事業は、戦時体制下において、厚生事業という従来の価値体系とは異質なものに転換されてしまったといわざるを得ない。

1937（昭和12）年制定の「母子保護法」および「軍事扶助法」、翌1938（同13）年制定の「社会事業法」、1941（同16）年制定の「医療保護法」、1942（同17）制定の「戦争災害保護法」等、同時期に成立したこれらの社会事業関連法案も、その根底には戦争遂行のための人的資源確保という目的があった。

4．戦後日本における社会福祉の出発と展開

1　現代福祉法制の始まり

1945（昭和20）年8月15日、無条件降伏で敗戦を迎えた日本国内では、荒廃した国土と生活物資の著しい欠乏のなかで、戦災者、浮浪児、引揚者、失業者等があふれかえっていた。良きにつけ悪しきにつけ、社会的にも精神文化的にも戦前とのかかわりから断ち切られ、多くのものを失った日本にできることは、新たに制定された日本国憲法のもとで再出発を図ることであった。

連合国軍総司令部（GHQ）による占領政策のもと、まず日本政府が行うべきは、「今日を生きられないかもしれない」要保護者層に対する救済であった。1946（昭和21）年2月、GHQが発表した「社会救済に関する覚書」に示された、❶救済の国家責任、❷無差別平等の原則、❸公私分離の原則、❹必要な救済は制限しないという4つの原則に則って、同年10月、緊急を要する要保護者層を主たる対象と定めた「（旧）生活保護法」を制定した。ついで、ある意味では戦時下において最大の戦争被害者である、「戦災児童」に対応するために「児童福祉法」が1947（同22）年に制定され、続いて、戦災による身体障害者や傷痍軍人に対応するための「身体障害者福祉法」が1949（同24）年に制定された。また、同年9月に行われた社会保障制度審議会の「生活保護制度の改善強化に関する件」の勧告を受けて、❶健康で文化的な最低生活の保障、❷扶助の請求権の確立、❸保護の欠格条項の明確化の3原則を新たに盛り込んだ「（新）生活保護法」を1950（同25）年に公布した。

ここに至って、まず「福祉三法」が出そろい、さらに1951（昭和26）年には「社会福祉事業法（現　社会福祉法）」が制定されるとともに、社会福祉推進のための組織として、全国社会福祉協議会も発足している。

2　福祉六法の成立と現代社会の諸問題

1960年代の日本は、敗戦直後の状況からは考えられないほどの奇跡的な復興を遂げて、高度経済成長期の時代を迎えていた。しかし一方で、急激な経済成長は、人

口の都市集中と農村部の過疎化、核家族問題、公害問題等新たな社会問題と不安を生じさせてもいったのである。このような社会状況のなか、より広く社会福祉対象の裾野を広げる形で、1960（昭和35）年に「精神薄弱者福祉法（現　知的障害者福祉法）、1963（同38）年に「老人福祉法」、1964（同39）年に「母子福祉法（現　母子及び寡婦福祉法）」が順次制定され、ここで「福祉六法」が出そろうこととなった。

　1970年代以降の経済の安定成長時代のなかでは、諸制度の充実に伴ってさまざまな社会福祉施設が増設される一方、主に財政上の見通しの厳しさから「福祉見直し」の議論がなされ、また、従来の欧米型の福祉国家像とは趣をことにする「日本型福祉社会」なるものが論じられたりした。

　一方、経済事情の安定に伴って国民一般の生活水準も向上し、いわゆる「中流意識」をもつ中間的勤労層が増加していくなかで、社会福祉に対するニーズも多様性を増していった。

　少子高齢社会が現実のものとなってきた1990年代、そして1990（平成2）年6月の「老人福祉法等の一部を改正する法律」（福祉関係八法の改正）を皮切りに、1994（同6）年の「新・高齢者保健福祉推進十か年戦略」（新ゴールドプラン）および「今後の子育て支援のための施策の基本的方向について」（エンゼルプラン）の策定、1995（同7）年の「障害者プラン～ノーマライゼーション7か年戦略～」の策定、1997（同9）年の「介護保険法」の成立等、来るべき時代へ向けて、さまざまな改革や新たな施策が、策定され実行に移されている。

　そして、2000（平成12）年6月、「社会福祉の増進のための社会福祉事業法等の一部を改正する等の法律」が施行され、わが国の社会福祉は、「契約」と「市場原理」という、制度上かつて経験したことのない領域へと舟を漕ぎ進めることとなった。

　また同年12月、厚生省（現　厚生労働省）社会・援護局において設置されていた「社会的な援護を要する人々に対する社会福祉のあり方に関する検討会」は、その報告書において、社会経済環境の変化に伴う「新たな形による不平等・格差の発生や、共に支え合う機能の脆弱化」を指摘するとともに、現行制度の谷間に陥っている福祉ニーズの存在を明らかにし、21世紀の社会福祉が取り組むべき新たな対象として、「心身の障害・不安」（社会的ストレス問題、アルコール依存、等）、「社会的排除や摩擦」（路上死、中国残留孤児、外国人の排除や摩擦、等）、「社会的孤立や孤独」（孤独死、自殺、家庭内の虐待・暴力、等）といった諸問題をあげている[10]。これらの諸問題に直面し、深刻な現状に日々苦しんでいる人々に対して、われわれはどのような支援をなし得るのか。まさにわが国の社会福祉は暗中模索の渦中にあるといっても過言ではないであろう。

限りなく広がりつつある原野（新たな福祉対象）のなかで、轍（現行制度）もおぼろげな暗がりを手探りで進まざるを得ない社会福祉の先行きは、未知である。

ただ筆者は、先のみえない無明の時代にこそ、先達の残してくれた足跡は、（たとえそれが批判的に継承すべき事柄であったとしても）思いのほか確かな道しるべとなるのではないかと考えている。

【引用文献】

1) 遠藤興一『資料でつづる社会福祉のあゆみ』不昧堂出版　1991年　pp.22-24
2) 野本三吉『社会福祉事業の歴史』明石書店　1998年　p.21
3) 吉田久一『日本の社会福祉思想』勁草書房　1994年　p.59
4) 同上書　p.60
5) 今岡健一郎・星野貞一郎・吉永清『社会福祉発達史』ミネルヴァ書房　1973年　p.10
6) 吉田久一・長谷川匡俊『日本仏教福祉思想史』法蔵館　2001年　p.185
7) 長谷川良信「社会事業とは何ぞや」長谷川匡俊監修『長谷川良信全集　第1巻』日本図書センター　2004年　p.8
8) 今岡健一郎他　前掲書　p.121
9) 吉田久一『新・日本社会事業の歴史』勁草書房　2004年　pp.262-263
10)「社会的な援護を要する人々に対する社会福祉のあり方に対する社会福祉のあり方に関する検討会」報告書については、厚生労働省ホームページ中の「厚生関係審議会議事録等」に掲載のものを参照および引用した(URL：http://www1.mhlw.go.jp/shingi/s0012/s1208-2_16.html)。

【参考文献】

池田敬正・土井洋一編『日本社会福祉綜合年表』法律文化社　2000年
守屋茂『日本社会福祉思想史の研究』同朋舎　1985年
一番ヶ瀬康子『アメリカ社会福祉発達史』光生館　1963年
木原活信『J・アダムスの社会福祉実践思想の研究』川島書店　1998年
高島進『社会福祉の歴史』ミネルヴァ書房　1995年
右田紀久恵・高澤武司・古川孝順編『社会福祉の歴史』有斐閣　1977年
菊池正治・清水教恵・田中和男・永岡正己・室田保夫編『日本社会福祉の歴史』ミネルヴァ書房　2003年
原典仏教福祉編集委員会編『原典仏教福祉』北辰堂　1997年

第3章

社会福祉のニード
―― 生活課題からの福祉ニードの把握

●本章のねらい

　社会福祉の援助・支援を展開していくうえで、利用者の抱える生活上の問題や課題、福祉ニードを把握することがその出発点となる。利用者の生活上の問題や課題を整理し、「利用者のニードは何か」を理解したうえで、そのニードに応えることが援助・支援の目的となる。利用者の生活上の問題や課題、福祉ニードを正しく理解しなければ援助・支援は誤った方向へと進んでしまう。そこで、本章では、人々の「生活」という視点から利用者の抱える問題や課題、福祉ニードの意味を正しく理解し、人々が生活していくうえでどのような福祉ニードが存在するのかを概観する。また、一人ひとりの生活は極めて個別的であるため、個別性の尊重について述べ、具体的に利用者の福祉ニードを把握する方法を学ぶ。以上のことを通して、福祉ニードについての学習を深める。

　なお、「ニーズ（needs）」と「ニード（need）」という言葉があるが、「ニーズ」は「ニード」の複数形である。「ニード」は集合的抽象的に用いられ、「ニーズ」は個別的にとらえられている[1]。人々の抱える生活上の問題は単一ではなく複数の「ニーズ」が生じる。しかし、この「ニーズ」を集合体とみたときには、「ニード」と表現される。本章では、原則的に「ニード」という言葉を用いるが、文脈や引用の際には「ニーズ」を用いることとする。

1　社会福祉援助における福祉ニードの概念

1．生活問題と生活課題

　人々が生活を営むうえでさまざまな困難が生じる。この困難を自ら解決・軽減できないとき、そこに生活上さまざまな問題が生じてくる。たとえば、共働きをしている夫婦世帯が子の誕生によって妻が育児に専念しなければならなくなったとする。妻が仕事を辞めると家族が増えたにもかかわらず収入が減る。妻が仕事を継続しようとすると、子どもを誰がどう育児するのかという問題が生じる。

また、ある日突然勤めていた会社が倒産したとしよう。一生懸命会社のために働いていたにもかかわらず、倒産してしまうとたちどころに収入が途絶えてしまう。当面の間、失業保険を受けながら新たな職を探すことになる。しかし、必ず新たな仕事がみつかるとは限らない。これを本人の怠慢に原因があるとはいえない。いくら努力しても社会の仕組みのなかではどうにもならないこともある。

　このような子育て、経済問題などさまざまな生活上の問題は、その人自身に問題があるとは言い切れない。したがって、人々の生活上の問題を理解する場合、人とその人を取り巻く周りの状況（環境）との関係のなかからとらえていく必要がある。社会との関係において生活上の問題が発生した場合、その問題を解決・軽減していくための課題が生じてくる。これを生活課題という。

　ある日突然脳卒中で倒れた人がいるとしよう。その人は一命は取り留めたが、身体機能に障害が生じ、介護が必要になった。このことによって、その人や家族が精神的に不安に陥ったり、これまでの仕事が続けられなくなり生活に困窮したり、住居の改修が必要になったり、生活範囲が限定されるなどさまざまな問題とそれに対する課題が生じてくる。このように、生活課題は単一ではなく、複数発生し、それぞれが関連しており、総合的にみていく必要がある。仮に、家族ですべての介護を行うとなると家族はそれにかかりっきりの状態になり、収入も途絶えてしまうし、精神的なストレスも高まっていく。一方、介護サービスを利用したり経済的な援助が得られると、家族の精神的負担や肉体的負担が軽減できる。あるいは、家族が働きに出かけることで収入を得ることができる。また、家族が協力して本人を支えることによって、家族関係が保たれ、本人の精神的安定にもつながる。このように、複雑に絡み合ったさまざまな要因がプラスにもマイナスにも作用する。

　これら生活上の問題や課題を抱える状況にある人々が、個人の尊厳を有してその人らしい生活を営むためには、その問題や課題を解決・軽減しなければならない。岡村重夫は、生活上の問題、すなわち、社会生活上の困難を、社会生活上の基本的要求が充足されない状態であるとしている。そして、社会生活上の基本的要求とは誰も避けることのできない社会生活上の要求であり、生活要求であるとしている。このように、すべての人々が避けることのできないものであるがゆえに、生活要求を「基本的要求」としている[2]。

　この基本的要求、換言すると、人間の生活に必要なもの、必要なことが、個人と家族の責任のもとでは充足されないという生活をするうえで困った状態が生じた場合、また、人間としてその人らしいよりよい生活をしていくうえで、生活上の困難・課題を解決・軽減しなくてはならないとき、そこに必要不可欠なものを充足しなければならない。つまり、ニードが生じることとなる。

このように、社会福祉は人々の"生活"と密接に関係しており、福祉ニードを理解するとき人々の"生活"に焦点をあてていくことが重要となる。

　なお、ここでいうよりよい生活とは、福祉的な視点から利用者の自立とQOL（生活の質：quality of life）を高めることにある[3]。「自立」とは、自らできるようになることや依存からの脱却ではなく、他者からの援助を受けながらも自らの意思に基づく主体的な生活や尊厳のある生活を営むことをいう[4]。QOLの向上とは、より質の高い生活、より質の高い人生という意味である。

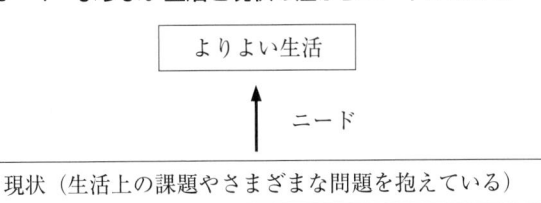

図3−1　よりよい生活と現状の差からニードが生じる

```
      ┌─────────────┐
      │  よりよい生活  │
      └─────────────┘
             ↑
            ニード
      ┌──────────────────────────────────┐
      │ 現状（生活上の課題やさまざまな問題を抱えている）│
      └──────────────────────────────────┘
```

2．福祉ニードの意味

　ニードを直訳すると「必要」「要求」と訳され、福祉でいうニードとは、人間が生活を営むうえでなくてはならないもの、欠かすことのできない基本要件を欠く状態をさす。すなわち福祉ニードとは、「人々の生活上の必要、つまり生活にとってはなくてはならないもののある部分を満たすために、社会福祉が不可欠」であり、社会福祉という経路で満たされることを要求している状態といえる[5]。では、具体的に福祉ニードとはどのようなものを意味するのであろうか。三浦文夫は、社会福祉政策の視点から個々のニードに共通する社会的な要援護性としてとらえ、社会的ニードを次のように定義づけしている。「ある種の状態が、一定の目標なり、基準からみて乖離の状態にあり、そしてその状態の回復・改善等を行う必要があると社会的に認められたもの」であり、そして「『ある種の状態が、ある種の目標や一定の基準からみて乖離の状態にある』ものを仮に依存的状態（dependency）、あるいは広義のニードと呼び、この依存的状態の『回復・改善等を行う必要があると社会的に認められたもの』を要救護性あるいは狭義のニード」と呼んでいる[6]。

　したがって、ニードを理解する際、「『生活する上で困っている状態』と『その状態を解決するために福祉サービスなどの支援を必要としている状況』の2つの関係性で生活ニーズをとらえる」[7]と理解しやすいであろう。

　福祉ニードは、人間が生活していくうえで基本的なもの、根源的なものをいい、

利用者が意識する、しないにかかわらず、必要なもの、なくてはならないものがある、という考えである。この基本的、根源的で必要なものが不足しているならば、日々営まれている生活のなかで必要なものを充足していかなければならない。このようなニードを手段的ニードともいう。

ここで、福祉ニードの特徴を整理すると次のようになる[8]。第一は、個々人の自由な欲求を満たすというより、社会生活を続けていくうえで必要と考えられるものの充足である。第二は、その充足については「社会」が何らかの責任を負わなければならない。第三は、福祉ニードの把握は援助過程の出発点になる。

したがってソーシャルワーカーは、利用者の福祉ニードにアプローチし、援助・支援を展開することになる。そこで、ソーシャルワーカーがニードの意味を正しく理解し、さらに的確に把握することが重要となってくるが、その視点については後述する。また、ニードアプローチに際しての利用者に向き合う姿勢、専門職としての倫理、実践の理解については、本書の第5章以降の「社会福祉の実践的理解Ⅰ～Ⅲ」を読み進めてほしい。

2　福祉ニードの理解の仕方

1．福祉ニードの概念

では、具体的に福祉ニードにどのようなものがあるのかを考えてみたい。ヘップワース（Hepworth, D. H.）らは人間のニーズ（Human Needs）として、肯定的な自己概念（アイデンティティ、自尊心、自信）、情緒的なもの（他の人から必要とされ大切にされたいという感情、仲間づきあい、帰属意識）、自己実現・個人的な達成（教育、レクリエーション、教養、美的な充足、宗教）、物理的なもの（食物、衣服、住居、健康管理、安全、保護）をあげている[9]。

岩田正美は、人間の生活にとって必要なもの、なくてはならないものとして、大きく3つに整理している[10]。第一に生きていくために基本的に必要な財、光、水、空気、食べ物、衣類、住居などの必需財。第二にご飯を炊く、風呂を沸かす、衣類を洗濯するといった財を使って行う、あるいはそれらの後始末といった家事労働、また、自分自身や家族の身辺の世話（ケア）。第三は、必需財の確保や家事労働あるいは世話の遂行のための選択や決定を全体として管理していく作業である。金銭管理や家事あるいは育児は誰がどのように担うのかなど、生活していくうえでの選択や意思決定であり、それらの運営（マネジメント）をあげている。

岡村重夫は、7つの社会生活の基本的要求をあげている[11]。❶経済的安定の要求、

❷職業的安定の要求、❸家族的安定の要求、❹保健・医療の保障の要求、❺教育の保障の要求、❻社会参加ないし社会的協同の機会の要求（司法、道徳、地域社会制度）、❼文化・娯楽の機会の要求である。

　このように、普遍的な福祉ニードのとらえ方はさまざまであるが、いくつかの共通点が読み取れる。まず、先に述べたように、「人々の生活」を基本に据えていることである。そのうえで、次のことが満たされないとき福祉ニードが生じる。❶自己が肯定され、社会に受け入れられていること、❷自らの生活を主体的に行えること、またはそれが認められていること、そして、❸主体的に生活していくうえでの衣・食・住等のさまざまな生活環境が整っていること、以上である。人間は、出身、社会的地位、人種、身体状況、宗教、思想などによって差別されるのではなく、一人の人としての尊厳を有した存在である。そのことを人々が認め合い、生活の主体者としてともに自らを高めていきたいという思いと、そのことをなし得る手段を求めており、現実とあるべき生活スタイルの間に福祉ニードが存在する点が共通しているといえよう。

2．ニードと日々のディマンド

　ニードは単に「こうしたい、これが欲しい」といったことではなく、満たされなければならない基礎的なもの、絶対的なものを根底においている[12]。このニードを充足するために人々には日々の生活のなかで必要なものを得ようとする。つまり手段的ニードが生じる。これによく似た意味の言葉としてディマンド（demand：欲求、欲望、要求、要望）がある。ディマンドとは、日々の生活のなかでの人間の欲求や要望をさすが、この日々の生活のなかで生じる人間の欲求や要望のすべてがその人のニードをあらわしているとは限らない。ときにはその人の福祉ニードと合致していない場合もある。つまり、利用者は常に生活の見通しを立ててニードを表明するとは限らず、場合によっては、その人の福祉ニードにそぐわない欲求や要望を表明することもある。

　したがってソーシャルワーカーは、援助・支援を展開するうえで福祉ニードとディマンドの関係を理解しておくことが極めて重要である。なぜなら、利用者の欲求や要望をすべてニードととらえるなら、結果的に利用者のニードを充足することができなかったり、不利益をもたらしたりすることがあるからである。利用者の自己選択、自己決定の尊重が重要視されている時代であるからこそなおのこと、福祉ニードの意味を概念としてだけでなく、実践的に理解する必要がある。

　たとえば、ある高齢者が階段を踏み外してけがをしたとしよう。この間、介護が必要で他者からの援助を受けるが、機能回復訓練を行うことで、十分身体機能がもとに戻る可能性を秘めている。本人は1日も早く退院してもとの生活に戻り

たい、という願いをもっている。ところが、「機能回復訓練は疲れるからイヤだ」といって一向に体を動かそうとしない。このままだと体が固まってしまい、生涯介護が必要となる。このとき、訓練を嫌がる、という利用者の要望を福祉ニードととらえてよいのだろうか。

　利用者のニードは、「1日も早く退院してもとの生活に戻りたい」という願いから始まる。ところが、訓練を拒否し身体機能を十分生かすことができず、介護の必要な生活を余儀なくされることは、QOLの低下につながり、本来のその人の自立生活のあり方とは異なってしまい、利用者の自立生活を阻害する可能性が生じる。

　こう考えると、機能回復訓練を拒否するという要望は、利用者の福祉ニードといい難い。ここで大切なことは、利用者が機能回復訓練を拒否することを利用者のわがままとしてとらえたり無理強いをして機能回復訓練をさせたりするのではなく、機能回復訓練を拒否する理由を考えつつ利用者のニードにアプローチしていくことである。

　ソーシャルワーカーは、階段を踏み外してけがをしてしまったこと、入院して他の人の介護を受けていること、けがをする前と今の生活のギャップから生ずる不安感など利用者の生活の背景にあるものを理解しなければならない。そして、利用者が訓練を嫌がる要因を探っていく。訓練しても本当によくなるのだろうかという不安が強いのかもしれない、今の利用者の状況ではきつすぎる訓練メニューとなっているのではないか、今の自分自身の置かれている状況を十分理解できず、現状に流されてしまい前向きに生活しようという気力が失われているのか、漠然とした不安が高く次の行動に移ることができないかもしれない、などさまざまなことが考えられる。

　こうして、利用者のニードを利用者と援助者がともに認識し、利用者に合った機能回復訓練のメニューを用意しつつ、利用者が前向きに取り組むことができるよう、その動機を高めていく支援をしていくことが重要となる。

　このように、「利用者のニードは何か」を利用者とともに模索しつつ、利用者とソーシャルワーカーの協働作業を通してニードの理解が深まるといえよう。

3．ニードの普遍化から個別化へ

　人々が生活していくうえで、誰もが陥りやすい生活上の問題や課題があり、国民全体のニードとしてとらえられるべきもの、また、特定の地域や疾病、障害状況、社会的な地位によって陥りやすい生活上の問題や課題がある。さらに、同じような状況にある人々でも文化、自然条件、生活スタイルや価値観は異なっており、一人ひとりの置かれている状況は異なっている。ある人にとってぜいたく品

でも他の人にとってはなくてはならないものもある。たとえば、公共交通機関の発達していない地域に住んでいる人や体の不自由な人にとっての自動車は、必要不可欠なものとなる。よって、一人ひとりのニードも極めて個別的に存在している。ニードは、政策的な観点から国民全体を対象としたとらえ方、高齢者、障害者、児童、貧困層といった特定の人々を対象としたとらえ方以外にも、極めて個別的にとらえていく必要がある。

4．潜在的ニードと顕在化（表出）したニード

　ニードには、潜在的ニードと顕在化（表出）したニードがある。潜在的ニードとは、表出されていないが、ニードとして存在しているものをいう。ニードを有する人々が自覚あるいは感得していないが、ある一定の基準に即して乖離を示し、かつその状態の解決が「社会的」に必要であるとみなされている状態をいう[13]。一方、顕在化（表出）したニードとは、利用者がその置かれている依存的状態や解決の必要性が本人にも自覚あるいは感得されている場合をいう[14]。

　たとえば、要介護状態のある高齢者が、単身で地域生活を送っている。誰からも何の援助も受けず、近隣住民や知人との交流もほとんどなく不自由に暮らしている。この高齢者は、他者からの援助を受けることに対し恥辱心を強く抱き、自力で生活することが当然のことだと感じている。このままだと大けがにつながったり孤独死する可能性もあるが、本人は今の生活が当たり前の生活で問題を感じていない。この事例の場合、本人が生活上の問題を感じておらず、ニードとしてあがってこないのである。つまり、潜在的ニードといえる。

　また、潜在的ニードにはこのような事例も考えられる。民生委員から児童相談所に児童虐待の通報が入った。ソーシャルワーカーが駆けつけ両親に事情を聞くが、しつけの一環だといって全く取り合わない。逆に名誉毀損で訴えるという。しかし、子どもには不自然なアザが複数あり、やつれているなど明らかに虐待を受けていることが読み取れる。子どもをどう育てていけばよいのか、誰に相談すればよいのかといった疑問や問題を両親は感じていない。

　このように、人々の生活はその人の歩んできた人生や価値観、置かれている状況によってさまざまであり、生活問題のとらえ方もまちまちとなっている。ところがこのままだと生活上大きな問題につながりかねないこともあり、潜在的ニードを顕在化していくことは社会福祉援助では重要な意味をもつ。

　また、現在は問題ないが、将来予想されるニードもある。両親と同居して両親の世話のもと生活している障害者が、両親の加齢とともに世話を受けることができなくなってきたとする。これまでほとんど家族外の人と接触のなかった本人にとって、急に近隣住民はじめ地域の人々とのかかわりをもっても、支援を受け入

れることもできず、また、公的なサービスだけでは在宅生活の継続が困難な場合、入所施設に移行する、といったことが行われてしまう。それでも施設に入所し、一応の福祉ニードが満たされればよいが、必ずしも施設に空きがあるとは限らない。また、施設から地域という流れのなかで、障害者施設は再編される方向にある。したがって、両親が世話をできなくなってから生じた福祉ニードに慌てて取り組んだのでは遅いことも多い。そうならないように、将来を予想して、問題が表面化していない時点から本人の生活を考えておく必要がある。

　問題は、本人の障害状況が重度化したのではなく、周囲の状況が変化したことによって、本人の生活が一変してしまうことである。今は家族の世話によって生活課題は見出されないが、やがて課題が表面化することは明らかである。そこで、将来、どのようなことが予測できるかを想定して、本人や家族とともに、将来起こり得るであろうニードについて検討し、そのことに対しての取り組みを行う必要がある。つまり、社会福祉のニードは、今解決を図るべきことと将来の生活を見据えて考えるべきこととの複眼的な視点が必要である。

3　福祉ニードの基準的指標とサービス提供の形態

1．福祉ニードの基準的指標

　利用者が抱えている生活状況を誰が「問題」と判断するのか。岩田正美は、イギリスの政策研究者A.フォーダー（Forder, A.）のニードを判定する基準を紹介し、誰もが一致する理想的な判定基準を置くことは困難であり、それに代わる操作的な基準として、本人が「感じているニード」のほかに、最低限水準を基準とした判断、専門家の判断、他者との比較、などをあげている。また、個人のニードではなく、国民のニード（ナショナル・ニード）といった国民共通のニードをあげている[15]。

　また岩田は、J.ブラッドショウ（Bradshaw, J.）のニード判定も紹介している[16]。すなわち、本人が感じているニードを「感じるニード」、さらにそれが具体的な社会福祉への要求として表現されている「表出されているニード」に分けている。また彼は、本人の判断とは別の社会の判断として、科学的基準や専門家の判断などによって把握される「規範的ニード」と、同じような状況にある他人と比べて把握される「比較ニード」に分類している。

　一方小澤は、ニードに関する代表的な考え方を次のように示している[17]。

❶規範的なニーズ：社会によって幅広く受け入れられている規範からみて援助対

象者の水準が下回っている場合
❷最低基準ニーズ：生活維持に必要な最低限の基準を下回っている場合
❸比較ニーズ：援助対象者の生活している地域の平均水準を基準にし、その基準から下回っている場合
❹感じるニーズ：援助対象者自身が援助の必要性を感じている場合
❺専門的基準によるニーズ：専門的知識からみた基準を設け、専門家からみてその基準を下回っていると判断された場合

このように、ニードの判断は一様ではなく、本人の感じるニード、社会が判断するニードがある。社会福祉に要求されるニードは、それが最初本人の感じているニードから発したものであろうと、社会福祉のニードとなるためには、一定の社会的な判断を必ず通過せざるを得ないということである[18]。個人の感じているニードが必ずしも社会の判断と合致するとは限らない。

三浦は、ニードの判断について次のように述べている。「社会的なニードは、利用者の依存状態を前提としながらも、その依存的状態そのものではなく、ニードの充足が必要かどうかの社会的判断なり認識がなされなければ依存状態は社会的ニードに転化されないことも起こりうる」[19]。そして、この依存状態は、個人、集団、地域社会の状態（経済的、社会構成あるいは状態、疾病構造なり状況を含む人口構造や人口資質等のデモグラフィックな要因、地理的、物理的な環境的またはエコロジカルな要因、国民の価値意識を含む文化的要因等）によって規定される相対的なものとしている。

これらの社会的な判断基準に即して利用者の置かれている状態を測定し、基準から逸脱していたり乖離しており、かつそのような状態が解決・軽減（改善）されることが社会的に必要であるという認識（社会的判断・社会的認識）が強く働いたときに、初めてその状態をニードとみることができる[20]。そして、この社会的判断・社会的認識を妥当なものとするために、利用者、学識経験者、福祉サービス提供者に参加を求め社会的なコンセンサスを得る必要がある[21]。

2．サービス提供の形態

三浦は、ニードを貨幣的ニード★1と非貨幣的ニード★2に分け、ニードを充足するための福祉サービスの提供形態として、現金給付と現物給付とに分けて説明している[22]。

現金給付とは、貨幣的ニードの充足を金銭給付によって行うものであり、現物給付とは、非貨幣的ニードの充足を物品、施設、人的役務サービスといった現物の形で提供するものである。

現金給付の形態としては、次のようなものがある。

★1　貨幣的ニード
利用者のニードが貨幣、すなわち金銭に関するものである。金銭の給付あるいは金銭的負担の軽減がニードとなっている場合をいう。

★2　非貨幣的ニード
利用者のニードが貨幣以外のものである。単に金銭給付や金銭的負担の軽減だけでは充足されないニードも多く存在する。人との交わり、充実感や達成感、自己肯定、社会参加といったものや介護、家事援助、子育て支援、生活上の相談機能といったものも含め幅広く存在する。

❶金銭の給付（手当、年金その他のプラスの手当）：利用者に金銭の供与を行うことで、利用者（あるいはその世帯）の所得に何がしかの所得を新たに加えるものである。この支給が定期的に行われるものもあれば一時的に支払われるものもある。具体的には、生活保護の生活扶助、児童手当、児童扶養手当、障害基礎年金などがある。

❷減免あるいは代払い：ニードの充足に必要な経費を、利用者の所得その他の条件や事情に応じて減額または免除あるいは第三者がその費用を支払うというものである。具体的には、障害者本人あるいは障害者のいる世帯の税の減免などがある。

❸融資・貸与の形態：必要な資金需要に応じて資金の提供を行うが、後にその資金を返却されるものである。母子または寡婦福祉資金などがある。

現物給付は、ニードの充足に必要なサービスが自由に購入できない場合や、利用者の力量などから受け取った金銭をうまくニードを充足するために必要なサービスとして交換できない場合に、必要なサービスを現物として給付する形態である。具体的には、介護サービス、家事援助サービス、育児サービス、職業訓練サービス、対人援助サービス、福祉機器などの物品、社会福祉施設サービスなどがあげられる。

4 ソーシャルワーカーにとっての福祉ニードの把握

1．利用者の意思確認の重要性と困難性

　ニードとはなにか、福祉ニードにはどのようなものがあるのかが理解できたら、次は、利用者のニードをどのように把握すればよいかを考えてみたい。社会福祉援助を展開していくうえで利用者のニードを正しく理解していないと、援助の方向性が全く違ったものとなったり、社会福祉援助が全く無意味なものとなってしまうこともある。せっかくソーシャルワーカーが考えた支援計画そのものが、いざ支援が始まる段階になって利用者が拒否してしまうこともあり得る。こうなると最初からやり直しとなってしまう。そこで、社会福祉援助を展開していくにあたって、利用者のニードを正確に把握することが極めて重要となってくる。

　ニード把握には、前節までに述べたように、規範的な基準、最低基準、比較基準などから専門家が判断する方法、利用者や家族にアンケートなどを実施して把握する方法、個々の利用者が抱える生活上の問題から利用者の感じるニードをもとに模索していく方法などがある。ここでは、実際利用者と直接深くかかわって

いくソーシャルワーカーが、利用者の感じるニードをもとに、極めて個別的にニード把握する方法を中心に述べていくこととする。

　利用者のニードを把握するにはまず、利用者の意思を理解（意思確認）することである。利用者の意思を理解することは重要であるとともに、非常に難しいことでもある[23]。

　第一に、利用者が本心とは裏腹のことを表明する場合がある。ある要介護状態にある高齢者が、「嫁が大変やさしくしてくれるので不安は全くない」と言ったとしよう。本心からそう言っている場合もあるが、必ずしも本心とは限らない場合もある。

　うつむき加減で小さな声でハンカチを握りしめながら「嫁が大変やさしくしてくれるので不安は全くない」と言ったとしても、誰もそのような言葉を信じない。なにかつらいことがあるにちがいないと思うであろう。本心を言っても誰も自分の気持ちをわかってくれない、仮に嫁への不満を言えば後から自分が責められるだけ、あるいは嫁に仕返しをされるのを恐れているといった感情を抱いているかもしれない。このように、利用者自身がニードを自覚していても、言語として表明されていないニードもある。

　第二に、利用者が自ら抱いている感情や思いをうまく整理できない場合もある。興奮状態や混乱状態にあると感情が先に出てしまい、状況や物事を整理できないこともある。「とにかく大変だ」「困っている。何とかして欲しい」とだけ訴えてくる場合がある。

　第三は、利用者自身が自らのニードを十分認識し、整理できていない場合がある。ニードが潜在化されたままで利用者自身が意識化できておらず、ニードを充足する必要があるにもかかわらず、利用者がその必要を感じていなかったり、漠然とした思いを抱いているが具体的なニードを感じていない場合である。また、利用者がニードを認識しているか否かにかかわらず、利用者のニードにそぐわない、その場、その時点での要望や欲求を優先してしまうことがある。いわゆるニードにそぐわないディマンドをニードととらえてしまうことである。

　第四は、認知症（痴呆）の高齢者や重度知的障害者など、自らの意思を言語を用いて表明することの困難な利用者もいる。つまり、言語を媒介としたコミュニケーションが制限されているため、自らの意思を言語を用いて伝達することが困難な場合である。

　これらの状況にある利用者の、それぞれの置かれている状況を十分理解することが、ニード把握の基本となる。本心と裏腹のことを表明するには、それなりの理由がある。その理由を共有することからニード把握が始まる。「本当のことを言ってくれないと援助ができない」ではなく、なぜ利用者が本心と裏腹のことを

言うのか、ということを考えるべきである。利用者が本心を表明するには、ソーシャルワーカーに対し信頼を寄せ、「この人なら自分の赤裸々な気持ちを理解してもらえる」「この人なら安心してお願いできそう」と思うことができるかどうかにかかっている。ソーシャルワーカーは、利用者に対し安心できる存在になるよう努めなければならない。そのためには、ソーシャルワーカーは常に利用者の立場に立って利用者を支持し、利用者の利益を守る存在であるということを態度で示していかなければならない。

利用者の感情が先走ってしまうときは、その感情に寄り添いながらソーシャルワーカーは利用者とともにその感情を整理しつつ、利用者自身の気づきを促していくことが重要である。

ニードが潜在化されたままで顕在化されていない場合や利用者のディマンドがニードにそぐわない状況にある場合のニード把握には、利用者とともに今の生活をみつめつつ、一つひとつ生活課題を整理し利用者の気づきを促すかかわりが不可欠である。

言語によるコミュニケーションの困難な利用者には、非言語によるコミュニケーションを有効な手がかりとして用いるとよい。人が感情を伝える割合は、言葉による感情表現が7%、声による表現が38%、顔による感情表現が55%を占めているといわれている[24]。また、言語コミュニケーションよりも身ぶり、手ぶりなどの動作、しぐさ、表情といった非言語コミュニケーションの方がその人の真意を表現しているともいわれている。このようなことから、言語コミュニケーションの困難な利用者は、より非言語コミュニケーションによってその人の感情やさまざまな思いを表現しているといえる。したがって、利用者のなにげない動作、しぐさ、表情をどれだけ読み取れるかが意思確認を行ううえで重要なポイントとなる。

なお、福祉ニードの充足においては、専門家が何でもやってあげるのがよい援助ではなく、利用者が自ら意思をもって生活していくことができるよう支援することが大切である。利用者は、単なる福祉サービスの対象者ではなく、生活の主体者である。他人から与えられた人生ではなく、自ら切り拓いていく人生こそ自立や自己実現につながるといえる。そのためには、利用者の意思をうまく引き出すことが支援の鍵となる。

2．ニードの意味的理解

ニード把握をしていくうえで次に重要なことは、利用者にとってのニードの意味を正しく聴くことである。ある要介護状態にある利用者が、「家が住みにくくなった」と言ったとしよう。ソーシャルワーカーは、要介護状態にある利用者が

バリアフリーになっていない住居そのものを指しているのかと考えた。そこで、必要な設備を住居に備え付けるためにいろいろな福祉機器を紹介し、見積書まで用意した。ところがこの利用者は、何か浮かぬ顔をしている。そこで、どうしたのかと尋ねるが一向に返事が返ってこない。

なぜこのようなことになってしまったのだろうか。これは、利用者の真意を確かめずにソーシャルワーカーが勝手な判断をしてしまったことによって、この利用者の本当のニードと合致していない援助を始めたからである。このようなことにならないために、利用者が「家が住みにくくなった」ということの意味を正しく理解する必要があった。

利用者は、自分を心配してくれた息子夫婦と同居を始めたのだが、急に家族が増え人間関係が複雑になり、かえって気を遣う、ということを言いたかったのである。単に家のなかをバリアフリーにしたからといって解決する問題ではない。利用者の意向を最後まできっちり受けとめないと、援助・支援が全く誤ったものとなる。

3．まとめ

本章では、福祉ニードの意味、把握の仕方を整理した。福祉ニードとは、人々にさまざまな生活上の問題や課題が発生し、一人の人としてより豊かに、その人が望む、その人らしい生活との間に差が生じたときニードが生じ、社会福祉サービスを用いて充足する必要があるものをいう。この福祉ニードは、利用者が意識するか否かにかかわらず、人間として生活するために根源的なもので、人として、また社会で生活していくうえで必要不可欠なものをさす。

ソーシャルワーカーが福祉ニードを理解し、把握する際、もっとも基本として押さえておくべきことは、利用者の生活を中心にみていく視点である。つまり、利用者の生活からの視点でニードを理解することにある。そのために、次の2つのことを常に考える必要がある。

第一に、ソーシャルワーカーは、既存の社会福祉制度や社会資源に利用者のニードを当てはめるのではなく、まず、利用者にとってのニードは何かを把握し、そして、そのニード充足のためにどのような援助・支援が可能かを考えるべきである。既存の社会福祉制度や社会資源だけでは利用者のニードを充足できない場合も多々あろう。このような場合、「制度や資源がないから援助・支援できない」とか「制度の枠のなかで我慢してほしい」と片づけてしまうのではなく、必要な制度や社会資源を開発する役割が求められてくる。

第二に、利用者のニードは、永久不変ではない。各ライフステージによって社会における役割や置かれている状況が変化してくる。そのことによって、当然利

用者のニードも変化してくる。したがって、利用者のニードの変化を読み取り、適切な支援をしていく必要がある。

利用者のニードは極めて個別的であり、かつ複雑なものである。介護や家事援助、あるいは金銭給付といった具体的なサービスを提供してニードが充足される場合もあるが、具体的な福祉サービス提供と同時に、利用者の生活からそれだけでは済まされないさまざまな問題や課題がみえてくることも多い。人と人とのふれあいを求めていたり、置かれている状況（つらい気持ち、悲しい気持ち、状況、不安な気持ちなど）を理解してほしいと思っていたりすることもある。あるいは単なる金銭給付だけではなく、職業を得、経済的に安定することに加え社会参加することで充実感を得るといったことも重要なニードとなることもある。このような利用者の気持ちを十分理解しながら本当のニードを把握する姿勢こそがソーシャルワーカーに求められてくる。そして、同じような状況にある利用者であっても一人ひとりの違いを認識し、十把一からげにとらえるのではなく、極めて個別的にニードを把握することも忘れてはならない。

われわれ人間は、生活していくうえで一つのことだけでなく、さまざまな領域とかかわってくる。そして、それらは複雑に絡み合っており、個々別々に対応できるものばかりではない。利用者の生活をトータルにとらえる視点（全人的な視点）が不可欠なのである。

【引用文献】

1）福祉士養成講座編集委員会編『新版社会福祉士養成講座1　社会福祉原論』（第2版）　中央法規出版　2003年　p.64
2）岡村重夫『社会福祉原論』全国社会福祉協議会　1983年　p.71
3）竹内孝仁『ケアマネジメント』医歯薬出版　1996年　pp.11-13
4）社団法人日本社会福祉士会編『新社会福祉援助の共通基盤・上』中央法規出版　2004年　pp.124-137
5）岩田正美・上野谷加代子・藤村正之『ウエルビーング・タウン社会福祉入門』有斐閣　1999年　pp.76-77
6）三浦文夫『増補改訂　社会福祉政策研究―福祉政策と福祉改革―』全国社会福祉協議会　1995年　pp.60-61
7）佐藤久夫・小澤温『障害者福祉の世界』有斐閣　2000年　p.106
8）福祉士養成講座編集委員会編　前掲書　p.64
9）Hepworth, D. H., Roony, R. H. & Larsen, J. A., *Direct Social Work Practice-Theory and Skills* 5th Edition, Brooks/Cole, p.6, 1997
10）岩田正美他　前掲書　pp.77-80
11）岡村重夫　前掲書　p.82
12）岩田正美他　前掲書　p.77
13）三浦文夫　前掲書　p.65
14）同上

15）岩田正美他　前掲書　p.83
16）同上書　p.84
17）佐藤久夫・小澤温　前掲書　p.105
18）岩田正美他　前掲書　p.84
19）三浦文夫　前掲書　p.61
20）同上書　p.72
21）同上書　p.74
22）同上書　pp.78－85
23）津田耕一「利用者の意思をどうとらえるか」『月刊総合ケア』第13巻第1号　医歯薬出版　2003年　pp.18－23
24）井上肇監修『対人援助の基礎と実際』ミネルヴァ書房　1993年　p.53

【参考文献】
　岩田正美・武川正吾・永岡正己・平岡公一編『社会福祉の原理と思想』有斐閣　2003年

第4章

社会福祉援助の考え方と方法
――社会福祉援助実践における援助技術の視点

●本章のねらい

　社会福祉援助、いわゆるソーシャルワークとは、社会福祉の目的（「一人ひとりの幸せの実現」と「すべての人々の幸せが保障される公正な社会の構築」）を達成するための手段であり、社会福祉援助の活動を適切かつ有効に展開するためには、社会福祉専門職が社会福祉援助技術を身につけておく必要がある。そしてこの社会福祉援助技術とは、単なる小手先のテクニックやマニュアルのようなものではなく、社会福祉の価値と倫理を礎とし、原理や原則に則った、極めて価値志向性の高いものである。しかもその技術は、さまざまな理論に基づいた科学的なものであると同時に、実効性のあるものでなければならない。社会福祉専門職には、問題の状況などに応じて多様な社会福祉援助技術を生かしながら援助活動を展開していくことが求められている。

　以上のようなことをふまえて、本章ではまず、社会福祉援助の意義やその基本的な考え方の理解をめざす。そして、社会福祉援助のさまざまな方法・技術の内容や活用について学んでいく。

1　社会福祉援助とは

1．社会福祉と社会福祉援助

　社会福祉とは、「生活上の障害や困難を克服したり緩和・予防することを社会的責任において援助し、社会成員としての自立的な生活の回復をはかり、さらには向上させることを目的とした制度・政策・実践などの諸活動の総体」[1]といわれる。社会福祉には多くの制度や政策があるが、それは生活問題の解決や自立などの目的を達成するためのハード面であると考えることができる。しかし、生活上の困難をもつ人たちが、これらの制度や政策を自分ひとりの力で使いこなすことは、難しい。自分のもつ生活問題が、社会福祉の仕組みのなかで解決できるという認識をもっていなかったり、制度やサービスの存在や使い方を知らなかったり、サービスの利用に不安や抵抗があったりするからである。そこで必要になるのが、社会福祉実践あるいは社会福祉援助活動と呼ばれるソフト面の社会福祉である。

社会福祉の制度などをうまく活用して生活問題を解決し、自立した生活を営むことができるように援助することが、社会福祉援助いわゆるソーシャルワークであるといえる。

2．社会福祉援助の意義

　人々が人生のなかで経験するさまざまな問題やニードに対しては、多様な専門職がその解決を援助している。病気やけがの治療には医師が、病気やけがの療養には看護師が、法律問題の解決については弁護士が、心理面の問題解決については臨床心理士などのカウンセラーが、それぞれの立場からその専門性を発揮して援助に携わっている。では、他職種と比較して、ソーシャルワーカーが社会福祉援助を行うことの意義は何であろうか？

　それは、人と状況の全体関連性を重視し、クライエントを一人の生活者として全体的にとらえるという視点である。ソーシャルワーカーが取り扱うのは、病気、障害、貧困、失業など、人生におけるさまざまな出来事に伴って生じる生活上の困難である。そして、この生活上の困難とは、その人の身体的・心理的・社会的側面の諸要因や環境要因が相互に作用し合った結果、もたらされることが多い。つまり、ソーシャルワークにおいては、クライエントとクライエントの置かれている状況を全体的に把握しながら問題を理解し、その解決法を探っていく視点が必要となる。「社会福祉援助は、援助対象（個人・家族などの小集団、地域住民など）と環境の相互関係に焦点をあてる」[2]のである。

　また、ソーシャルワークには、資源を活用して問題解決を図るという特徴がある。ソーシャルワーカーは、目に見える道具を一切使わないという点で、心理カウンセラーと共通している。しかし、カウンセリングがクライエントの内面に焦点をあてるのに対して、ソーシャルワークでは、その人の内面を支えながら、社会福祉の制度・サービスや地域にあるさまざまな社会資源を活用して生活問題の解決に取り組んでいく。この点が社会福祉援助の固有の立場である。

　さらに、社会福祉援助では、ミクロ・メゾ・マクロのすべてのレベルを視野に入れ、3つのレベルの相互作用を理解しながら、状況に応じてそれぞれのレベルに介入することで問題解決を図ろうとする。ミクロ・レベルとは個人のレベルのことで、相談面接などを通してクライエントや家族・友人等の個人に働きかける支援を展開する。メゾ・レベルとは、複数のミクロ・レベルの人間関係を含む組織等のレベルで、支援者チームや組織に介入してその支援の働きを改善・強化していく。マクロ・レベルとは制度や政策のレベルのことで、クライエントのニードに適切に応えるような制度・政策・社会資源を整備するよう、行政や地域社会に対して働きかけていく。ミクロからマクロまでのレベルすべてを実践の対象と

してとらえる点も、社会福祉援助の特徴である。

　このように、人と状況の全体関連性をみながら、クライエントの内的資源を引き出し、社会福祉制度などの社会資源と結びつけることを通して、またミクロからマクロまでのレベルを視野に入れながら、問題解決を側面から支援していくことが、社会福祉援助の意義であろう。

2　社会福祉援助技術

　前述のように、社会福祉援助では目に見える道具を使わない。ソーシャルワーカーがもつ道具は自分自身である。よりよい援助には優れた道具が必要であり、ソーシャルワーカーは自分を優れた道具にしていくことが求められる。社会福祉が大切にする価値観や倫理観を身につけ、人間や社会問題の理解を助ける知識（心理学・医学・社会学・経済学・法学等）や社会福祉制度などに関する知識をもち、クライエントの問題解決や自立の側面的支援に有効な技術・技法を備えておくことが重要である。そして、これらの要素を統合的に援助活動に生かしていく実践技術が、社会福祉援助技術であるといえる。

1．社会福祉援助技術の価値・原理・原則

1　社会福祉援助技術の価値

　「何を大切にしながら社会福祉援助活動を行うか？」という社会福祉援助技術の価値は、❶人間であること自体の固有の価値、❷個人に対する価値と個人の自己決定に対する価値、❸民主主義・人道主義に対する価値、❹自己実現と生活の質に対する価値、❺変化の可能性に対する価値などがあるといわれる[3]。

　まず、個人の属性（性別・年齢・人種・能力など）にかかわらず、人間であること自体に、侵しがたい尊厳と最高の価値があると考える。また、すべて人は、かけがえのないユニークな存在、個人である。したがって、「高齢者」あるいは「施設利用者」というくくりでその人をとらえるのではなく、「Aさん」という名前をもった個人として、その個別性や自己決定を重視する。また、個人の可能性を最大限に引き出す民主主義や、人類の平等や幸福を追求する人道主義に価値を置く。さらに、どのような状況にあっても、人には潜在的な可能性や発達の可能性があると考える。このような価値観が、社会福祉援助技術の土台として、しっかりと根づいていなければならない。

2 社会福祉援助技術の原理

　社会福祉援助技術の原理とは、「援助技術を展開する際に基礎となる本源的・本質的な概念」であり、一次的原理としては「人間の尊厳・個人の尊重重視の原理」、二次的原理としては「個別化の原理」「主体性尊重の原理」「変化の可能性尊重の原理」、三次的原理としては「援助者の基本的態度原理」「専門的援助関係過程重視の原理」「社会福祉援助システム介入の原理」があげられる[4]（図4－1）。

　人間存在そのものや個人を尊重し、クライエントの個別性・主体性・可能性を重視することが求められている。さらに、ソーシャルワーカーは前述のような社会福祉の価値と倫理に基づいた態度で、問題解決の結果だけではなく、そのプロセスを重視しながらクライエントとの援助関係を形成・維持し、社会福祉援助システムの改善を図ることが必要なのである。

3 社会福祉援助技術の原則

　社会福祉援助技術の原則とは、「原理から導き出され、援助関係の多くの現象に適用可能な共通の法則」である。以下、佐藤豊道による図4－1に基づいて説明する[5]。

　主体性尊重の原理からは、「選択意思の尊重」「自立（律）性尊重」「自己決定」の原則が導かれる。クライエントに対して複数の選択肢を提供したうえでクライエントの自己選択を尊重し、クライエントが自分の人生・生活を自分で律するという精神的・人格的自立を尊重し、クライエントが自分にかかわることを自分で決めることができるよう支援し、その自己決定を尊重することが求められる。

　「援助者の基本的態度原理」に基づいた原則としては、「受容」「非審判的態度」「統制された情緒的関与」「秘密保持」がある。クライエントの肯定的な側面も否定的な側面もすべてありのままに受け入れ、クライエントに対して安易に優劣・善悪の判断を下さず、ソーシャルワーカーが自分の感情をコントロールしながらクライエントの感情に寄り添って共感し、援助に際して知り得たクライエントの個人的情報や秘密を守ることが不可欠である。

　「専門的援助関係過程重視の原理」から引き出されるのは、「参加」「意識化」の原則である。「参加」とは、生活上の問題の解決に取り組む際に、クライエントが自分のこととしてその過程に参加することである。どのような状況で何が困っており、どのような解決を望み、どのような課題に取り組むのか等について、クライエントとソーシャルワーカーが一緒に考えて合意を得たうえで、両者がそれぞれに担うべき役割を分担する。「意識化」とは、ソーシャルワーカーが意識的・意図的に援助活動を展開することである。思いつきやその場の流れではなく、十分な考察に基づき明確な目的をもって援助を行う必要があり、自分の言動の意味や

図4-1　社会福祉援助技術の基本原理・原則

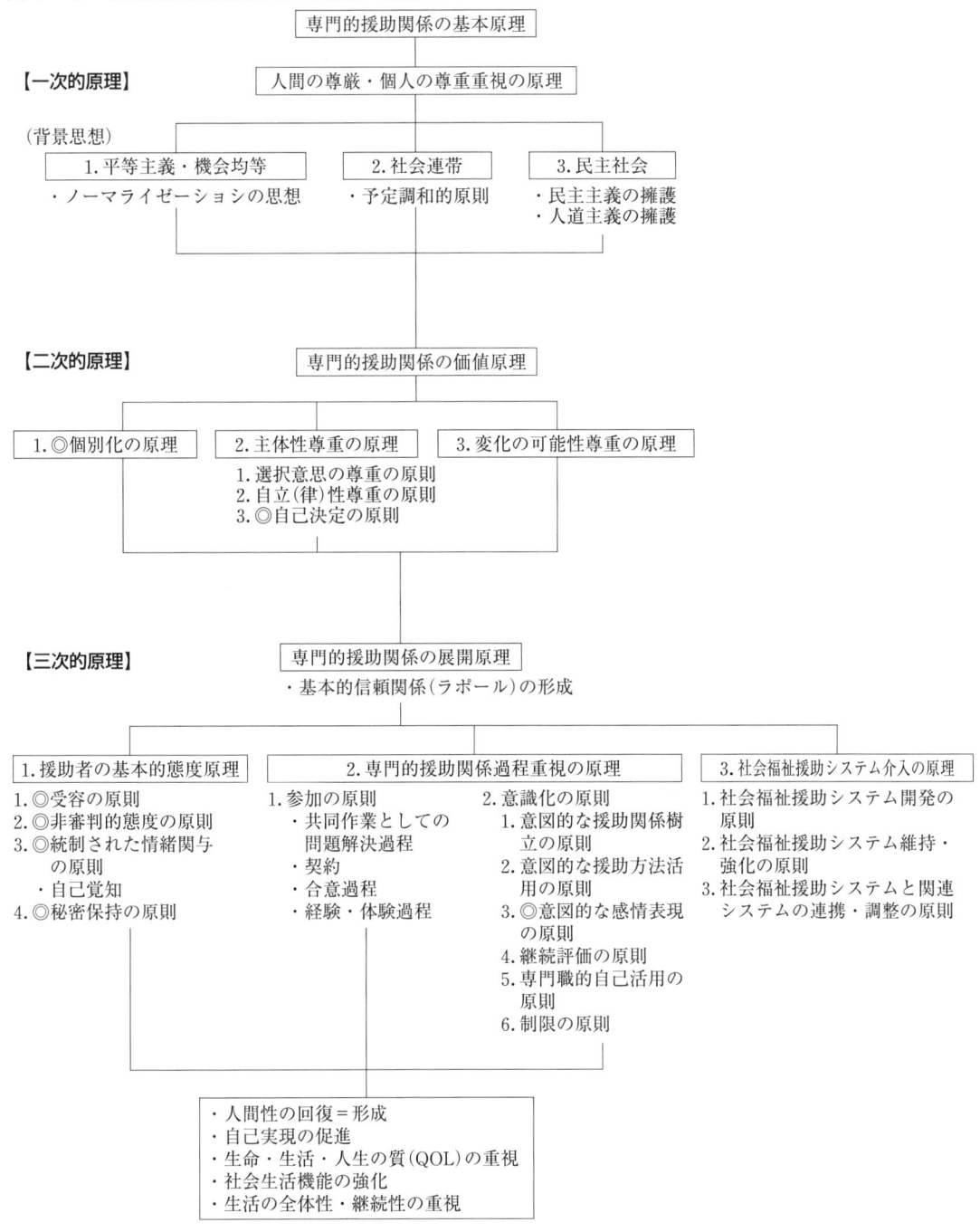

```
                    ┌─────────────────────────┐
                    │  専門的援助関係の基本原理  │
                    └─────────────────────────┘
【一次的原理】       ┌─────────────────────────┐
                    │ 人間の尊厳・個人の尊重重視の原理 │
                    └─────────────────────────┘
```

（背景思想）
- 1. 平等主義・機会均等
  - ノーマライゼーションの思想
- 2. 社会連帯
  - 予定調和的原則
- 3. 民主社会
  - 民主主義の擁護
  - 人道主義の擁護

【二次的原理】　専門的援助関係の価値原理

1. ◎個別化の原理
2. 主体性尊重の原理
   1. 選択意思の尊重の原則
   2. 自立(律)性尊重の原則
   3. ◎自己決定の原則
3. 変化の可能性尊重の原理

【三次的原理】　専門的援助関係の展開原理
・基本的信頼関係（ラポール）の形成

1. 援助者の基本的態度原理
   1. ◎受容の原則
   2. 非審判的態度の原則
   3. 統制された情緒関与の原則
      ・自己覚知
   4. ◎秘密保持の原則

2. 専門的援助関係過程重視の原則
   1. 参加の原則
      ・共同作業としての問題解決過程
      ・契約
      ・合意過程
      ・経験・体験過程
   2. 意識化の原則
      1. 意図的な援助関係樹立の原則
      2. 意図的な援助方法活用の原則
      3. ◎意図的な感情表現の原則
      4. 継続評価の原則
      5. 専門職的自己活用の原則
      6. 制限の原則

3. 社会福祉援助システム介入の原理
   1. 社会福祉援助システム開発の原則
   2. 社会福祉援助システム維持・強化の原則
   3. 社会福祉援助システムと関連システムの連携・調整の原則

・人間性の回復＝形成
・自己実現の促進
・生命・生活・人生の質(QOL)の重視
・社会生活機能の強化
・生活の全体性・継続性の重視

資料：佐藤豊道「ジェネラリスト・ソーシャルワークの支援原理・原則」佐藤豊道『ジェネラリスト・ソーシャルワーク研究—人間：環境：時間：空間の交互作用—』川島書店　2001年　p.249を修正。◎印はバイステックが提起したケースワークの7原則。

出典：福祉士養成講座編集委員会編『新版社会福祉士養成講座8　社会福祉援助技術論Ⅰ』（第2版）中央法規出版　2003年

意図について、合理的な説明ができなければならない。いわゆるアカウンタビリティ（説明責任）とは、ソーシャルワーカーが自分の援助について責任をもって説明することを指している。より具体的な原則項目としては、援助関係の構築を積極的に図っていくこと、個々のクライエントや状況に応じて最も効果的と考えられる援助方法を活用すること、クライエントが自由に感情を表現できるように意図的に働きかけること、援助活動と並行してその過程を継続的に評価していくこと、専門的な知識や技術を駆使して専門職としての自己を活用していくこと、法的にあるいは人道的に許容できないクライエントの行動に制限を加えたりすることなどがあげられる。

「社会福祉援助システム介入の原理」からは、「社会福祉援助システム開発」「社会福祉援助システム維持・強化」「社会福祉援助システムと関連システムの連携・調整」の原則が導かれる。クライエントが直面する生活問題は、クライエントが努力したり既存の制度を利用したりすることだけで解決できないものも多い。社会福祉の制度やサービスの量が不十分であったり、利用しにくい仕組みになっていたり、クライエントのニードにあったサービスが存在しなかったりするためである。そのような場合には、ソーシャルワーカーは社会福祉援助のシステム自体に働きかけて改善を図る必要がある。新しいサービスを開発し、社会福祉援助にかかわる人々や団体のつながりを維持・強化し、社会福祉以外の関連の諸機関とのかかわりを促進することを念頭に置くことが望まれる。

2．社会福祉援助技術の体系

社会福祉援助技術は、クライエントと直接かかわって援助していく「直接援助技術」、効果的な援助のための体制づくりや援助方法の向上を通して間接的にクライエントの援助に結びつけようとする「間接援助技術」、伝統的な社会福祉援助技術に加えて社会福祉援助を推進するのに役立つ「関連援助技術」の3つに大別できる。それをさらに細かく分類すると表4－1のようになる[6]。

1　直接援助技術

❶個別援助技術（ケースワーク）

個人やその家族がもつ生活上の問題の解決やニードの充足をめざして、個別的に援助する技術である。クライエントとその環境の相互作用に注目し、面接という手法を使って、クライエントの内的成長をめざすとともに、クライエントを取り巻く環境に変化をもたらすことで、生活問題を解決し、生活の質を向上させ、クライエントの自己実現を図ろうとする。

表4－1　社会福祉援助技術の体系と内容の構成

	援助技術レパートリー	主要技法	対　象	目　標	特　性
直接援助技術	個別援助技術（ケースワーク）	面接	個人・家族・関係者	ニーズの充足・社会生活の維持と向上への支援	社会福祉サービスの提供と活用・環境調整
	集団援助技術（グループワーク）	グループ討議・利用者相互の話し合い	小グループ・関係者	小グループとメンバーの共通課題達成への支援	グループ活動とプログラムの展開
間接援助技術	地域援助技術（コミュニティワーク）	協議会活動・地域福祉活動構成メンバーによる話し合い	地域住民と地域組織の関係者	地域福祉課題の解決と住民組織化への支援	地域福祉サービスの提供と地域福祉活動の展開
	社会福祉調査法（ソーシャルワーク・リサーチ）	統計調査技法　事例調査技法　テストなど	個人・家族・住民・社会福祉従事者・関係者	ニーズ把握とサービス評価・施策改善への情報提供	ニーズとサービスの適合性の整備・フィードバック
	社会福祉運営管理（ソーシャル・ウェルフェア・アドミニストレーション）	運営協議会・各種委員会活動	運営管理者・社会福祉従事者・利用者・関係者	サービスの計画・運営改善とニーズのフィードバック	運営管理者・社会福祉従事者・利用者の参加と協働
	社会活動法（ソーシャルアクション）	集会・署名・請願・陳情・交渉・デモ・裁判など	当事者グループ・ボランティア・一般市民・関係者・社会福祉従事者	社会福祉サービスの改善向上・施策策定・社会改善	世論の喚起・参加と協働・立法や行政的対応の促進
	社会福祉計画法（ソーシャル・ウェルフェア・プランニング）	地域福祉推進計画　会議活動	施設機関・行政・住民・社会福祉従事者・関係専門家	地域福祉ビジョンの策定・課題・実施計画の立案	ノーマライゼーション・統合化・参加と連帯
関連援助技術	ネットワーク	社会福祉サービス調整会議活動	個人・家族・社会福祉従事者・ボランティア・関係者	支援組織の育成と地域福祉の展開	ミクロからマクロの支援組織網の整備と推進
	ケアマネジメント	支援サービス担当者会議	個人・家族・社会福祉従事者・関係者	利用者中心のサービス提供計画と運営の推進	ニーズとサービスの適合化・サービスシステムの整備
	スーパービジョン	面接・グループ討議	社会福祉従事者・社会福祉訓練受講生	従事者支援・支援方法の検討と評価・業務遂行訓練	社会福祉従事者訓練と教育・専門性の維持と向上
	カウンセリング	面接・グループ面接	個人・家族・小グループ	心理的・内面的・個人的問題の解決	対人援助と社会的適応
	コンサルテーション	相談・協議	社会福祉従事者	隣接関連領域の専門家の助言と協議	学際的支援知識の活用と協働体制の構築

出典：福祉士養成講座編集委員会編『新版社会福祉士養成講座8　社会福祉援助技術論Ⅰ』（第2版）中央法規出版　2003年

❷集団援助技術（グループワーク）

　同じような問題やニードをもつ人たちの小集団（グループ）を活用して、メンバーである個人の問題解決や成長を支援する技術である。クライエントとソーシャルワーカーが1対1で向き合うケースワークとは異なり、各メンバー対ソーシャルワーカーの関係と、グループ全体対ソーシャルワーカーの関係という二重構造をもつ。グループワークにおける援助者はソーシャルワーカーだけではなく、メンバーが援助し合うことをソーシャルワーカーが促すことで、メンバー全員が他のメンバーの援助者となり、各メンバーのニードの充足と成長がより効果的に進むと考えられる。

2　間接援助技術

❶地域援助技術（コミュニティワーク）

　地域の生活問題・福祉問題を地域住民が主体的に解決していけるよう、側面的に支援する技術である。住民主体を尊重しながら、住民とともに地域の問題やニードの把握に取り組み、問題解決の方策を探っていく。そして、地域の社会資源の活用・調整・開発を進め、住民や諸団体の組織化を図ることを通して、問題を解決し住民のニーズを満たしていく。このようなプロセスを経て、住みよい地域社会の構築をめざすのである。

❷社会福祉調査法（ソーシャルワーク・リサーチ）

　社会福祉の問題やニードを把握し、問題の解決や予防に有効な制度やサービスのあり方を模索し、実施されている制度やサービスの効果を見極めるための調査の技術である。大勢の人たちを調査の対象として大量のデータを集め、統計的に分析する手法で、福祉問題の実態や住民意識の傾向などを知ることができる。また、少数の対象者の援助について個別的に調査し、援助が適切であったかどうかを判断したり、他にどのような援助方法が考えられるかを探ったりすることもできる。

❸社会福祉運営管理（ソーシャル・ウェルフェア・アドミニストレーション）

　狭義には、社会福祉の施設や機関の運営管理を意味しており、組織の理念・目標や運営方針を定め、人事・経理・利用者支援に必要な体制を整備し、目標達成が効果的・効率的に進められるように管理・運営する技術である。広義では、行政がさまざまな社会政策（医療・保健・教育・雇用・住宅・所得保障等）の一環として社会福祉政策を組み立て、具体的な施策を展開していく管理・運営を指している。

❹社会活動法（ソーシャルアクション）

　地域住民や当事者のニードを満たすために、社会福祉の制度やサービスの創設・改善を求めて、地域・組織・行政等に働きかける技術である。生活上の問題やニードをもつ人たちのなかには、社会から差別・排除・抑圧されたり、忘れられたりしている人たちも多い。そのような人たちのニードを理解し、ニードに応える制度・サービスを整備してもらうことを訴えかけたり、また、差別や排除のない公正な社会への変革を求めたりする活動でもある。

❺社会福祉計画法（ソーシャル・ウェルフェア・プランニング）

　社会福祉の視点に立って、国全体あるいは一定の地域における福祉の問題やニードを把握し、それに基づいて問題解決やニード充足に必要な政策・制度・事業の構想を組み立て、サービス提供に向けて具体的な整備・実施を計画する方法である。従来は国や地方自治体が独自にこのような計画を策定してきた。しかし近年は、その計画策定のプロセスに住民や当事者が主体的に参画して自らのニードを表明し、必要なサービスについて意見を述べ、その意見が実際に計画に反映されることが重要であると考えられている。

3　関連援助技術

❶ネットワーク

　クライエントの生活を支えている人々や機関等が網の目のようにつながっている状態である。多様なニードをもつクライエントは、複数の人たちや機関からサービスや支援を受けることで安定した生活を営むことが可能になるが、これらの人たちや機関が連携しあうことで、支援がより確実で効果的なものになる。その連携体制をつくろうとするのがネットワーキング（ネットワークづくり）である。家族・知人・近隣住民・ボランティア等のインフォーマル・サポート・ネットワークと、医師・看護師・保健師・ホームヘルパー等の専門職のフォーマル・サポート・ネットワークがあり、両者が対等な関係で、しかも有機的につながっていると、クライエントへの支援が、一層迅速かつ効果的に進んでいく。特定のクライエントのためにネットワークづくりを行う場合もあれば、あるクライエント集団（たとえば、地域の要介護高齢者とその家族たち）を支えるためにネットワークを形成・強化しようとする場合もある。

❷ケアマネジメント

　長期にわたって多様な生活ニードをもつクライエントに対して、必要な社会資源を、迅速・適切・効果的に結びつける技術である。クライエントのニードや生活状況を把握したうえで、必要な支援やサービスを明確にし、各サービスが効果的・効率的に提供され、クライエントの生活が全体として安定したものとなるよ

う、各サービスを調整する。さらに、サービス提供の状況やクライエントの生活上の変化等を継続的・定期的に見守りながら、必要に応じてサービスの変更や追加などを行っていく。

❸スーパービジョン

熟練したソーシャルワーカーが、経験の浅いソーシャルワーカーの専門職としての資質を向上させるために、助言や指導をすることである。スーパービジョンを提供する熟練者をスーパーバイザーと呼び、スーパービジョンを受ける側をスーパーバイジーと呼ぶ。スーパーバイザーはスーパーバイジーに対して、組織のなかで適切に業務を遂行するよう指導し、専門職の価値・知識・技術を高めるよう助言・訓練し、スーパーバイジーを心理的にサポートする。スーパービジョンでは、スーパーバイジーの実践にかかわる事柄に焦点をあてて相談を行い、スーパーバイジーの私的な事柄に踏み込むことはしない。スーパービジョンを通してスーパーバイジーの専門性を高め、クライエントに対してよりよい援助を提供することが、最終的な目的なのである。

❹カウンセリング

社会適応上の問題や心理的な問題をもつ人に対して、臨床心理士などの心理専門職が面接という手法を使って心理的な援助を行う技術である。ソーシャルワーカーが行うケースワークも面接による相談を行うが、ケースワークは社会資源を活用して問題解決を図ろうとするのに対して、カウンセリングは社会関係の調整などを伴わない個人の心理に焦点を当てて援助する。また、精神療法や心理療法が人格の深層にかかわって精神病理を治療するが、一般的にカウンセリングは心の深層にはあまり入り込まないという特徴がある。

❺コンサルテーション

ソーシャルワーカーが援助活動を展開するなかで、社会福祉の知識だけでは解決できないような問題に遭遇した際に、社会福祉以外の専門職がソーシャルワーカーの相談に乗り、必要な情報や助言を提供することである。医師・弁護士・教師・臨床心理士等の専門職がコンサルタントとなり、それぞれの専門の立場からソーシャルワーカーを支援することで、ソーシャルワーカーのクライエントに対する援助の質を向上させようとするものである。スーパービジョンがソーシャルワーカーによる指導であるのに対して、コンサルテーションは他職種による援助である。

3．社会福祉援助活動の機能

ソーシャルワーカーは、前述のような社会福祉援助活動のなかで、次のような機能を果たしていると考えられている。

❶評価的機能

　社会生活における問題等を明らかにする働きである。本格的な援助に先立って実施されるアセスメント（事前評価）では、クライエントの身体的・心理的・社会的側面や生活状況、生活問題の実態や背景、クライエントの問題の認識や解決への動機づけ、問題解決に役立つような社会資源やサポートの状況等について把握・分析・評価していく。援助の終結前のエバリュエーション（事後評価）では、実施してきた援助のプロセスやその成果等について振り返り、問題解決やニードの充足がどの程度できたか、クライエント自身がどのように変化・成長したか等を評価する。

❷調整的機能

　クライエントと関係者・関係機関との間の複数の社会関係を調整する働きである。生活問題のなかには、矛盾した役割を要求されたり、両立できない課題を抱えたりして生じるものがある。たとえば、子育てしながら働く女性が、勤務を終えて保育所に駆けつけても、どうしても保育終了時刻に間に合わないという問題をもっているとする。この女性は、職場との社会関係と、保育所との社会関係との間で、矛盾を抱えているととらえることができる。職場や保育所に対して事情を説明し、何らかの配慮を求めて職場や保育所との社会関係の調整を図り、問題を解決しようとするものである。

❸送致的機能

　必要な社会関係が築けていない場合に、既存の社会資源と新たな社会関係を結ぶ働きである。前述の子育て中の働く女性が、休日に自分の父親の看病に行きたいと思っても、現在利用している保育所が平日のみのサービスであれば、休日の保育ニードを満たしてくれる機関との社会関係がない状態である。そこで、地域のなかに、休日に子どもの遊び相手をする活動をしているボランティアグループがあれば、そのボランティアグループに紹介し、ボランティアとの社会関係を新たに形成することで、問題の解決を図るのである。

❹開発的機能

　既存の社会資源を利用しても、必要な社会関係を結んで問題解決することができない場合に、新たな社会資源を創り出す働きである。たとえば、作業所で働きながら地域で暮らす知的障害者が休日にすることがなく、朝から晩まで自宅でテレビをみたりして過ごしている場合がある。このような知的障害者が地域に何人かいるのであれば、彼らが休日を有意義に過ごせるようなプログラムを、障害者施設や障害者地域生活支援センター等でスタートさせることもできる。休日活動プログラムという社会資源の創設によって、他の障害者やボランティア・職員との新たな社会関係が生まれ、休日の退屈という生活問題が解決し、生活の質の向

上が図られる。
❺保護的機能
　評価・調整・送致・開発の機能を使ってもクライエントの生活問題が解決しない場合に、社会資源の通常の利用条件を超えてサービスを提供してクライエントの生命や生活を守る働きである。たとえば、阪神・淡路大震災で被災した地域の高齢者・障害者とその家族は、多くの社会福祉施設に緊急一時保護（緊急ショートステイ）されたが、その際には、高齢者や知的障害者が身体障害者施設に緊急入所するなど、施設の種別を超えてサービスが提供された。被災した高齢者・障害者が、仮設住宅に引っ越したり、本来の種別の施設に入所したりするまでの間、クライエントの生命と生活を守るために、クライエントと緊急ショートステイ施設との間に特別な社会関係を結んだといえる。

❻権利擁護（代弁）機能
　上記5つの機能に加えて、近年非常に重視されている機能である。クライエントが自らの権利やニードを主張することが難しい場合に、クライエントを代弁し、クライエントの権利や生活を擁護する働きである。たとえば、特別養護老人ホームに入所している認知症（痴呆）の高齢者の家族が、本人（クライエント）の年金をすべて管理していて、クライエントの手元にはお金が入ってこないため、日常生活用品が購入できないという場合がある。しかしクライエントは、認知症のために、自分の置かれている状況について理解することが難しく、自分のお金を自分のために使う権利を主張することも困難である。そのような場合に、クライエントに代わって家族に状況を説明し、クライエントが自分の年金を自分のために有効に使えるように働きかけていく。

❼管理機能
　クライエントへのサービスを総合的・継続的に提供できるよう、各サービスを調整・管理し、クライエントの生活全体の調和を図る働きである。ケアマネジメントの手法に代表されるこの機能も、最近注目されている働きの1つである。在宅の要介護高齢者や障害者およびその家族は、日常的に長期にわたってさまざまなサービスや支援を必要としており、それらが全体として円滑にバランスよく提供されることが、安定した生活に不可欠である。クライエントやその家族が望む生活を実現するために、生活全体を視野に入れた調整や管理を行うのである。

❽社会変革機能
　クライエントの生活問題の背景にある、地域社会の差別・偏見や制度の不備等、社会環境の改善を図る働きである。この機能も、権利擁護機能と並んで、クライエントの問題解決を阻んでいる、社会自体がもつ問題性に取り組むものであり、今後一層重視されるべき働きである。たとえば、最近まで、一定の障害がある人

は、医師・薬剤師等の専門職資格が取得できないという欠格条項があった。しかし、それは障害のある人に対する不当な差別であるとして、欠格条項の見直しの運動が展開され、欠格条項に関する法律の改正が行われた。このように、社会変革機能とは、制度上の不備を是正し、社会を変えることで、クライエントの自己実現を可能にする働きである。

4．社会福祉援助技術とソーシャルワーカー

　ソーシャルワーカーは、社会福祉援助活動のなかで、これまで述べてきたような社会福祉援助の価値・原理・原則を踏まえ、各種の援助技術を駆使して、多様な機能を果たしていく。本章の冒頭でも触れたように、社会福祉援助技術は、クライエントの問題解決・自己実現や公正な社会の構築という目的を達成するための手段であり、まずソーシャルワーカーは、そのことを常に念頭に置いておかなければならない。そしてこの技術は、価値や倫理に支えられ、ソーシャルワーカーの人格やスタイルに組み込まれたものとなっていなければならない。つまり、教科書で知識として学んだり、マニュアルを読んで覚えたりしただけでは、決して習得することができないものである。社会福祉援助実践を積み上げながら、さまざまな体験を通して、地道に獲得していくことが重要である。自己研鑽の必要性はここにある。

　また、ソーシャルワーカーが使える道具は、このような社会福祉援助技術を身につけた自分自身である。一般に、道具をうまく使いこなすためには道具の特徴や癖をよく知っておく必要がある。すなわち、社会福祉援助においては、ソーシャルワーカーが道具としての自分自身を十分に理解し、自分の長所・短所を自覚し、自分の癖や傾向を知ったうえで、自分を十分に活用することが求められるのである。いわゆる自己覚知である。

　「自分がなぜ社会福祉を志したのか？」
　「自分にとって社会福祉という仕事はどういう意味をもっているのか？」
　「自分はどのような価値観をもっているのか？」
　「自分はどのように人とかかわる傾向をもっているのか？」

　このような問いを自分自身に投げかけることは、非常に重要である。たとえば、自分の過去のつらい体験から、同じような体験をしている人の役に立ちたいと考えて社会福祉を志す人がいる。その場合、過去のつらい体験を共有し、クライエントに共感しやすいという利点がある反面、自分自身の体験を不適切に重ね合わせてしまうという弊害もある。似たような状況において、どうしても前向きに取り組むことができないクライエントに対して、「自分は努力して乗り越えたのに、なぜあなたは努力しないの？」という思いが沸き起こってくる可能性がある。ク

ライエントと同じような体験をもっているからこそ、このようなクライエントへのいら立ちの感情が生じてしまい、クライエントに対して冷静に援助していくことが困難となる。

あるいは、特定の援助の場面において、「あの時なぜ自分はクライエントにあのような対応をしたのか？」「なぜあのような失望や落胆を感じたのか？」等について自分に問いかけることも必要である。ソーシャルワーカーも人間であるから、個人的なその場の感情に左右されることも決してまれではない。自分自身の言動とその意味を振り返って洞察し、自分の援助の問題に気づき、次からはそのような個人的な感情が、クライエントに対する援助に悪影響を及ぼさないように注意することが必要である。

しかし、このような自己覚知は、自分自身の心がけだけでは十分に行うことはできない。誰でも、自分で気づかない自分や、自分が見ることを避けている自分が存在するからである。そこで必要になってくるのが、スーパービジョンである。ソーシャルワーカーがケース記録をもとに、自分の行ってきた援助の経過とそこで考えたことや感じたことをスーパーバイザーと分かち合い、援助を評価するのである。

「ソーシャルワーカーの援助は適切であったか？」
「思うような成果があらわれないのはなぜか？」
「クライエントはそのとき、どのようなことを感じ、考えていたのだろうか？」
「クライエントは、なぜそのような行動に出たのであろうか？」
「ソーシャルワーカーが返した反応は、ソーシャルワーカーのどのような感情や思いから出たものなのか？」

以上のようなことについて、スーパーバイザーの共感や励ましに支えられながら、ソーシャルワーカーは気づきを得ていく。さらに、ソーシャルワーカーはスーパーバイザーから助言を受けながら、今後のより望ましい支援について考えていくことになる。

3 社会福祉援助の新しい視点

1．ジェネラリスト・アプローチ

ジェネラリスト・アプローチとは、「ソーシャルワークを統合して実践するひとつの方法であり、特殊領域の専門家を意味するスペシャリストではなく、総合的な知識と技能を有したジェネラリストによって行われる援助」を意味している[7]。

多様な実践現場において、多様なクライエント集団のもつ、広範な個人的・社会的問題を扱い、個人・家族・小集団・組織・コミュニティ等、さまざまなレベルに介入する技術を使って実践することのできるソーシャルワーカーは、ジェネラリストと呼ばれ、このような社会福祉援助が、近年非常に重要視されるようになってきている。「私はケースワーカーだから、個人面接を通した援助しかできない。グループワークや地域住民を巻き込んだコミュニティワークは、私の守備範囲外である」というのでは不十分だというのが、ジェネラリスト・アプローチの考え方である。

　たとえば、認知症（痴呆）の高齢者の在宅介護に携わる家族に対して、心理的サポートを提供し、ホームヘルプサービスという社会資源と結びつけるだけではなく、同じような介護問題に悩む家族が集って支え合えるようなグループワークを実施したりしていく。また、認知症の高齢者とその家族が安心して暮らせるように、近隣の見守りシステムをつくり、さらにはそのシステムに障害者や児童への見守りの機能も組み込んでいく等、多面的なアプローチが考えられる。本章で述べてきた各種の社会福祉援助技術を使いこなし、社会福祉援助の多様な機能を果たし、ミクロからマクロまでの各レベルに介入するという働きができることが求められている。

2．エンパワメントとストレングス視点

1　エンパワメント

　エンパワメントは、近年社会福祉実践において非常に注目されている概念の1つである。エンパワメントには「パワー」という言葉が入っており、「クライエントが力をつけること」「クライエントの力を引き出し、発揮できるよう支援すること」を意味している。かつては、高齢者や障害者などのクライエントを「社会的弱者」「できない存在」としてとらえ、専門職が上から見下ろして「保護・管理・指導の対象」としてかかわってきた。このようなアプローチを「パターナリズム」と呼ぶ。たとえば、成人した障害をもつクライエントを「～ちゃん」と子どものように呼んで「かわいがり」、クライエントの要望を「わがまま」ととらえて「叱り」、施設の規則に従うよう、時には罰を与えて「指導する」というアプローチである。

　それに対してエンパワメントでは、「どのような障害や生活上の困難があっても、クライエントは潜在的な力や可能性をもっている。クライエント自身がその力に気づき、力を発揮して周囲の環境に働きかけ、自分の生活をよりよいものに変えていくことができる」と考える。たとえば、入所施設の身体障害者が、介助者不足、施設周辺の段差、交通機関の不備などの理由で外出を諦めている状況がある

とする。そのときにソーシャルワーカーは、「外出できないのは、あなた自身のせいではなく、環境に問題があるからである。だから、あなた自身が思い切ってその環境を改善するよう働きかけることで、自由な外出が可能になる。あなたにはそうする権利と力がある。ソーシャルワーカーはそれを側面から支援していく」というメッセージを送る。そして、外出を困難にしている要因に一つひとつ取り組み、解決していく作業を、クライエントとソーシャルワーカーが協働で行っていく。このような問題解決のプロセスを通じて、クライエントは自分に自信をもつようになり、自分の問題を自分で解決できるようになり、また生活の質が向上し、社会に対しても目が開かれていく。

このように、クライエントが社会のなかで対等な市民としての立場を獲得し、自己実現が図れるよう、側面から支援しようとするのである。その意味で、エンパワメントは社会福祉援助の目的・理念であり、援助のプロセスあるいは援助のアプローチでもあるといえる。

2　ストレングス視点

エンパワメントに関連して重要視されてきているのが、このストレングス視点である。「ストレングス」は「ストロング（強い）」という形容詞の名詞形で、「強さ・長所・よいところ」といった意味である。従来は、クライエントの病的な側面やできないところに着目してそれを治療・矯正・除去することが援助だと考えられてきた。これを「病理・欠陥モデル」と呼ぶ。それに対して「ストレングス・モデル」では、クライエントの健全な側面や長所に焦点をあて、それらを生かすことで問題解決を図る。たとえば、自閉症のクライエントが「水に対するこだわり」をもち、風呂場や水のみ場で何時間でも水を流して遊び、制止しようとすると激しく抵抗するという場合がある。この場合「水に対するこだわり」を「病理」として除去しようとするのではなく、「水が好き」という「長所」であるととらえて、風呂掃除や庭の水撒きなどをクライエントの役割として担ってもらうのである。このようなアプローチによって、クライエントは「叱られる」存在から「役割を担って感謝される」存在に変わる。クライエントの潜在的な可能性が引き出され、エンパワメントが実現することになる。

3．パートナーシップ

パートナーシップとは、共通の関心をもつ人たちが、対等な立場に立って協働していく関係のことであり、社会福祉援助においては、クライエントとソーシャルワーカーのパートナーシップが求められるようになってきている。先に説明したパターナリズムに基づくソーシャルワーカーとクライエントの上下関係ではな

く、クライエントとソーシャルワーカーが対等な関係を築き、クライエントがもつ生活上の困難の解決を共通の課題として、協働で取り組んでいくことが必要である。このようなパートナーシップの形成は、エンパワメントを促進する要素の一つと考えられる。

　パートナーシップ形成に際しては、クライエントはクライエント自身を最もよく知るエキスパートであると、ソーシャルワーカーが認識する必要がある。ソーシャルワーカーは専門職としての知識や技術を備えているが、それはいわゆる一般論でしかない。目の前のクライエントが実際にどのようなことに困難を感じており、どのような問題解決を望んでいるか等については、ソーシャルワーカーはクライエントから教わるしかない。クライエントは自分についての情報・知識・考えを提示し、ソーシャルワーカーは専門職としてもっている知識や技術を提供する。このように、両者がそれぞれの持ち味を出し合い、情報や考えを共有し、クライエントの問題解決の方策をともに考えていく。しかし、最終的には、クライエントが選択した目標や課題はその自己決定を尊重することが大切である。そして、両者の合意のもとに、クライエントとソーシャルワーカーがそれぞれ担うべき役割を分担して、解決のための作業を進めるのである。

　このように、クライエントは対等な立場でソーシャルワーカーから尊重される経験を得て自信をもち、自分自身のこととして主体的・積極的に問題解決に向けて努力することができる。自分で決めた課題に取り組むわけであるから、失敗しても納得がいく。ソーシャルワーカーのサポートを得ながら、主体性と自律性を培い、自分の望む生活を実現させることが可能になると考えられる。

【引用文献】
1）成清美治・加納光子編『現代社会福祉用語の基礎知識』学文社　2001年　p.97
2）白澤政和「社会福祉援助方法の枠組み」白澤政和・尾崎新・芝野松次郎編『これからの社会福祉⑨　社会福祉援助方法』有斐閣　1999年　p.6
3）佐藤豊道「社会福祉援助活動の基本的枠組み」福祉士養成講座編集委員会編『新版社会福祉士養成講座8　社会福祉援助技術論Ⅰ』（第2版）中央法規出版　2003年　pp.25－27
4）同上書　p.182
5）同上書　pp.182－191
6）太田義弘「社会福祉援助技術の体系」福祉士養成講座編集委員会編　前掲書　p.133
7）成清美治・加納光子編　前掲書　p.78

【参考文献】

植戸貴子「エンパワメントの概念整理とエンパワメント実践のための具体的指針に関する一考察」『社会福祉士』第10号　日本社会福祉士会　2003年　pp.61－66

植戸貴子「エンパワメント志向の社会福祉実践～利用者とワーカーのパートナーシップ形成」『神戸女子大学社会福祉研究』第7号　神戸女子大学社会福祉学会　2003年　pp.5－20

黒木保博・山辺朗子・倉石哲也編『福祉キーワードシリーズ：ソーシャルワーク』中央法規出版　2002年

白澤政和「社会福祉援助方法の枠組み」白澤政和・尾崎新・芝野松次郎編『これからの社会福祉⑨　社会福祉援助方法』有斐閣　1999年

日本社会福祉士養成校協会監修『社会福祉士のための基礎知識Ⅰ』中央法規出版　2003年

福祉士養成講座編集委員会編『社会福祉士養成講座1　社会福祉原論』中央法規出版　1999年

福祉士養成講座編集委員会編『新版社会福祉士養成講座8　社会福祉援助技術論Ⅰ』（第2版）中央法規出版　2003年

福祉士養成講座編集委員会編『新版社会福祉士養成講座9　社会福祉援助技術論Ⅱ』（第2版）中央法規出版　2003年

山縣文治・岡田忠克編『よくわかる社会福祉』ミネルヴァ書房　2002年

Tolson, E. R., Reid, W. J. & Garvin, C. D. *Generalist Practice: A Task-Centered Approach* Columbia University Press, 1994

第5章

社会福祉の実践的理解Ⅰ
――ソーシャルワーカーの倫理と専門性

●本章のねらい

　社会福祉の援助は、主体としての利用者の存在によって成り立つものである。しかし、利用者を主体としてなされるべき援助が、援助関係を展開するなかでいつの間にか、ソーシャルワーカー自身が主体となっていたり、利用者の真の利益を損ねるようなことが起きる場合がある。また、援助の経過中にソーシャルワーカーはどの視点や価値を優先するべきなのかとジレンマに陥ることがある。そのようなときに行動の指針となるひとつが、専門職団体の作成する「倫理綱領」である。その「倫理綱領」が社会福祉専門職による対人援助においてどのように活用できるのか明らかにしていくことが本章のひとつのねらいである。しかしまた、「倫理綱領」はあくまでも行動の指針であって、それによって社会福祉の対人援助活動の内容すべてを規定することは不可能である。そうした現実のなかでソーシャルワーカーは、利用者との対人関係をつくりながら倫理を確立していくということが重要な視点である。その具体的内容を本章では例を用いながら述べ、検討していきたい。

1　ソーシャルワーカーの倫理を支えるもの

1．日本における倫理綱領

　ソーシャルワーカーにおける倫理とは、ソーシャルワーカー自身の援助行動の規範である。これは、個人的な道徳的規範とは異なり、対人援助の専門職として社会や組織と、そして最も重要な利用者との関係性のなかで培われる行動規範である。小松幸男は、倫理を福祉専門職の重要な義務と考えており、「他者とのかかわって生きる、わたしの『生きている』姿と意味を確認することである。それは同時に、今かかわりをもつ相手のひとの『生きている』姿とその意味に対しての、義務と責任を自覚することである。言い換えれば、相手の人が安心して生きていけるように援助し、配慮することである」[1]と述べ、さらに「ソーシャルワークの倫理は、理性の立場や思考の立場の上に成立しているものと考えるよりも、いわば、ひとが共に生きんとする意志の立場、あるいは、共に生きていく目的を確認

し、その目的の実現に対して責任を持ち合う関係の上に存在するものと理解したい」[2)]と他者との関係性に目を向け、共生の立場から倫理をとらえている。厳密にいえば、利用者、援助者との互いの関係のうえに成り立つソーシャルワークの援助行動の一つひとつに倫理的な価値が存在し、問われているということである。それは、援助の質が高度化すればするほどソーシャルワーカーが実践する行動には、より高い倫理性が求められていくことになり、常に利用者との関係のなかで問われるということである。その行動の規範を明文化したものが「倫理綱領」である。

1986年に日本ソーシャルワーカー協会は、「ソーシャルワーカーの倫理綱領」を採択し、1993年には日本社会福祉士会も同じものを採択している★。この倫理綱領は日本のソーシャルワーカーにとって基本であり、その援助実践における有効性が高い内容である。その後、日本ソーシャルワーカー協会、（社）日本社会福祉士会、（社）日本医療社会事業協会、（社）日本精神保健福祉士協会がIFSW（国際ソーシャルワーカー連盟）に加盟したことにより、国内共通の倫理綱領制定の必要性が生じ、上述の4団体が社会福祉専門職団体協議会を設置し、そこでの「倫理綱領委員会」において、「ソーシャルワーカーの倫理綱領」（改訂最終案）を策定した。2005（平成17）年度には、4団体共通の「倫理綱領改正原案」を取りまとめ批准する予定である。その上で、各団体は、批准されたものをもとに行動綱領を策定する方針である[3)]。

ここでは、現段階での「ソーシャルワーカーの倫理綱領」の内容を取り上げ、対人援助の観点から利用者やソーシャルワーカーにとっての援助関係がもつ意味について吟味していきたい。

2．「ソーシャルワーカーの倫理綱領」のもつ援助関係からの視点

「ソーシャルワーカーの倫理綱領」は、直接的に利用者を守るためだけにとどまらず、利用者利益を基盤とするソーシャルワーカー自身が、自らの専門性や地位を守り確立していくために有用なものでもある。大谷明は、「倫理綱領の目的は専門職としての自律性を確保することと、責務を明確にし対象者への質の保障を責任を持って行うことによって社会のなかでの一定の立場を獲得しようとすることである」[4)]と述べている。

このように倫理綱領は、社会的認知を得るとともに、専門職者として社会的自律の確立のために制定されている。この倫理綱領に対する価値は、専門職として一定の地位を確立し、安定した状態で援助活動を行えるようにするためにも非常に大切なものである。そして、この価値とともに、さらに利用者との関係をどのように創造していくかという視点から倫理綱領をとらえる必要がある。ここでは、

★ 1995年には日本社会福祉士会が社団法人化され、再度、採択されている。

「ソーシャルワーカーの倫理綱領」の内容を援助関係構築の視点から検討していきたい。

1　原則

> 1　（人間としての平等と尊厳）　人は、出自、人種、国籍、性別、年齢、宗教、文化的背景、社会経済的地位、あるいは社会に対する貢献度いかんにかかわらず、すべてかけがえのない存在として尊重されなければならない。
> 2　（自己実現の権利と社会の責務）　人は、他人の権利を侵害しない限度において自己実現の権利を有する。
> 　社会は、その形態のいかんにかかわらず、その構成員の最大限の幸福と便益を提供しなければならない。
> 3　（ワーカーの職責）　ソーシャルワーカーは、日本国憲法の精神にのっとり、個人の自己実現、家族、集団、地域社会の発展を目ざすものである。また、社会福祉の発展を阻害する社会的条件や困難を解決するため、その知識や技術を駆使する責務がある。

「人間としての平等と尊厳」は、どのような状態の人であってもその存在は尊重されなければならないとしている。それは、いかなる点においても差別的な対応は許されないということである。利用者の属性によって援助内容を変えるというような差別行為は問題外である。

この原則に基づく援助とは、ソーシャルワーカーにとって利用者は価値ある人であるということに気づき、その気づきや感じたことを利用者に、援助経過のなかでいかに伝えていくかを意味している。生活問題を抱える利用者の多くは、その課題解決の困難性を感じるがために自己を責め、自信を失っている場合がしばしばである。ソーシャルワーカーが利用者の存在に心底から関心を寄せることができれば、利用者は能力を強化していくことが可能となるのである。そうしたソーシャルワーカーの利用者への人間的関心が存在してこそ、利用者には問題解決へ向かえる自信が生まれてくるのである。

「自己実現の権利と社会の責務」は、自己実現の尊重と社会の担う責任について示している。利用者が自らの自己実現を可能にするためにソーシャルワーカーは尽力することはいうまでもない。あくまでも、ソーシャルワーカーは自己実現が可能となるように側面から利用者を支える構えが大切である。そして、利用者が自己実現を可能にするためには、自らの生き方を利用者自身が決定するという作業が必要となる。一方、ソーシャルワーカーは、あたかも利用者が自己決定したかのようにみえる錯覚に陥るような対応をしてはならない。選択の余地もない

サービスしか提供しておらずに、利用者が自己決定しているというのは、その質の面において疑わしく、利用者は権利を行使できたとは実感しないであろう。利用者にとっての真の自己決定、さらには自己実現が可能となるには、ソーシャルワーカーと利用者との関係性において導き出された決断と勇気が必要である。

しかし、いくら利用者であってもその勇気や決断が、他人の権利を脅かすようなことがあってはならない。そのようなことが起こり得た場合にソーシャルワーカーは、公正な立場でその行動を停止させる義務がある。ソーシャルワーカーは、利用者だけでなく、その周辺を取り巻く社会の人々に対しても責任ある行動をとらなければならないのである。社会が国民に対する責務をもつということは、社会に認められた専門職であるソーシャルワーカー自身もその一端を担うということなのである。社会的な意味を有しながら業務を遂行するソーシャルワーカーの役割が、ここでも明らかとなっている。

「ワーカーの職責」は、ソーシャルワーカーがもつすべての能力を使い、社会全体に対する援助の義務を述べている。ソーシャルワーカーの目の前にあらわれた人のみが、援助の対象ではないということである。専門職としては、対象となる利用者の生活の質を向上させるためにも地域社会の発展を意識し、援助を行わなければならないのである。そして、援助対象となった利用者自身も地域社会をつくっている一員としての意識がもてるような支援をし、利用者が社会とのかかわりを実感できるように援助していくことが大切である。

3つの原則は、それぞれが独立して成り立つものではなく、各々の原則が成り立つうえに、他の原則が成り立つという相互関連性において意味をもつのである。

2　クライエントとの関係

> 1　（クライエントの利益の優先）　ソーシャルワーカーは、職務の遂行に際して、クライエントに対するサービスを最優先に考え、自己の私的な利益のために利用することがあってはならない。また、専門職業上の知識や技術が、非人間的な目的に利用されないよう自戒する必要がある。
> 2　（クライエントの個別性の尊重）　ソーシャルワーカーは、個人・家族・集団・地域・社会の文化的差異や多様性を尊重するとともに、これら差異あるクライエントに対しても、同等の熱意をもってサービスや援助を提供しなければならない。
> 3　（クライエントの受容）　ソーシャルワーカーは、クライエントをあるがままに受容し、たとえクライエントが他者の利益を侵害したり、危害を加える恐れのある場合であっても、未然に事故を防止し、決してクライエントを拒否するようなことがあってはならない。

> 4 （クライエントの秘密保持）　ソーシャルワーカーは、クライエントや関係者から事情を聴取する場合も、業務遂行上必要な範囲にとどめ、プライバシー保護のためクライエントに関する情報を第三者に提供してはならない。もしその情報提供がクライエントや公共の利益のため必要な場合は、本人と識別できる方法を避け、できれば本人の承認を得なければならない。

　これらはすべて、利用者に対する専門職としての基本的な責任を明記している。利用者を援助しようとするソーシャルワーカーは、「個人的な状態」でいることは一切認められないということである。しかし、利用者と同じ社会で生きるソーシャルワーカーも多くのジレンマに陥っている。たとえば、時間や他者からの評価に追われるソーシャルワーカーは、援助の効率性や即効性ばかりを求めるがあまり、利用者のニーズやペースを無視してしまうことが起こり得るかもしれない。また、利用者に対する秘密保持が組織におけるソーシャルワーカーの地位を揺るがすことに発展するかもしれない。または、ソーシャルワーカーのプライベートな世界に重大な問題が発生したために、利用者に対し、豊かな人間性が発揮されるような援助ができなくなるような状態に陥ることもあるかもしれない。

　そのような問題性は、数多く考えられるがソーシャルワーカーはすべてを乗り越え、利用者との援助関係樹立のための努力が求められている厳しい立場にある。そして、一度このことがその援助関係において実現できたからといって、その後いつも可能となり得るような性質のものではない。常に、このための努力をしつづけなければならないのである。

　そして先に記したように、ソーシャルワーカーが「個人的な状態」でいることは認められないということは、情緒的であってはならないということではなく、たとえそれが個人的な情緒であっても、専門職としての適切な表現で利用者に提示していかなければならないということである。利用者の個別性を重視し援助することをソーシャルワーカーは原則としているが、ソーシャルワーカー自身もまた、自ら自身を大切にし、自分自身を活用した援助を実現していかなければならない。利用者は、機械的な援助だけではなく、専門職であるソーシャルワーカーの個別的な人間性への出会いを求めているのである。

　しかし、常にソーシャルワーカー自身が個人的な感情を大切にし、ソーシャルワーカー自身の人間性がかいま見られるような援助を行う専門職としての個別性を発揮することと、ソーシャルワーカーが援助経過において自己の欲求を優先するなどと個人的になることとは、はっきり区別すべきである。ソーシャルワーカーはいかなる場合も自分自身のために業務が遂行されることは許されないのである。結果として、行った業務がソーシャルワーカー自身の利益につながることはあり

得るとしても、そのことが援助自体の目的や目標になってはならないのである。その利益が結果として、ソーシャルワーカー自身の利益につながったとしても、その利益そのものを広く、利用者に還元するような行動が求められるのである。

　この倫理綱領に示されている、利用者の「利益の優先」「個別性の尊重」「受容」「秘密保持」を堅持していくためには、ソーシャルワーカーが倫理的に正しくあるべきだという注意だけではその遵守は困難である。それほど社会は単純ではない。利用者のニーズを満たすためにソーシャルワーカーはいくつもの壁に衝突する可能性がある。そのためには、日頃から、協力者や助言者、指導者の確保、知識や情報の収集、技術の向上や獲得への追求が専門職として必要となる。

　そしてさらには、ソーシャルワーカー自身、自らのプライベートな生活が充実していると感じたり、日々幸せになろうとする態度をもつことが大切である。そうでなければ、利用者のつらさや問題への対処を自分の欲求不満や不幸感、さらにはストレスを解消するために利用しようとする可能性が誰にでも起こり得るのである。このことの回避のためには、プライベートにおいても自分自身の生活を充実させようとすることが専門職として求められているのである。

3　機関との関係

> 1　（所属機関と綱領の精神）　ソーシャルワーカーは、常に本倫理綱領の趣旨を尊重しその所属する機関、団体が常にその基本精神を遵守するよう留意しなければならない。
> 2　（業務改革の責務）　ソーシャルワーカーは、所属機関、団体の業務や手続きの改善、向上を常に心がけ、機関、団体の責任者に提言するようにし、仮に通常の方法で改善できない場合は責任ある方法によって、その趣旨を公表することができる。
> 3　（専門職業の声価の保持）　ソーシャルワーカーは、もし同僚がクライエントの利益を侵害したり、専門職業の声価を損なうようなことがある場合は、その事実を本人に指摘したり、本協会に対し規約第7条*に規定する措置をとることを要求することができる。
> 　＊　倫理綱領にそむき、また会員らしからざる行為があった者は、理事会の決定により除名する。

　どのような立場であっても、所属する機関がある限り、ソーシャルワーカーは、そこでのソーシャルワークの提供が利用者に対して最大限、有益なものとなるように機関の成長に寄与しなければならない。その機関の成長は、結果的には利用者へのサービス提供内容の質や量の向上につながることになる。そして、被雇用

者の立場として機関全体の改善が困難な場合は、社会への公表をも覚悟して行えるように職能団体としての保障も考えられているからこそ、上記のように記されているのであろう。しかし、自らの糧を得ている職場である機関の負となる点を公表することは、通常極めて困難である。しかし、機関に対して、それだけの責任をもって常に業務を行わなければならないのである。機関のあり方に問題があるがために、利用者への援助が思うようにいかないなどという言い訳は、通用しないということである。問題をもっている機関であってもその機関を構成するメンバーのひとりがソーシャルワーカー自身であることを忘れてはならない。

　利用者は機関全体に対し、業務改善を求めていることが多々ある。その利用者は、ソーシャルワーカーがその機関に所属していることを承知しており、機関に対するソーシャルワーカーの働きかけも注視している。利用者のニーズの充足を考えるからこそ、機関に対してもソーシャルワーカーは、責任ある態度をもち、業務改革に望まなければならないのである。

　この倫理綱領が求めているものは、ソーシャルワーカーの機関に対する責任の確認と考えなければならない。ソーシャルワーカーは機関の目標に対して忠実に業務をしなければならない。また、機関となれあいの関係において利用者に援助をしてはならない。利用者に援助を行う際に専門的な距離をとることは大変重要であるが、ソーシャルワーカーと機関間における適切な距離をとることも非常に重要な専門的判断である。その距離があるということが、利用者からの援助に対する信頼を得ることにつながるのである。

4　行政・社会との関係

> 1　（専門的知識・技術の向上）　ソーシャルワーカーは、常にクライエントと社会の新しいニーズを敏感に察知し、クライエントによるサービス選択の範囲を広げるため自己の提供するサービスの限界を克服するようにし、クライエントと社会に対して貢献しなければならない。
> 2　（専門的知識・技術の応用）　ソーシャルワーカーは、その業務遂行によって得た専門職業上の知識を、クライエントのみならず、一般市民の社会生活の向上に役立てるため、行政や政策、計画などに積極的に反映させるようにしなければならない。

　ソーシャルワーカーが専門職としてあり続けようとするのであるならば、社会的に認知される必要がある。社会の人々から役立つ存在として承認されなければ、ソーシャルワーカーが専門職としている意味はないし、存在することもできない。そのためには、自らの専門的知識や技術の向上は、自らのためのものという観点

ではなく、社会全体の貢献に耐えうるものをめざし、その向上に努めなければならない。

　ソーシャルワーカーの技術や知識は、所有し保管しておくべきものではなく、原理的にも現実的にも、公開をして社会に貢献するとともに、その質に磨きをかけていくべきものである。そして、その知識や技術は惜しみなく、一人の利用者に対してだけではなく、地域社会全体の発展のために有効活用ができるようにアドミニストレーションやプランニング業務にも提供していくことが重要である。

　このような社会との接点のもち方は、注目すべきあり方であり、これがソーシャルワーカーの専門性のひとつなのである。

5　専門職としての責務

> 1　（専門性の維持向上）　ソーシャルワーカーは、同僚や他の専門職業家との知識経験の交流を通して、常に自己の専門的知識や技能の水準の維持向上につとめることによって、所属機関、団体のサービスの質を向上させ、この専門職業の社会的声価を高めなければならない。
> 2　（職務内容の周知徹底）　ソーシャルワーカーは、社会福祉の向上を目ざす専門職の業務や内容を一般社会に周知させるよう努力しなければならない。この場合、公的な場での発言が個人としてのものか、専門職としての立場によるものかを明確にする必要がある。
> 3　（専門職の擁護）　ソーシャルワーカーは、実践を通して常にこの専門職業の知識、技術、価値観の明確化につとめる。仮にもこの専門職が不当な批判を受けることがあれば、専門職の立場を擁護しなければならない。
> 4　（援助方法の改善向上）　ソーシャルワーカーは、同僚や他の専門職業家の貢献や業績を尊重し、自己や同僚の業績やサービスの効果、効率について常に検討し、援助方法の改善、向上に心がけなければならない。
> 5　（同僚との相互批判）　ソーシャルワーカーは、同僚や他の専門職業家との間に職務遂行の方法に差異のあることを容認するとともに、もし相互批判の必要がある場合は、適切、妥当な方法、手段によらなければならない。

　ここでは、ソーシャルワーカーの5つの責任について記されている。

　まず、ソーシャルワーカーは、自分の知識や技術だけでソーシャルワークが展開できるというものではないことに注意を促している。ソーシャルワーカー自身も社会環境のなかで生活し、業務を行っているのであり、他職種の人々とのかかわりのなかで、援助が成り立っていることの認識を改めてもつべきである。そのソーシャルワーカー自身も利用者だけでなく、多くの同僚ソーシャルワーカーに

影響を与える存在でもある。このような認識をもちながら業務を営むことが、ソーシャルワーカー全体の質の向上につながる。また、同僚の援助技術の向上は、将来の利用者への利益にもつながっていくのである。その技術は、未来のソーシャルワーカーによって継承されていくことが可能であり、その継承された技術を幾人ものソーシャルワーカーが利用者のためにさらに活用することができ、より洗練されていくのである。

　そしてまた、ソーシャルワーカー間の連携はよりよい援助につながる。他機関同士のソーシャルワーカーの連携によって、利用者のニードが満たされることもある。また、同機関内のソーシャルワーカー同士の連携や連絡、協力が得られれば、利用者は大変合理的で、無駄のない適切な援助が受けられる可能性が大きい。このためには、同職種において互いの援助内容を点検し、見極め、その内容を指摘しあいながら、技術向上の努力をする必要がある。同僚の援助内容が向上するということは、意欲ある他のソーシャルワーカーの援助内容の向上にもつながっていくことになる。

　一方で、ソーシャルワーカーは、間接的な援助であるアドミニストレーション業務も怠ってはならない。ソーシャルワーク全体の業務の向上を意識し、自らの発言ひとつにおいてもソーシャルワーク全体に影響を及ぼす可能性を知って行動すべきなのである。そして、常に利用者との関係のみのなかで、業務や援助内容を点検するのではなくて、組織の一員としてソーシャルワーク業務は充実していたのか否かの振り返りをし、援助方法の改善に努めなければならない。

　「ソーシャルワーカーの倫理綱領」は、専門職として社会的認知を確立するだけでなく、対人援助を行う専門職としての価値基準、態度を定めていくための重要な指針である。現代社会が合理性、効率性を求め、人々の存在がますます非人格化されがちななかで、ソーシャルワーカーは、利用者の個別性を堅持していかなければならない責務がある。常にソーシャルワーカーは、現実のさまざまな壁と倫理とのなかでジレンマに陥っているといっても過言ではない。しかし、そのジレンマに真正面から向き合う態度が、利用者との関係をより新鮮なものにし、ともに歩む態度にも成り得るのではないであろうか。

2　対人関係において培われる倫理

1．良心的エゴイズム

　社会福祉を職業として志す者のなかには、「人の役に立つ仕事」をし続けたいと願い考え、社会福祉現場に勤めはじめる場合が多くある。しかし、対人援助には自らの業務に対し、真摯に取り組めば取り組むほどその援助そのものが誰に対して行われているのか、その真実が疑わしくなるという本末転倒の状況を生み出す危険性を常にはらんでいる。そのことの危険性について考えてみたい。
　ここでは、グループスーパービジョンにおいて提出をされた事例における、あるソーシャルワーカーの援助姿勢の検討を通して考えてみたい。

■事例　クレームへの対応

> 　援助を受けていた利用者が担当ソーシャルワーカーに対して、「ソーシャルワーカーの対応が不適切だ！　ひどいソーシャルワーカーだ！」と怒りをあらわにし、怒鳴った。この利用者は、諸手続きが自分の思い通りにいかないことに対する不満を上記の言葉でソーシャルワーカーにぶつけてきたのであった。真正面から怒りをあらわし、非難されたソーシャルワーカーは、自分は専門職として不適切な対応だったのだろうかと、その場では何も言えず、後で改めて自らの言動を振り返り反省したという。そこには、グループスーパービジョンにおいても謙虚な態度で自らの問題点を明らかにしていこうとする事例提供者の前向きな姿勢が如実に感じられた。
> 　この担当ソーシャルワーカーは、利用者との関係を中心にグループスーパービジョンにおいて以下のように振り返った。「Ａさん（利用者）から怒りや不満の感情、不機嫌さをダイレクトにぶつけられたとき、おろおろしてしまい、せっかくＡさんが生の感情をぶつけてきているのに、そうした感情に向き合っていくことができなかった。怒りをぶつけてきたとき、自分が責められることをしてしまったのかと自分の問題にしてしまい、Ａさんから遠ざかってしまった。その時点でＡさんを切ってしまったという（スーパービジョンの）メンバーからの指摘には、本当にハッとさせられた。そんな意識は私には全くなかった。でも、言われてみるとその通りだったということが自覚できた。Ａさんの怒りの気持ちにそのまま添っていったら、Ａさんに近づくことができたのに……」[5]。

　このＡさんという利用者の不満そのものは、直接的にはソーシャルワーカーの責任のある事柄ではなかった。ここでは、事例の直接的な内容そのものよりも、

ソーシャルワーカーの利用者に対するかかわりを考えてみたい。

利用者の生活をよりよいものにしたいと願いながらソーシャルワーカーは援助を行っているものの、万能であるわけではなく、利用者から厳しい指摘を受けることは十分あり得る。しかしそのことは、専門職として援助を行っている以上できれば避けたいし、また利用者から怒りを直接的に向けられることは非常につらいことである。

しかしこの場合、怒りを向けられたソーシャルワーカーは瞬時に例にあるように「私は、よいソーシャルワーカーではないのだろうか、私のどこが不適切な対応であったのであろうか」と、怒っている目の前の利用者の気持ち自体よりも、怒られたソーシャルワーカー自身のみに関心が向いている。これは一見誠実なソーシャルワーカーの自己覚知への態度とみることもできなくはないが、目の前の利用者を主体としてみるならば、自分自身にのみ関心を向けている「閉じられた自己」の態度であるといえる。これは、「他者に関心を向けようとしている『その自分だけ』にしか意識や関心を向けていないありよう」[6]という足立叡が指摘する良心的エゴイズムに陥っていると考えられる。この状態をさらに、「そうした良心的エゴイズムにとって他者との人間関係とは、自分は『こうあるべきだ』という信念や態度の確かさを確かめ、自己評価するための大事な手段としてだけ大切なのである」[7]としている。

Aさんの怒りそのものの感情に注目して受け入れることが、ここでは求められるところであろう。その怒りをソーシャルワーカーは、自分自身のものだけにしてはならない。自分のどこに問題があるのだと、利用者の感情をすべてソーシャルワーカーのものとして引き受けてはならないのである。自らに向けられた怒りの感情でさえも互いの関係のなかで分かち合うことがソーシャルワーカーには求められるのである。利用者の怒りの感情をソーシャルワーカー自身のためだけに使ってはならないのである。つまり、ソーシャルワーカー自身が全く意識していなくても、利用者を自己の利益のために利用するということが起こってくるのである。

しかし、この事例のような場合は、利用者との援助関係形成において誠実であり、真摯で謙虚な態度で臨むソーシャルワーカーであればあるほどこうした壁にぶつかるものである。

2．自立の阻害への気づき

利用者が自らの生活を自らの意思に基づいて営めるように援助していくことがソーシャルワークの目標の一つである。しかし、ソーシャルワーカーがその目標達成のために援助経過中に行っている行為そのものが、かえって利用者にとって

自立の阻害になりかねないということを改めて認識しておく必要がある。

■事例　仕事の効率性を求めたばかりに……

> 両親と数年来にわたり音信不通の状況にある利用者が、ソーシャルワーカーの援助を求めていた。希望している援助内容は社会福祉施設の利用であったが、身元引き受け人としての親族の了承が必要であった。ソーシャルワーカーは、利用者に対して連絡をとる旨の承諾を得たうえで高齢の両親に連絡をとり、施設利用ならびに保証人としての了解を得た。

　ここでは事例内容の詳細な部分は割愛するが、この事例にみるように、利用者ができる可能性があること（たとえばこの場合は、両親に電話連絡すること）もソーシャルワーカーが代行業務や利用者サービスと称して代わりに行ってしまうことがしばしば見受けられる。

　この事例においても、利用者が数年ぶりに急に電話をかけたことにより、スムーズに話がまとまらないことがあり得ると専門的判断をした結果の行為かもしれない。または、その利用者が現段階において、電話を差し控える理由があったのかもしれない。しかし、そのような場合であろうとも、利用者の自立に向けた一つのチャンスをつみとった可能性を、ソーシャルワーカーは自覚しておくことが大変重要である。

　福祉施設利用可能という形としてあらわれる援助の結果を求めるがあまりに、利用者の顕在化しづらいニードを見落とす恐れがある。また、利用者が電話をかけて交渉がスムーズにいかないことをソーシャルワーカーの方が恐れ、それを回避するために代行してしまうこともあり得るだろう。その場合、福祉施設を利用できないときの代わりの手立てを模索する時間と手間を多忙な業務に追われるなかで省きたいと思うであろうし、福祉施設利用ができなかった利用者は、他の策を自ら講じることはできないとソーシャルワーカーの方が勝手に決めつけてしまっているのかもしれない。また、無力なソーシャルワーカーというレッテルを張られたくないと無意識のうちに考えるかもしれない。

　しかし、数年ぶりに両親に電話をかけることに利用者がためらおうとも、そのことをきちんと利用者自身が受けとめて問題解決に向けてチャレンジする機会を奪うことは、ソーシャルワーカーとして許されないのである。むしろ、その機会提供が適切にできるようにソーシャルワーク技術を使うということが専門職として求められるのである。または、専門職としてその機会を奪わざるを得ない理由や機会を逃すことによる利用者への不利益を明確に伝え、せめて利用者から同意を得るということが必要となる。

これは、たとえば単なる利用者の買い物を代行するという場合でさえも同様のことがいえるのである。利用者が、不自由な身体で自らの買い物に行くことにより、利用者は不便であってもその行程から何かを感じ、何かを得る可能性があることを忘れてはならない。また、そのことにより自立への道が開かれていく可能性を、ソーシャルワーカーは価値として大切にしなければならない。

正村公宏は、著書のなかで、自立は自活とイコールではないとし、「自立は努力の方向であって、結果ではない」[8]と障害児・者の生活を念頭に置きながらこのように述べ、「いままでできなかった小さなことができるようになる、次の段階でまた何かができるようになる、それが自立ということであって、自分で全部めしが食えるようにならなければならないと考えてはならない」[9]と自立をとらえている。これは、個別性を重要視する社会福祉援助において心身に障害があろうとなかろうとも、自立の概念を理解していくうえで示唆に富む指摘だといえるであろう。利用者に起こるすべてのチャンスを有意義に活用できるような援助を、ソーシャルワーカーだからこそ、可能ならしめる責任があるのだという意識が必要である。

3．秘密保持からの芽生え

われわれ、誰しも自分の秘密は公表されたくないと思っている。ソーシャルワーカーをはじめとする対人援助を行う専門職者は、利用者が秘密にしておいてほしいと思う情報を入手することが業務上多々ある。いうまでもなく、その秘密情報自体を守ることは、法的にも倫理的にも厳しく求められている。ここでは、その秘密を保持するということが利用者とソーシャルワーカーとの援助関係においてどのような意味をもっているのかに焦点を当てて考えてみたい。

利用者は、秘密を知られること自体に抵抗があるのはもちろんのこと、知った相手がその事実をどのように認識し、自らを評価していくのかということを恐れることから、秘密情報自体をソーシャルワーカーに対して伝えることさえ抵抗がある。また、その秘密情報を利用者がソーシャルワーカーに伝え、開示するということは、利用者が自らの問題解決に真に取り組む覚悟ができているという意思であるとも考えるべきである。

■事例　新たな相談の意味

数回の面接を継続していた利用者が、「実は、私は、HIV に感染しています。HIV に感染していることを、職場の上司に打ち明けた方がよいのでしょうか？」とソーシャルワーカーに対して新たな相談をもちかけ、意見を求めた。利用者は、他人に感染のおそれがある HIV の感染を秘密にしておくことが職業上許されないこ

> とであると考え、秘密を持ち続けることに罪悪感があると述べた。その相談に対してソーシャルワーカーは、「上司に打ち明ける法的、倫理的な義務はないであろう。ただし、他人に少しでも感染の恐れがある場合は、あなたが負える範囲において、最大限に感染を防ぐ行動をとる義務があるだろう。感染を上司に告げることで、感染予防を行う義務から逃れることは全くできないと思う」と自らの意見を述べた。すると利用者は、「そうですね。感染の事実を伝えることで上司に助けを求めていたのかもしれない……。この感染予防は、自分自身が責任をもってすべきことであるのに」と考えながら応えた。
>
> そして、さらにここまでの相談内容と直接的には関係のない話題ではあったが、「この感染がわかったのは、自殺未遂を犯して運ばれた病院の検査によってだった。HIV感染だとわかってから、さらに自分は生きていても意味がないなぁ、本当に死んでもいいと思うようになり、生活していた。しかし、ソーシャルワーカーのあなたに会って、自分は死ななくてもいい存在なのだと考えるようになった」と言葉重く、話を続けたのであった。

　利用者は、自らの問題解決を望むからこそ、秘密にしておきたいと本当は思っている事柄さえも援助者に伝えようと決心する。この事例の場合の利用者は、それに加え、秘密を守ってくれる人だと「信頼をしたい」という強い気持ちを込めて、秘密情報を語ったのではないであろうか。信頼をしているから秘密を告げるというだけではなく、利用者は信頼したいから秘密を告げ、その告げたことに対する反応で信頼を深めたいのである。この利用者は、いまだに偏見のある感染名を伝えることにもためらいはあったであろう。しかし、ソーシャルワーカーはそのことには動じずに、利用者のするべきことを厳しく助言したことによって、利用者は単なる「病人」などとして扱われなかったことにかえって信頼を寄せて、さらなる話に踏み込んだのだと考える。

　このように、秘密を開示する利用者は、秘密情報がどのように処理されていくのかということを不安のなかで見守りながら、ソーシャルワーカーの言動によって、信頼を寄せていくのである。この経過、関係の築き方こそがソーシャルワーカーが行う秘密保持そのものである。

　秘密を保持するということは、倫理上当たり前のようにいわれていることである。その秘密を保持するソーシャルワーカーの態度が利用者にとってどんな意味があるのかということを考えることが、単なる秘密を漏洩しないという機械的な秘密保持にならずに、利用者との対人関係に深みをもたせる結果となる。

4．組織人であるということの意味

　ソーシャルワーカーとして個人で開業し、仕事をしている場合もあるが、多くのソーシャルワーカーは、機関や組織に所属している。そして、一部の施設を除いては、いまだにソーシャルワーカーの必置は制度化されていないのが現状である。そうした現状のなかでもさまざまな施設管理者は、ソーシャルワーカーの必要性を認識し、利用者の生活の質の向上をめざし、または、組織管理の観点からソーシャルワーカーを独自に雇用している。こうした現状をソーシャルワーカー自身は十分に認識し、雇用環境や条件が厳しいと嘆くだけにとどまらず、ソーシャルワーカーの雇用環境の充実を図る努力や、組織の一員という自覚を明確にもちながら仕事を行うということが必要である。そこで、ここでは、組織に対して責任をもつというソーシャルワーカーの態度が利用者にとっていかなる意味があるのかということを考えていきたい。

■事例　管理者としての役割

> 　熟練のソーシャルワーカーに援助を受けていた利用者が援助内容に不満をもち、同部署内にいる若手であるソーシャルワーカーへの担当変更を希望した。ソーシャルワーク部門の監督者は、利用者の言い分を聞き分けて、希望通りに担当変更を行った。その後、利用者は希望するソーシャルワークサービスの提供がなされたとその内容に満足し、「あのソーシャルワーカーの方に出会えなかったら、今頃困り果ててどうなっていたのかわかりません。本当にありがとうございました」とソーシャルワーク部門の監督者に対し、厚く礼を述べた。そして「このサービスに対するお代金の支払いはどのようになっているのですか？」と続けて質問をした。これに対して「ソーシャルワークサービスは、この機関にとっての基本サービスであり、経営者は報酬を得ようと考えておりませんので、お支払いのご心配はございません」と返答した。

　この事例の場合、援助を担当していた熟練のソーシャルワーカーにとって、自らが教育的支援を行っている若手のソーシャルワーカーへの交代を利用者から求められたことは、内容によらずとも、非常に厳しい現実である。ましてや、援助の内容に不満をもったという交代理由を、真摯に受け止めるには、専門的な認知・理解力が必要になる。この場合、ソーシャルワーク部門の管理者は公正な立場で利用者とソーシャルワーカーらの調整を行ったり、ソーシャルワーカー間の調整や指導を行う必要がある。

　まずは、熟練したソーシャルワーカーであったとしても、ソーシャルワーカー

自身がさらなる問題をもたせる要因になったという事実と、それを利用者が正直に告げたということは、利用者自らが問題を解決しようとしている姿のあらわれだと受けとめ、その改善にあたらなければならない。そして、管理者は熟練、若手のそれぞれのソーシャルワーカーにスーパービジョンを行い、利用者がよりよいソーシャルワーク援助が受けられるように業務の改善をしなければならない。

ここでは、当該利用者に対する援助の内容を再検討し、業務にあたらせることはもちろんであるが、管理者には、この利用者が思い切って担当者交代を申し出たこと自体が、利用者にとっての成長の過程だと利用者自身が実感できるような援助活動を提供していく責任がある。また、そのことがソーシャルワーク部門の組織としての成長のきっかけになるのだという事実も、何らかの形で利用者に知らせることができ、利用者の社会的行動への価値を伝えられるような援助関係の樹立が必要である。

そのなかでは、それぞれのソーシャルワーカーが、どのように組織人として利用者の訴えに対応していくのかという経過を利用者は厳しく見ているであろう。これらのことが、利用者に対する社会教育的な効果をあげる可能性となっているのである。また、この社会的な行動の一連に利用者も少なからずかかわっているという、社会的存在であることを利用者が実感できる好機だととらえていくのが、ソーシャルワーカーの重要な視点である。こうした考え方のなかで、ソーシャルワーカーとしてのかかわりの方向性が明らかとなっていく。

また、事例の最後に利用者から代金の支払いについて問い合わせを受けたことに関しても、サービスを受けた側は、支払いが発生すると考えるのは当然であるという認識をソーシャルワーカーはもつことも必要である。ここでは、あくまでソーシャルワーカー個人の力量で無報酬が実現できていると、利用者に理解させるような言動をとってはならない。利用者に組織の一員として仕事をしていることをきちんと伝えていく機会ととらえることが大切である。利用者は、組織の一員として組織とともにソーシャルワーカーが業務をしているということに安心することもあろうし、言葉であらわすことにより、ソーシャルワーカー自身の援助姿勢が明確に伝わるのである。

5．対人関係のなかで築く倫理

ソーシャルワークは、利用者とソーシャルワーカーとの生き続ける対人関係によって成就する。そのなかでソーシャルワーカーは、常に利用者にとって有益な援助内容であると考え、業務を遂行しているはずであるが、ややもすると何かにこじつけたり、無意識のうちに自らの利益を優先しようとする行為にはしる可能性がある。したがって、利用者との対人関係を基本とする援助経過のなかで専門

職としての倫理を犯す行為が存在するのである。それは、「〜してはならない」というような最低限守るべき事項を、結果として犯してしまう場合もあろうが、ここでは、ソーシャルワーカーがめざすべき援助目標から逸脱する際の問題について考えていきたい。これらのことは、ソーシャルワーカーとしての不注意や熟考しなかったための行いや怠慢によることなどから発生するのである。どんな些細な事項であっても、対象者の利益につながっているのかどうかということを吟味しながら、業務を行うことが大切である。そして、その確認の積み重ねが、倫理からはずれない適切な援助に近づく方法である。

■事例　組織の決定とソーシャルワーカーの対応

> 　短期の観光ビザで日本に入国した外国人が、建築現場での労務中に大けがをし、緊急入院し手術を行った。この時点でビザの期限が切れていただけでなく、偽造パスポートによって入国していることがわかった（この外国人利用者の病態は、手術後、数週間の安静と専門的な医学的リハビリテーションを行う必要性があった）。緊急入院してすぐに手術を行い、既に医療費請求額は200万円近くにのぼっていた。利用者の雇用主は、自らも下請け会社であり責任がないことや、偽造パスポート等を理由に被害者意識をもち、労働災害保険の使用は認めないと頑な姿勢をみせた。
> 　そのような状況下で担当医師は、本国の帰国に堪えられる病体となったために、入国管理局等の手続きをソーシャルワーカーに相談した。機関の長である医師は、医療費支払いの目途がたたない状況でこのまま治療継続はできない。今、日本での治療を打ち切っても医学的、そして人道的にも問題はない。ただし、帰国後に適切な医学的リハビリテーションを続けなければ、歩行機能に障害が残ると説明した。
> 　ソーシャルワーカーは、入国管理局等と協議し、帰国の準備を行った。その最中に、友人があらわれ、日本でできる治療が残っているのに帰国させるのは問題があると、ソーシャルワーカーに申し出た。この友人と本人とは祖国が同じであり、日本に定住してからも多くのいわれなき差別を受けてきたという共通の意識があると話した。今回の利用者に対する性急な帰国も、差別意識のあらわれの一端ではないかと静かに強く主張した。そして、医療費支払いの目途を立たせるので、完全な回復までここで治療を続けてほしいと懇願した。

　日本国籍でなかろうとも、法的な処罰対象者であろうとも、ソーシャルワーカーの援助態度に変化を起こすことは倫理的にも規制されている。この事例の場合、ソーシャルワーカーの所属する機関の長からは帰国の準備を指示され、一方、利用者やその友人たちからは、治療継続を懇願されていた。このため、ソーシャル

ワーカーは医療費支払いの目途を立てるために、再度労働災害保険申請の検討を行い、給付にこぎつけたのであった。もともと、ソーシャルワーカーは差別意識というよりも、機関決定に従い機関の不利益が起こらないように、早期帰国を考えたのであった。そのように、機関決定を遵守し、不利益を起こさないようにすることも倫理的に重要なことである。しかし、倫理的な面から何を優先的倫理の遵守事項とするのか、また、何を援助の目標とするか決定のうえ業務を行うのは、ソーシャルワーカー自身でしかない。もちろん、その決定はソーシャルワーカーの個人的な好みであってはならない。しかし、このソーシャルワーカーは、結局利用者が熱心にリハビリテーション訓練に取り組む姿、そして友人の熱心な態度に動かされた結果、機関の長に改めて交渉し、さらに時間がかかる労働災害保険の手続きを試みたのである。

　不法に入国していた利用者は当初、言葉が重く、真実をなかなか語ろうとしなかった。しかし、ソーシャルワーカーに信頼を寄せるようになってからは、自らのありのままの気持ちを話した。その経過のなかでソーシャルワーカー自身も利用者に動かされていったのである。倫理を遵守するなかで、最低限必ず守らなければならないものはもちろんあるし、判断が付きにくいことやジレンマに陥ることがある。しかし、援助における利用者とソーシャルワーカーとの対人関係のなかでこそ、その遵守すべき内容や次元はつくられていくのである。

　また、友人があらわれなければ、当初の予定のまま帰国をし、利用者は祖国の厳しい医療事情から医学的なリハビリテーションは受けられなかったかもしれない。ソーシャルワーカーの業務に対する怠慢が、むしろ帰国を予定通りに進めたことになったであろう。そして、上司の指示をそのまま専門職として熟考せずに行ったために、倫理からの逸脱行為となっていたであろう。

　このひとつの例からも倫理的問題は多く存在し、検討課題は山積している。しかし、ここで改めて押さえておきたい点は、倫理は対人関係のなかでこそ意味をもつものであり、同時に倫理を遵守することにより、その関係は深まるという相互関係によって成り立っているということである。

3　ソーシャルワーカーにとっての倫理と専門性

1．援助関係を支える倫理

　ソーシャルワークは、その本質において利用者に対する「人間存在への援助」である。そしてそこでは、利用者を「状況のなかで生きる人」ととらえていくこ

とが必要である。これは、序章でも述べられている「全体性の原理」の視点である。援助者側であるソーシャルワーカーの都合に合わせてさまざまな次元に分け、生物学的次元、文化的次元、社会的次元などと分割して援助を展開するのではなく、それらを統合して生きる全体性（wholeness）としての利用者にかかわるということが求められているということである。これは、「どんな生活課題を抱えた利用者か」というようにソーシャルワーカーは考えるのではなく、「どんな利用者がその生活課題を抱えているのか」という視点でソーシャルワーカーがかかわっていくということである。

　社会全体が多様化する状況のなかで、そこで生活する利用者の抱える生活課題自体も複雑化している。そのため、ソーシャルワークもより専門分化し、利用者の援助の対象を領域別に区分し、援助者側が領域に固執し、その結果、利用者の生活の「全体性」をとらえることが困難になってきている。それは、生活上に大きな問題が降りかかってきたときに、その利用者は、なぜその解決が困難であるのかということや、その問題がなぜ人間の生活を脅かす理由に成り得るのか、という本質を常にソーシャルワーカーは考えていなければならない。その問題をもつが故に、気の毒な利用者というわけでは全くない。問題を抱えているから不幸であるなどと、他者が判断できないのである。そうした本質を問わない態度について早坂泰次郎は、「本質とは一般に、時間・空間にとらわれない、永遠に不変の何かといった意味であるが、本質主義とは、実は偶然的でしかないある特徴をとらえ、これをかってに本質だと信じ込んで、『要するに……にすぎない』と決め込む発想ないし現象の受け止め方をいうわけである」[10]と説明している。この早坂が述べている本質主義に、ソーシャルワーカーが陥る可能性が多分にある。

　この本質主義に陥るということは、利用者の利益の優先や個別性の尊重を実践していないという倫理を犯す行為に結着するということになる。本質に迫っていこうとする援助態度そのものが、倫理を遵守する態度に他ならない。たとえば、経済的に困窮している利用者であれば、生活保護を受給さえすれば問題がすべて解決したとして、その問題の本質を見極めないということになる。確かに、生活保護受給によって、利用者の生活は経済的に多少なりとも安定するであろう。しかし、経済困窮に至る問題を吟味、検証し、生活保護制度利用以外での生活方法の模索や、基本的に生活保護制度の利用が、この利用者にとってどのような意味があるのかということを、利用者とソーシャルワーカーとの対人関係のなかで考えていくことができなくなる可能性がある。それは、真の意味での利用者の利益優先にはならないということである。

　人間を部分でみていけば、それぞれの生活課題に対し、対処療法的に対応すればよいであろう。しかし、利用者さえも意識していないかもしれないニードに対

し、真に応えるためには、常に利用者の生活を「全体性」としてみていかざるを得ない。利用者を経済的困窮者としてだけで理解するならば、生活保護制度利用への援助のみで終了するであろうが、生活困窮者である利用者の自己実現の権利の尊重や個別性を尊重する倫理に基づく援助を遂行するのであれば、利用者の「全体性」にかかわる援助内容になっていくのである。そこにこそ、ソーシャルワークの価値が芽生え、援助が生きる「倫理」そのものが援助関係を支えていることになる。そしてこのソーシャルワーカーの視点は、利用者に対してだけでなく、他職種を含む機関、組織に対しても、自らを含む「全体性」として理解していく態度が必要である。これは、倫理綱領においても明文化され、機関に対する責任として求められている。この点に関しては、前節に例を用いながら具体的に説明した通りである。

　そのような視点のもとで、利用者とソーシャルワーカーが対人関係を築いていくことが援助活動にとって重要なのである。また、こうした視点がソーシャルワーカーの援助態度としてあらわれ、利用者との対人関係のありようを決定づけ、さらなる質の高い倫理がソーシャルワーカーに形成されていくのである。利用者との関係のなかで、倫理が築かれ続け、その対人関係において、「利用者にとってソーシャルワーカーがどのように存在するのか」というソーシャルワーカー自身のあり方が、倫理の本質に迫ることになるのである。そしてそこに、ソーシャルワークの価値やソーシャルワーカーの業務方法、技術、知識などが積み重なり、援助が展開されていくのである。

2．倫理の遂行と専門性

　ソーシャルワークの専門性は、専門知識や技術のみによって確立するわけではない。ソーシャルワークの固有の価値の具現化を利用者とソーシャルワーカーとの対人関係のなかで成立させていく過程こそが、専門性の確立に寄与するのである。

　前節まで多くの例を用いて倫理と対人関係の重要性について述べてきたが、倫理を具体化する対人関係が、専門性を支えるもととなっているのである。ソーシャルワーカーが倫理を遂行するということは、高度な専門性の確立につながっているということである。ここでも、例を用いて、倫理が専門性を確立しているということについて検証してみたい。

第5章　社会福祉の実践的理解Ⅰ

■**事例　専門職としての認知**

> ある機関を利用している人が悩みをもち、ソーシャルワーカーの専門職団体に電話で相談したところ、その利用中の機関には所属するソーシャルワーカーがいるので、相談してみるように薦められた。その利用者は早速、紹介されたソーシャルワーカーに電話をし、相談のための予約を行った。
>
> 相談予約の日に利用者は、利用している機関に出向き、日常のケアを受けていた他の専門職に対し、これからソーシャルワーカーのところへ相談に行く予定であることを話した。ところが他の専門職から「その問題をソーシャルワーカーに相談したところで解決の糸口は見出せない」といわれ、相談に行くことを反対された。そのようにいわれ、今後ともケアを受けるその専門職との関係を考えると、振り切ってソーシャルワーカーのところへ相談に行くことはできないと判断し、利用者は、相談予約の取り消しをすることにした。そのとき、利用者は相談予約取り消しのためにソーシャルワーカーのところへ出向き、上記の経過をすべて説明し、「せっかく約束していただいたのにすみません」と本当に申し訳なさそうに謝った。そのソーシャルワーカーは、「謝る必要は全くありませんのでご心配なさらずに」と返答した。

　このときの利用者は、本当に申し訳ないと謝りに来室したのであるが、ソーシャルワーカーは専門家としての対応がとれなかった。このときのソーシャルワーカーは、機関のなかでもソーシャルワークの業務内容が他職種に十分理解されていないことを残念に思うと同時に、勝手な判断で利用者の相談活動を阻害したという怒りが他職種に沸いたために、上記の言葉を利用者に伝えるのが精一杯であった。

　この場合、利用者の相談事にその後、どのように対応すべきなのかという重要な問題が取り残されたままであった。また、利用者が自らの力で問題解決しようとした方法に誤りがなかったことを改めて正すこともせず、労をねぎらうことさえもできずにいた。利用者が自らの問題を解決しようとして、初めて相談機関にアクセスしようとするエネルギーは、問題を抱えた者にとって計りしれないものである。それを遮られている状況を、利用者の立場に立って考えることができていなかったのである。

　結局、ソーシャルワーカーも自らの課題として受け取ってしまったにすぎない。利用者の目の前で、ソーシャルワーカー自身の課題として引き受けてしまっては、専門職の援助としては問題が残る。この展開のなかで、ソーシャルワーカーとして利用者に対しすべきことは多くあったはずである。また、他職種が利用者に援助を受けることを遮ったような行為を、ソーシャルワーカーがする可能性もない

とはいえない。他職種の業務を侵すことは、誰もがすべきではないし、ましてや根拠もなく、利用者の生活改善のための相談活動を阻害することは、するべきではない。さらに倫理的にも利用者に不利益が起こらないよう、ソーシャルワーカーの専門性を理解していない他職種に対して、啓蒙活動を含む、業務改革を率先して行う必要があることは明らかである。

専門職として成り立つためには、社会的認知も重要な構成要素である。そして、専門性が認知されなければ、社会的認知が得られないのである。ソーシャルワーカーは、援助を通して利用者の利益が損なわれないように、また、その理解や認識が社会で増すよう、倫理に基づく援助遂行が必要である。その理解や認識が増すよう努力することこそが倫理的な行動そのものである。倫理に基づく援助が提供できるからこそ、社会的にも専門職として認められる。そして、その援助そのものが専門性となって確立していくのである。和辻哲郎は、「人間はその存在において人間を可能ならしめるような一定の仕方を持っている。この存在の仕方が倫理であった」[11]と記し、人間の存在の仕方を明らかにすることが学であると述べている。ソーシャルワーカーがどう利用者に対して存在しているのかを明らかにしていくことにより、専門性が明確となり、学として成立していく道となるのである。そして、その際のソーシャルワーカーの問い続ける態度こそが、倫理的態度であり、専門性の確立に寄与することになるのである。

（付記）第1節で取り上げた「ソーシャルワーカーの倫理綱領」は、平成16年10月現在のものである。

【引用文献】

1) 小松幸男『ソーシャルワークの倫理』中央法規出版　1996年　p.17
2) 小松幸男　同上書　p.17
3) （社）日本医療社会事業協会「（社）日本医療社会事業協会ニュース No.2」 2004年9月20日　p.2
4) 杉本照子監修『医療におけるソーシャルワークの展開』相川書房　2001年　p.17
5) 医療社会事業従事者講習会報告書『医療ソーシャルワークの解決技法』No.16 東京都衛生局医療福祉部医療福祉課　2000年　pp.5－6
6) 早坂泰次郎編者『〈関係性〉の人間学』川島書店　1994年　pp.140－141
7) 早坂泰次郎編著　同上書　p.141
8) 上田敏・大江健三郎・正村公宏・川島みどり『自立と共生を語る』三輪書店　2001年　p.150
9) 上田敏・大江健三郎・正村公宏・川島みどり　同上書　pp.148－149
10) 早坂泰次郎『看護における人間学』医学出版　1970年　p.104
11) 和辻哲郎「人間の学としての倫理学」『和辻哲郎全集　第九巻』岩波書店　1990年　p.142

【参考文献】

F.フロム・ライヒマン＝早坂泰次郎『人間関係の病理学』誠信書房　1994年

チャールズS.レヴィ（小松源助訳）『ソーシャルワーク倫理の指針』勁草書房　1994年

加藤尚武『現代倫理学入門』講談社学術文庫　1999年

小松幸男『ソーシャル・ワークの倫理』中央法規出版　1996年

森村修『ケアの倫理』大修館書店　2000年

仲村優一監修　日本ソーシャルワーカー協会倫理問題委員会編『ソーシャルワーク倫理ハンドブック』中央法規出版　2003年

社団法人　日本社会福祉士会・社団法人　日本医療社会事業協会編『保健医療ソーシャルワーク実践2』中央法規出版　2004年

ジェラルド・コウリー／マリアンネ・シュナイダー・コウリー／パトリック・キャラナン（村本詔司監訳）『倫理問題ワークブック』創元社　2004年

全米ソーシャルワーカー協会編（日本ソーシャルワーカー協会訳）『ソーシャルワーク実務基準および業務指針』日本ソーシャルワーカー協会　1999年

第6章

社会福祉の実践的理解Ⅱ
―――社会福祉援助における対象理解の基本的視点

● 本章のねらい

　社会福祉の対象といえば、貧困者、要保護児童、障害者、高齢者あるいは寡婦というように、各種別に区分されたサービスの対象、すなわち何らかの生活問題を抱え既存の制度、たとえば生活保護を受給する人や各種福祉施設を利用する人々を思い浮かべるだろう。つまり、そこで対象とされるのは、生活保護法に定められる保護基準を満たした者、障害者手帳を交付された者、あるいは介護認定を受け要介護状態にあると認められた者など、社会福祉制度に規定され、その制度によって対象とみなされた者である。

　それ以外の人々は序章の「プロクルステスの寝台」の話にたとえられるように、社会福祉の対象から除外されてしまうが、実際には、問題を抱えつつ生活を強いられている人々が存在する。そのような人々に直接援助していくことが求められる社会福祉の専門職は、自らの役割（機能）と利用者が抱える問題の双方の多様さに直面することになる。また、これまでは社会福祉の援助を必要とする、ある意味では、限定された特殊な人々の存在も、社会のあり方やライフスタイルの変化によって、一般化・普遍化されてくるような状況も見受けられるのである。このような「既存の制度」と「援助をしていく専門職者の意識や役割（機能）」と「援助を必要とする人々」の間には大きなズレが生じている。このようなズレは何から生じるのか。

　本章では、本章のタイトルにもあるように、社会福祉の実践的理解という視点から、これまでの種別による制度的対象理解の限界について考え、社会福祉援助を実践していく専門職として、どのような対象理解が求められているのか（「実践的対象理解」）について検討したい。

1 社会福祉援助の対象における制度的理解の限界

1．制度上の援助対象と現実の援助対象者

　フォーマルな社会福祉実践を、その対象との関係を通して「対象理解論」として論じることは、いまさらいうまでもないと思われるかもしれない。あくまでも社会福祉の実践は、制度やクライエントの依頼に基づいて行われる援助過程であり、対象論というと、それはいわゆる客観的な制度対象論であると考えられがち

である。しかし、社会福祉の専門職がかかわろうとするのは、社会制度に規定される抽象化された人ではないことを忘れてはならない。

　本節で考えたいことは、社会福祉制度が何のために、誰のためにあるのかではなく、社会福祉援助が誰のためにあるのかということである。社会福祉援助が向かっている人間（私たち専門職が目の前に対峙するその人）の存在の理解を問うていきたいと考えるのである。

　これまでの社会福祉においては、社会福祉援助の対象を現実の社会で生活する個人としてではなく、抽象的に社会の問題としてとらえたり、社会福祉各法が規定する対象（たとえば、児童福祉法では18歳未満の児童、身体障害者福祉法では身体障害者手帳を交付された者といったように）としてとらえてきた。しかし、いざ、実践の場において社会福祉援助の対象を理解しようとしたときに、社会福祉の援助を実際に行うソーシャルワーカーは、クライエントそれぞれが抱える多様な問題に直面することになる。

　次に、事例を通して、社会福祉援助の対象における制度的理解の限界について考えていく。

■事例　援助を求めない家族

　町内会の活動で、高齢のＡさんのことが話題にのぼった。「最近、おじいちゃんの顔も見ないし、声も聞かない」と。その話を聞いた民生委員は、Ａさん宅を訪問した。応対したのは、Ａさんの娘であったが、Ａさんの様子を尋ねたところ、「おじいちゃんは元気だからだいじょうぶです」というこたえであった。民生委員は、「おじいちゃんに少し会わせてください」と何度かお願いすると、しぶしぶながら同意する。民生委員が案内されたのは、日のあたらない３畳間で、排泄物でぐしょぐしょになった布団にＡさんは寝かされていた。Ａさんの娘は、「ボケてきて、おもらしをするから…」という。

　民生委員は、在宅介護支援センターと連絡をとり、Ａさんへの援助をお願いした。連絡を受けた相談員が訪問し、介護保険によるサービスを利用するために要介護認定の申請を勧めたが、家族は、「おじいちゃんは自分たちで面倒みていっているから」という理由で、サービスの利用を拒否した。また、なんとかＡさんに会わせてほしいとお願いするが、それも拒否される。相談員は何度か訪問し説得にあたるが、家族の意思は変わらなかった。センター長に相談すると、家族の了解が得られず、サービス利用の申請がないなら仕方ないといわれ、相談員はこれ以上かかわりようがないと介入をあきらめた。

　その後、Ａさんは衰弱し、病院に運ばれた。

この事例では、在宅介護支援センターの機能を含め、介護保険法に基づくサービス提供の援助対象をどうとらえていたのかが問題となる。在宅介護支援センターは、老人福祉法に規定され、その機能の一つに、在宅で援護を必要とする高齢者やその家族に対して相談に応じ、さまざまな諸制度やサービスが利用できるよう調整を行い在宅介護を支援するということがある。一方、介護保険制度は基本的に65歳以上で要介護状態にある人が利用可能で、さらに要介護状態であることが公的に認定された者（要介護認定者）が援助の対象となる。

　しかし、この例のように、家族がサービス利用を拒否したような場合や本人がサービスの利用を申請できないような場合、老人福祉制度あるいは介護保険制度は、Aさんを社会福祉援助の対象、つまり制度の対象とせず機能しなかった。

　高齢者の介護や福祉サービス制度そのものにおいては、（社会的道義は別にして）Aさんに与えられるもの（サービス）がない場合、その先Aさんに対してどのようなかかわりをもっていこうが制度上問題にされない。この事例の場合、在宅介護支援センターとしての機能の範囲にAさんをあてはめ、本人や家族のサービス利用や要介護認定の申請を前提として、その機能のなかからAさんをとらえようとすれば、その援助に限界が生じるといえるだろう。

　しかし、制度や施設機能の側からAさんがその対象とみなされないからといって、Aさんは社会福祉の対象とならないのであろうか。その後、問題なく生活できるのであろうか。ここで専門職は、家族からも拒否され、自分の排泄物にまみれた布団のなかで生活を続けることが、人間らしい生活といえるのかを考えなくてはならないだろう。さらに、Aさんの結末からいえば、生命の危機さえ招いているのである。

2．制度がなければ援助対象とはならないのか

　制度的理解の限界についてもう一つの事例から、さらに検討してみたい。

■事例　高齢者への虐待が疑われるケース

　ほぼ寝たきりのMさんを担当するケアマネジャーに、訪問しているホームヘルパーから次のような報告があった。「おむつの交換や清拭をするときに身体に気になるあざをみつけた。それにMさんの様子がおかしい」と。早速担当ケアマネジャーが訪問し、介助者であるお嫁さんに理由をきくが、「外に出ようとして転んだんです。一人で動いちゃいけないって何度も言ってるのに」という。Mさん本人に尋ねても、「すみません」と何度も謝るばかりで要領を得なかった。
　近所の人は、「あそこのおばあちゃんは、昔、お嫁さんをいじめたからねぇ」と噂する。何度か訪問し、お嫁さんと話をすると、「何を考えているのかわから

ないんです。私がこんなに一生懸命やっているのに何もきいてくれない」と少しずつ話をしはじめた。ケアマネジャーは、介護の疲れがあるのではないかとMさんのショートステイを勧めるが、お嫁さん自身もどこか福祉的援助の介入に拒否的で、サービス利用に積極的ではなかった。
　担当のケアマネジャーもケアプランに変更がなく、また仮に暴力があったとしても、対応する制度があるわけでもなく、どうすることもできないと判断し、それ以上の介入をあきらめた。その後も、ホームヘルパーの利用のみでMさんは生活を続けている。

　このMさんの事例は、Aさんの場合と同様に家族がサービスの利用に積極的ではなく、その結果、サービスの利用につながらなかった。しかし、この事例において特徴的なことは、第一にケアマネジャーがMさんと家族の問題について把握しておきながらも、ケアマネジャーとしてその問題にかかわる機能を自分はもたないと判断した点にある。つまり、ケアマネジャーとしての機能に合わせた対象理解をしており、家族内の問題を機能の外においてしまった。しかし、われわれの生きる世界に生じる生活困難は、必ずしも社会福祉の専門職の機能に応じて出現されるものではない。
　第二に、Mさんの家庭において虐待があるのではないかと疑いをもっているにもかかわらず、それに対応する制度がないので対応ができないと結論づけた点である。現在、虐待等に対応する法律として、「児童虐待の防止等に関する法律」（児童虐待防止法）および「配偶者からの暴力の防止及び被害者の保護に関する法律」（DV防止法）があり、それぞれ18歳に満たない者、婚姻関係等にある者から暴力を受けた者を対象として、その保護に係る措置がとられている。しかし、虐待の被害を受けた高齢者の制度・施策はなく、したがってMさんへの虐待を制度面から救う手立てがないのである。
　日本の社会福祉の関連法・施策は多岐にわたり、多様である。たとえば、福祉六法をはじめ、介護保険法や精神保健福祉法、児童虐待防止法、DV防止法、ホームレスの自立支援に関する法律[*1]など、それぞれをあげるときりがないが、その名称からもわかるように、その対象は細かく分類されている。そしてそれらのさまざまに分化された制度によって規定される社会福祉機関も、その規定に沿って専門分化され、さらにその機関に所属し、問題を抱えた個人を援助する社会福祉の専門職も専門分化され、援助する対象とその内容が固定されている。制度が増えれば増えるだけ、対象と取り上げられる生活問題は増えるが、それらの制度に見合わない問題を抱えた個人は、結局のところ取り残されることになり、新しい制度ができるのを待つしかなく、その間は、専門分化された専門職は、その個人

★1　ホームレスの自立支援に関する法律
正式には、「ホームレスの自立の支援等に関する特別措置法」

に対して何もすることができないという考えに落ち着くのである。制度的に援助対象を理解することの限界がここにある。

2005（平成17）年度より現行の障害者の施策を一元化するものとしてその実施が国で検討されている「障害者自立支援法」★2 のねらいは、そうした制度的理解と対応の限界の是正への取り組みとも考えられよう。

★2
厚生労働省は、2005（平成17）年度からの障害者政策の改革試案をまとめ、身体・知的・精神と障害別に分けられている現在のサービス提供体制の一元化を図り、これまでの障害別に分かれたサービスを相互に利用できるようにするとしている。

2　社会福祉援助の対象における実践的理解の必要性

前節では、事例を通して制度的に対象を理解することの限界について考えてきた。ここでは、制度的理解を超えて、社会福祉の専門職として他者を援助していく際に必要とされる社会福祉援助の対象の実践的理解の必要性について考えたい。

1．生活者としての対象理解の必要性

次にあげる2つの事例は、保育所に子どもを預ける母親へのかかわりの事例である。まず、これらの事例を通して、社会福祉援助を受ける対象の生活を、それに寄り添いながらかかわる保育士の姿勢から考えたい。

■事例　ある母親の独白

> 会議が長引き、保育所に子どもを迎えに行く時間を過ぎてしまったんです。うちは母子家庭だから誰かに頼むこともできないし、会議中に保育所に連絡することもできなかったんです。会議が終わり、急いで保育所に迎えに行ったら、保育所の保育士が、「こんな時間まで、連絡せずデパートで買い物ですか？　それでも親ですか！」と突然怒鳴られました。デパートの紙袋に入っていたのは、仕事の書類だったんです。親として否定された、もっと言えば生き方を否定されたように感じて、体の震えが止まりませんでした。

なぜ、この母親は自分の生き方まで否定されたように感じたのか。保育士から遅れた理由も聞かれることなく、怒鳴られたからだろうか。

この事例を保育士側からみてみよう。保育士にとっての援助対象は、子どもであり、母親は「子どもを保育所に預け、その子どもを迎えにくる」存在としてのみとらえられている。つまり、保育サービスを利用する子どもの母親としての役割しか認めていないことになる。この保育士は、自らの役割を子どもを一定の時間預かり保育し、また家庭に返すことであるとし、子どもを預け、迎えにくる以外の母親の生活は、かかわることのできない、あるいはかかわる必要のない領域

としてとらえている。そして母親に求めたことは、保育サービスを利用する母親として、「時間になったら迎えにくる」存在であり、それに応えることのできなかった母親は、母親として失格と判断した。母親からみれば、その役割に固定され、自らの生活を見失った人間として、自分の「生き方を否定された」と受けとめたことは容易に想像できよう。

しかし、生活者としての母親は、ただ「時間になったら迎えにくる」存在だけだろうか。母親が職場で求められることに応え、そしてそれとともに子育てを続けている複数の役割を求められる母親の「生きにくさ」にも寄り添う援助が保育士には必要なのではないだろうか。母親の感じた「生きにくさ」は、母親としての役割だけを求められ、一人の生活者として存在を認められなかったことによって生み出されたといえるだろう。一人の生活者として生きることへのかかわりを求めた自分を否定されたと感じたにちがいない。

■事例　病身の子を保育所に預けた母親の気持ち

> 保育所でKちゃんが熱を出したということであったが、母親が病院に連れていき、熱も下がり落ち着いたということで、保育所はその日Kちゃんを再度預かった。しかし夕方になり、また熱が出たので迎えに来てもらおうと母親の職場に電話をしたが、母親は仕事を休んでいて連絡がとれないまま、お迎えの時間となった。
> 　担当の保育士が所長に相談すると、連絡をとれなかった理由はきいても、絶対にKちゃんのお母さんを非難しないようにといわれた。本来だったら、子どもが病気で仕事を休んでいる場合は、保育所では預からないのであるが。
> 　Kちゃんを迎えにきた母親に担当の保育士は、保育所に預けてもかまわないが、連絡だけはとれるようにしておいてほしいとだけ伝えた。
> 　後から、所長が「なぜ、お母さんに子どもを預けているのに仕事を休んだかの理由をきかなかったのか」とその保育士に尋ねると、「Kちゃんはアトピー性皮膚炎を患っていて、体も弱い子なんです。病気がちの子どもを抱えながら、仕事をするのは大変でしょ。お母さんが仕事と子育てに苦労しているのを日頃みていますから」と答えた。

前例では、保育サービスを利用する母親の、「役割のみに固定された」ことによる「生きにくさ」の事例をみたが、ここで取り上げた事例も同様に保育所の例である。この事例の保育士の母親へのかかわりから、サービスを利用する人の生活そのものに寄り添い援助する保育者のかかわりを検討する。

子どもを預けながらも仕事に行っていない母親に対して保育士が理解しようとしたことは、子育てをすること、働くということなどすべてを含めた生活である。

本来ならば、病身の子どもを預けながら仕事を休むことは認めていないが、母親がそれまでどれほど病気がちの子どもを抱えながら仕事を続けることに悩んできたのか、苦労しているかを含めて、母親の存在を認めてきたのだろう。

この事例における保育士の対象理解からは、ただ単に保育サービスを利用する子どもの母親としての存在だけではなく、一人の生活者としての生活全体を援助の対象としていることがわかる。

社会福祉援助の対象をどう理解するかということは、その対象の生活全体をいかに認めて、そこにどのように寄り添っていくかという援助の姿勢にまで目を向けていく必要があることが、この事例からもわかるであろう。社会福祉の援助を支えるものは、いかに援助対象を理解するかという援助者の態度にある。福祉制度・サービスの対象でもなく、また福祉サービスを利用するための役割を果たす者という固定された人ではなく、そこには自らの生活を生きる生活者としての人間がいるという理解が必要なのである。

2．援助とのかかわりからの対象理解

次の事例からは、援助とのかかわりを通して対象の実践的理解を考えていきたい。

■事例　ある知的障害者施設での出来事

　私が看護師として、知的障害者施設に勤めはじめたのは2年前であった。それまで、福祉施設で働いたことはなかったので、知的障害者の援助というものがどのようなものかがわかっていなかった。施設では、職員が障害者の胸倉をつかんで壁に押し付けたり、食事を食べないといって大声で怒鳴り散らすということは日常茶飯事だった。

　あるとき、一人の職員から利用者の身体に打撲の痕があっておかしいと相談された。私がけがをするようなことがあったのかときくと、その職員は、「昨夜着替えをしたときにはなかったけど、今日排泄の介助をしていたらアザがあって気になった」ということであった。確かに、その日の申し送りでも、その利用者が夜間転んだとかという報告は受けていない。

　私は施設長に事の概要を話し、病院に連れて行かせてほしいと頼むと、私とその報告をした職員は、「施設の和を乱すためにそのようなことをしている」と非難された。この施設では、保護者の会と会合をもって、処遇の改善を考えているが、利用者はおびえたような様子をみせたり、自分より障害の重い利用者に怒鳴り散らしたりする。その利用者の姿は、利用者を怒鳴る職員そのものである。

　今回私がしようとしたことは、施設長いわく自分を貶める行為といい、この仕事への疲れを感じている。

> 確かに、知的障害者は単に障害者とみれば、私たちと比べればできないことが多いけれども、日々のかかわりのなかで、たとえばシーツの交換のときにシーツに手を添えることができたら、彼らにとっては成長だと思う。そんな彼らをおいてやめることは……と涙ながらに語った。

　この事例の障害者施設のひどい処遇内容にもかかわらず、孤軍奮闘する看護師や障害者の姿が私たちに教えてくれるのは、何であろうか。一見すると、処遇内容をいかによくするかという問題としてとらえられるだろう。しかし、この事例の意味するところは、5、6歳程度の知能しかもたない成人した人の生きているその「生」の営みと、その「生」の営みへのかかわりが、いかにその実践において大切であるかを示していることにある。
　ここでは、社会で働くことはおろか、自らの身辺処理もできないとみなされ施設に入所する障害者は、障害という理由によって障害者福祉制度の対象となっている。一方、施設内において障害者を援助する職員は、いかに処遇をするか、いかに障害者をコントロールするかを重要視している。怒鳴ったり、胸倉をつかむというようなかかわりは、職員（援助者）にとって、障害者は管理の対象としてみなされていることのあらわれだろう。
　しかし、この看護師は、「障害」という医学的な視点では克服できない知的障害をもつ人々の成長を、日々のかかわりのなかから援助していこうとしているのである。シーツに手を添える一見なにげない行為も、知的障害のある人に対する援助者の「成長発達する存在」という対象理解によって大きな意味をもつようになるのであろう。そうした対象理解の意味は、障害者を、障害としての個体として医学的に把握したり、あるいは制度の対象者と把握するなかからは決してみえてこない。
　障害児福祉の実践にその生涯を捧げた糸賀一雄は、次のように述べている。
　「「人間」という抽象的な概念ではなく、「この子」という生きた生命、個性のある子の生きる姿のなかに共感や共鳴を感ずるようになる。ちょっと見れば生ける屍のようだとも思える重症心身障害のこの子が、ただ無為に生きているのではなく、生き抜こうとする必死の意欲をもち、自分なりに精一ぱいの努力を注いで生活しているという事実を知るに及んで、私たちは、いままでその子の生活の奥底を見ることのできなかった自分たちを恥ずかしく思うのであった。重症な障害はこの子たちばかりでなく、この事実を見ることのできなかった私たちの眼が重症であったのである。
　脳性小児麻痺で寝たままの15歳の男の子が、日に何回もおしめをとりかえてもらう。おしめ交換のとき、その子が全力をふりしぼって、腰を少しでも浮かそ

としている努力が、保母の手につたわった。保母はハッとして、瞬間、改めて自分の仕事の重大さに気づかされたという」[1]。

ここで障害児のおしめを取り替える保母（保育士）の障害児へのかかわりこそが、生きる者への共感であり、共鳴である。社会福祉実践に求められる対象理解は、「社会」、あるいは糸賀のいうように「人間」といった抽象的なものではない。障害をもち、他者の手を借りなくては生きていくことができない者が、懸命におしめを替えてくれる保育士（社会福祉の援助者）に身体のすべてを使って問いかけ、その問いかけを身体で感じ、それに応えようとするその援助者のかかわり、それこそがいわゆる「障害者」や社会福祉の対象者という制度の枠組みを超えた人間理解であり、その両者の関係にこそ社会福祉の援助がある。

既存のさまざまな社会福祉の制度を否定することが、この章の目的ではない。ここでは、社会福祉の援助を行うなかで、われわれが向き合う人間をどのように理解し、そこにソーシャルワーカーとしてどのように身を置くかを考えてきた。そういった実践的なレベルにおける社会福祉援助の対象は、65歳以上の要介護状態にある高齢者、手帳を有する障害者、生活保護の給付基準を満たす貧困者というような制度に固定された個体をさすのではない。一人ひとりの外の世界に働きかけ続ける「生」そのものが、私たちにとって社会福祉の対象であり、その「生」に、身体すべてで応えていくことが社会福祉の実践的理解といえるのではないだろうかである。

3 得永幸子にみる社会福祉の対象理解と援助者の視点

1．援助者の態度にあらわれる対象理解

ここでは、交通事故によって身体障害を負った得永幸子の体験に基づいて書かれた『「病い」の存在論』[2]を紹介し、前節で述べた社会福祉の対象への実践的理解を確認する。

> 「何かがおかしい……」
> もう何年も前から、私はそう感じ続けてきたような気がする。決して論理立てて考えてきたわけではないのだが、どこか心の奥底にかたちにならない違和感を抱き続けてきたような気がするのだ。振り返ってみれば、私と社会福祉が出会った最初のときから、もうその違和感は芽生えていたようでもある。

その頃、私はほとんど寝たきりの生活を送っていた。健康を損なってから、およそ２年が経っていた。それまでの、ただ打ちのめされ、混乱しきった状態から、ようやく落ちつきを取り戻して、自己の置かれた状況を振り返ってみることができるようになりかけていた頃である。
　「これは私の、他ならぬ私のからだなのか」
　「このからだをもっている私も、やはり私なのか」
　「このからだを境にした、かつての私と、この私は同じ私なのか、生きているのは誰か別の人ではないのか」
　これらの問いのひとつひとつが、答えを見つけられなければ一歩も前に進めないせっぱつまったものだった。そして、
　「生きなければならないのなら、どうやって明日に向けて顔を上げたらいいのだろう」
　「どうしたら、私が生きているのだと実感することができるのだろうか」
という問いを、誰に投げかけたらよいのかわからないままでいた。
　私はおぼろげな知識に基づいて、『身体障害者福祉』という本を手にした。「からだが悪くなって出てきた問いだから、からだの悪い人のために書かれた本に、きっと答えが書いてあるだろう」、ごく素朴にそう思ったのである。
　それは奇妙な体験であった。その本は、身体障害者のための社会福祉制度について、職業訓練、授産、庇護雇用などのサービスを中心に論じていたが、読み終えて、私は自分が身体障害者福祉制度の「対象者」であるところの身体障害者になったのだと打たれるように知ったのである。しかし私の問いに対する答えは何も見つけられなかった。私にとっては、解決されなければ生きられないほどのぬきさしならない問いであったのに。私の問いは投げかける先を失って、宙に浮いてしまっていた。私はただ独り、荒野に放り出されたかのように困惑していた。
　（中略）
　しかし私は、社会福祉に対して、私がまだ出会っていないだけで何かがそこにあるにちがいない、という淡い期待をなおも抱き続けた。その後いくつか読んだ社会福祉関係の書物の中でも、ついに私の問いと呼び合うことが語られるのには、出会えなかったにもかかわらず、そこでいつも語られている対象者とともにという姿勢や、ヒューマニスティックな熱情に期待はつながれていた[3]。

　「このからだを境にした、かつての私と、この私は同じ私なのか、生きているのは誰か別の人ではないのか」と述べているように、得永は事故で障害を負ったことにより、自らの存在を見失ってしまい、また、社会福祉の「対象者」となった自らの存在に対しての困惑をあらわしている。その困惑は、事故以前のそれまでの「一人の人間」としての自分ではなく、「一人の人間」という存在から乖離した、それまでとは違う「対象者」としての存在によって生み出されたのだろう。

この「一人の人間」という存在（糸賀のいう「その子」）から離れ、制度や援助の「対象者」となることは、障害を負うあるいは病気を患うということだけに起因するものだろうか。得永は、『身体障害者福祉』を手にし、自らが制度の対象者となったと感じるに至ったと述べている。このことは、第1節でみた制度の対象とならない高齢者の事例や、第2節での保育所という施設から固定された役割を求められた母親の事例でみたように、制度やあるシステムがその人に求める役割は、生身で全人格的な「一人の人間」ではない。

　たとえば、官僚的な病院のなかでの患者の存在について、ロバート・F. マーフィーが、『ボディ・サイレント－病いと障害の人類学－』★3という著者のなかで次のように述べている。

★3
本書は、脊髄を病んだ著者が身体障害者と社会との関係を明らかにし、人間が社会に生きていくことの意味を考えたものである。

　「通常の棲家から引き離され特別看護下におかれる時、人間の受動性はひとつの完成をみる。他の諸々の社会的役割を奪われ、ずらりと並んだ病んだ肉体のひとつとみなされるに至る。年齢、性別、社会的地位にもある程度の注意が払われないわけではないが、それは一般に想像されるより小さな効力しかもたない。ふつう病院というところは社会一般に比べて民主主義的だといえる。それは患者たちのもっている体面とか自尊心とかを剥ぎとってしまうやり方がより公平で無差別的だということだ。（中略）

　他にも多くの仕方で患者は服従を要求される。医者から看護人、さらに患者へと至る権威の系列があり、そのそれぞれのレヴェルに相応の従順さが期待されている。（中略）病院は官僚制度の諸特徴のすべてを兼ね備えている。そしてどの官僚制もそうであるように、非人格性、あるいは非個人性を生み出して育てる」[4]。

　病院が患者を制度的に「一人の人間」から「ひとつの肉体」という個体にしてしまうように、社会福祉の機関が援助する「一人の人間」をただの「対象者」としてしまう。

　それは、「もし、援助者を初めとする他者が、彼を障害者とみなし、障害者として生きることを彼に要請するならば、一人の人間に障害者という抽象存在であれと強要していることなのだ」[5]と得永が述べているように、社会福祉の援助者が、援助するその人を「障害者」「サービス利用者」としてかかわろうとするならば、おのずと、「一人の人間」としての存在を失ってしまうことになろう。

　足立は以下のように述べている。

　「「方法論」（methodology）とは、「方法」を意味する英語の〈method〉が、ラテン語の〈meta hodos〉にその語源をもつことからも、対象認識における単なる手続きや、いわゆる認識用具についての論理的考察を意味する（その場合は、方法論とはその当の対象に先ってそれ自体として実在する、いわば技術や手続きの体系を論じることとして理解されるが）のみならず、むしろ、さらに種々の手続

きや技術を用いての私たちの対象へのかかわりかたやその道すじ、すなわち、私たちが対象に対してとる「態度」をも含んだものである。したがって、この場合は、通常いわれる「対象論」と「方法論」との、いわゆる二分法的区別は原理的には存在しないともいえよう。なぜなら、人がある対象に対してどのような方法でかかわるかの中に既に、意識するとしないにかかわらず、その人がその当の対象をどのような態度において理解しているか、または理解しようとしているかが、自ずと含まれざるをえないからである。したがって、その意味では「対象論」は同時に「方法論」でもあるといえよう」[6]。

援助者のかかわりのなかに援助対象に対する理解が含まれているということは、援助者がどのように目の前にいるその人にかかわろうとしているのかというその態度によって、その人の存在は、その生活を生きる「一人の人間」にも、ただの「対象者」にもなりうるということである。

2．対象理解と援助者の態度

得永は、援助者が陥る非個人な態度についてこうも述べている。

> 大学4年間は、良い援助者になることだけを求めて過ぎていった。良い援助者になるために、理論体系を身につけ、援助者としての資質を磨く。つまり、援助者としての自己を拡大強化することに全力を投入したのである。そこでは、
> 　「援助者は対象者に対して、本来援助可能な存在である」
> 　「問題性を担った人と向き合うとき、私はいつでも援助者であり得る」
> という前提が、なんの反省もなく受け入れられており、「援助とは何か」、あるいは「なぜ他者の問題性を私が援助できるのか」という前提そのものについての問いはまったく出てこなかった。私の内ではどんどん援助者としての自己が肥大し、それにつれて、私の中の援助者は私自身の経験をも、他者に注ぐのと同じ論理的客観的まなざしによって見るようになった。私は自分が生きている経験を生のまま受け取る代わりに、私の中の対象者の問題として、社会福祉の理論体系に従って解釈するようになったのである。（中略）私は自分の中から湧いてくる素朴な問い、それ故に私を不安にする問いを受け止められず、手近な概念に置き換えて処理しようとし、それができないとなると黙殺し、抑えてしまった。（中略）そのときの私は、良い援助者になろうとする努力そのものが、対象者とされた人々の「生」からも、自己の「生」からも私を引き離すことに気づき得なかった[7]。

本章の「対象の実践的理解」の目的は、社会福祉の専門職が援助するなかで、それぞれの生活を生きている「一人の人間」をどのように理解していくのかを考

察することである。

　援助者が行う社会福祉の援助実践において、問題を抱えたその人を援助の「対象者」と固定することによって生み出されるものは、その「一人の人間」の生きにくさであると同時に、得永のいうように、援助者自身の非個人性に他ならないのである。社会福祉の専門職、あるいは専門職をめざす者がもつ「他者のためになりたい」「よりよく援助したい」というその純粋な想いは、援助者として制度のなかに身を置き、その役割をきちんと果たそうとすることによって、逆説的に社会福祉の対象者を限定してしまい、その人に見合ったサービスをいかに提供できるかという問題にとらわれることになるのであろう。

　しかし、社会福祉の援助が向かう「一人の人間」と援助者は、制度に固定された個体をさすのではない。一人ひとりの外の世界に働きかけ続ける「生」そのものが、私たちにとって社会福祉の対象であり、その「生」に、身体すべてで応えていこうとする援助者の態度や他者へのかかわり方のなかに自ずとあらわれるものこそが、社会福祉の対象理解といえるのではなかろうか。

【引用文献】
1）糸賀一雄『福祉の思想』NHKブックス　1968年　p.175
2）得永幸子『「病い」の存在論』地湧社　1984年
3）同上書　pp.13－15
4）ロバート・F. マーフィー（辻信一訳）『ボディ・サイレント－病いと障害の人類学』新宿書房　1997年　pp.33－34
5）得永幸子　前掲書　p.154
6）足立叡『臨床社会福祉学の基礎研究』学文社　1996年　pp.113－114
7）得永幸子　前掲書　pp.15－17

第7章

社会福祉の実践的理解Ⅲ
――社会福祉実践の場としての地域福祉の可能性

●本章のねらい

　人が社会生活を営むうえで、さまざまな困難や危機に直面したとき、社会福祉の専門職は、その家庭や施設、福祉関係機関、地域といった社会福祉の実践の場で、支援を要する人々の自己実現を支えていく。そういった社会福祉の実践の場をフィールドという。

　社会福祉実践の場は、時代の変遷とともに、その中心も移り変わってきた。家族や地域社会での自助・互助の時代を経て、福祉施設の整備が進み施設処遇が中心であった時代、そして、住み慣れた自宅での生活を在宅福祉サービスで支えようとした時代、さらに自分の住み慣れた地域で福祉サービスを利用できるよう福祉施設と在宅福祉サービスを包括し、さらにインフォーマルサービスも含めた地域福祉の実現へと時代は流れている。

　本章では、これら福祉のフィールドを理解したうえで、人間のライフサイクルに沿った形で展開される福祉の実践の必要性と、近年重要視されている「地域」という実践の場から広がる福祉の課題を考えていきたい。

1　社会福祉実践の場の理解

1．生涯を通しての支援の必要性

　人間のライフサイクルは、基本的に加齢に伴う変化があり、また家族はその形成、拡大、縮小というような変動をもっている。このとき、誰にでも起こる可能性のある問題、あるいは多くの人に共有されている支援の必要なことへの対応という観点からみると、社会福祉サービスの利用は特別なことではなくなる。福祉国家といわれる今日の段階では、社会福祉は自助が果たせないために生まれた特殊なニードに対応するのではなく、自助の前提条件の整備として位置づけられる傾向が明白となってきているのである[1]。

　一方、社会福祉サービスの提供の場として、2002（平成14）年12月に閣議決定された「障害者基本計画（新障害者基本計画）」[★1]を例にみてみれば、「21世紀に

★1　新障害者基本計画
これまでの障害者基本計画は2002（平成14）年度が終期であったことから、新しい障害者基本計画が閣議決定された。計画期間は、2003（平成15）年度から2012（同24）年度までの10年間である。

我が国が目指すべき社会は、障害の有無にかかわらず、国民誰もが相互に人格と個性を尊重し支え合う共生社会とする必要がある」[2]という基本理念のもと、利用者本位の支援について、「地域での自立した生活を支援することを基本に、障害者一人一人のニーズに対応してライフサイクルの全段階を通じ総合的かつ適切な支援を実施する」[3]ことが定められている。

つまり、個々のライフサイクルに応じた社会福祉実践の場での支援もさることながら、さらには、支援を受ける人を中心に、支援を継続的かつ横断的につなぐということも求められている。社会福祉実践の場は、利用者側からみると、生涯を通じた「生活の場」という視点をもつ必要がある。

この「生活の場」での継続的・横断的な自立支援を展開するために、今日、市町村では、利用者が自らの選択により、適切にサービスを利用できる相談、利用援助などの体制づくりを推進し、利用者のニードに沿った多様かつ十分なサービスを確保するため、民間企業等の積極的活用も含め、供給主体の拡充を図り、また、地域の実情に即した適切なサービス体制を構築するため、NPOや地域住民団体との連携・協力を推進することが求められている。

2．社会福祉実践の場の特性

社会福祉の実践の場は、利用者の生活の場として大きく在宅福祉の場と福祉施設の場に分けられる。これに相談・助言、政策立案、制度施策の実施などの場とこれらを包括的に含み、そこに住むすべての住民をも対象とした地域福祉の場が加わり、社会福祉実践の場は構成されている。

1　在宅福祉の場

在宅福祉の場においては、利用者は基本的に生活の拠点を自宅などに置き、在宅生活を維持するための在宅福祉サービスを利用している。在宅福祉サービスには、ホームヘルプサービス（訪問介護）のように直接援助者が自宅等に訪問してサービスを提供する訪問型サービスと、デイサービス（通所介護）や保育所のように、利用者が施設に出向いてサービスを受ける通所型、もしくは利用型サービスと呼ばれるもの、さらに、一時的に在宅での生活が困難になったときに短期間施設に入所する短期入所型サービスに分類することができる。

この他、在宅福祉サービスには、住宅改修や福祉用具などの支給・貸与などといった、生活環境を整備するサービスやさまざまな在宅福祉サービスを効果的・効率的に利用できるよう調整するケアマネジメントがある。

在宅福祉の場の特性としては、家庭という極めてプライベートな空間で援助が展開され、それぞれの家庭において、生活習慣や生活時間、価値観、家族の同居

の有無など個別性が強く、さらには家族の希望・ニードと本人の希望・ニードが必ずしも一致しないこともあるなど、援助を進めていくうえで、さまざまな関係を一つひとつ調整しながら進めていくことになる。

利用者本人にとっては、住み慣れた自宅等でこれまでの延長線での生活を継続できるため、生活環境の変化が少なく、精神的な負担が少なくてすむことも多いが、地域の社会資源が不足している場合、たとえば在宅介護の場合などは、家族の負担が大きくなったり、利用者の状態によっては住居のバリアフリー化や介護用品の購入、複数のサービスを並行的に利用する経済的負担が大きくなるなどのデメリットがある。

なお、グループホームやケア付き住宅など、介護等に配慮された住宅に移り住んで福祉サービスを利用する形態も、在宅福祉の場と考えられている。

2 施設福祉の場

施設福祉の場は、身体的、精神的、経済的理由、もしくは要保護児童など自宅等での生活が困難な人が生活していくために、対象別・専門機能別に分かれた（介護や機能訓練、保護・育成など）施設に入所し、必要な支援を受けるというところである。通所・利用型施設や短期入所型施設も施設福祉として含む考え方もあるが、ここでは、生活の拠点を施設におく場合と考えていきたい。

施設福祉の場は、昭和30年代後半の高度経済成長の時代とともに増加し、1971（昭和46）年には、「社会福祉施設緊急整備5か年計画」が実施されるなど、社会福祉実践の場の主流となっていった。しかし、当時は財政的理由や地域の偏見もあり人里離れた立地の施設が多く、地域社会との交流が断絶されていたり、施設の大規模化によって画一的な個人のニードにそぐわない処遇が展開され、さらには、4人部屋や6人部屋といったハードの問題から入所者のプライバシーが護られていないなど批判にさらされた。

これらの反省と社会福祉基礎構造改革以降の福祉サービスの選択・契約制の移行に伴い、施設福祉の場の変革も近年急速に進んでいる。その一つとして、主に特別養護老人ホームで進められている個室化やユニットケア[2]などがあり、施設入所者の個別性を重視したケアの実践が展開されている。また、施設機能を地域のなかにおいて、在宅福祉サービスも含めた多機能なサービスを提供する「小規模多機能型施設」などの実践も始まった。

一方で、障害者福祉分野では、特に知的障害者の分野で閉鎖的な施設での生活から、ノーマライゼーションの理念のもと、地域での主体的で自立的な生活を支援していくという考え方が広まり、施設からグループホームへと実践の場は移ろうとしている。

★2 ユニットケア
施設の居室をいくつかのユニットに分け、それぞれを一つの単位として少人数の家庭的な雰囲気のなかで、担当職員のなじみの関係をつくりケアを行うもの。

3 地域福祉の場

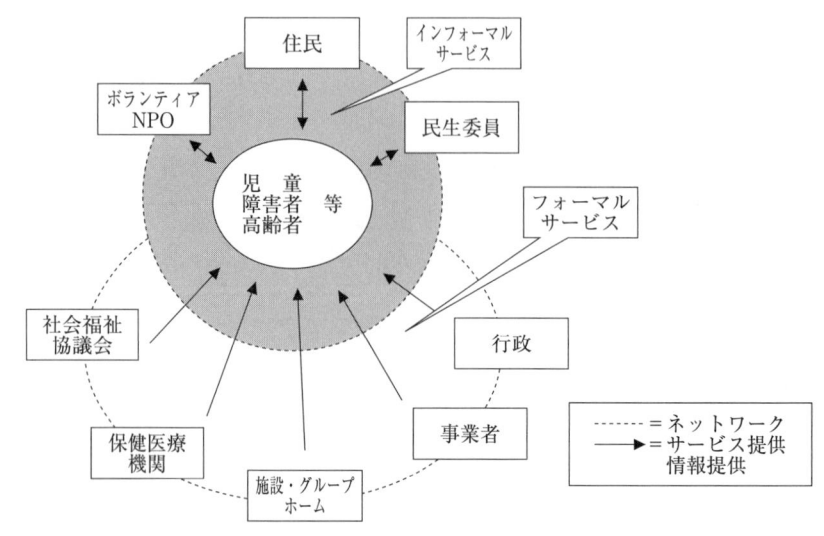

3つめは、地域福祉の場である。地域福祉の場とは、そこに暮らす地域住民の福祉ニーズを地域全体のニードととらえ、在宅福祉や施設福祉の場を総合して、その地域の福祉力を高める場である。

地域福祉の具体的内容は幅広く、直接的支援として在宅福祉サービスの実施や開発、地域組織化、相談助言、地域情報の提供、福祉教育の実践などがあり、間接的支援として調査・福祉計画策定、政策立案などがある。そして、その実践に際しては、地域住民の生活の問題を住民相互の連帯と行政、保健医療福祉の関係機関の協働によって解決を図ろうとするものである。

具体的な実践の場としては、地域福祉の推進団体としての社会福祉協議会がある。社会福祉協議会は、全国、都道府県、市町村のそれぞれに組織され、関係機関・団体や地域住民との連絡・調整などを行うほか、特に、市町村社会福祉協議会には地域福祉専門員と呼ばれるコミュニティワーカーが、先の地域福祉の内容を実践している。

このほか、地域福祉の場、またはマンパワーとして、民生委員・児童委員などの民間の奉仕者やボランティア組織、NPO団体などの非営利民間組織、在宅介護支援センター等の地域の専門援助・相談機関、さらに自治体行政も包括している（図7-1）。

地域福祉の場の特性としては、ひと言で地域といっても、そこに住む住民の多様な価値観で構成されており、福祉的価値観も多様である。たとえば、福祉サー

図7-1 地域福祉の場

※フォーマル・インフォーマルサービスがネットワーク化され、施設や在宅サービスも包括される

ビスを「お上の世話」ととらえる人もあれば、「国民の権利」ととらえる人もいる。さらに、地域には異質のものを排除するといった、負のエネルギーも存在することを理解する必要もある。

また、地域性とは、都市と地方、過密と過疎、山間地と沿岸部、主要産業の違いから気象条件までもが、その地域性を左右し、浮かび上がる地域の福祉ニードもその地域性と深くかかわっている。したがって、地域福祉の場では、まず、その地域を知ることから始まる。

2 ライフステージごとのニードと社会福祉実践の場

1．生活問題の構造と社会福祉実践の場

■事例　個人の生活問題と地域のつながりを考える

> 知的障害のある30歳のAさんは、63歳の母親と28歳の弟と3人で暮らしている。
>
> Aさんは、3歳のとき、市の健診の際、ことばの遅れを指摘され、戸惑った母親は市福祉課を訪ねると児童相談所を紹介された。児童相談所での相談と検査の結果、知的障害児通園施設に通うこととなり、母子ともに療育指導を受け始めた。その後、Aさんは養護学校に入学、そして卒業後就職したが、職場での人間関係に悩み職を転々とし、社会福祉協議会のコミュニティワーカーと相談して、地元の共同作業所で働くこととなり、現在は毎日作業所に通っている。Aさんは、作業工賃のほかに、障害基礎年金で生計を立てている。また、作業所に通ってくる仲間の親たちと、親亡き後のAさんたちの暮らしを心配し、親の会と作業所の職員、学生ボランティアで、数年前からAさんの住む市にグループホームをつくるよう運動を進めている。
>
> 一方、以前からこの家族の相談にのっている社会福祉協議会のコミュニティワーカーは、Aさんが地域で受け入れられるように、地域での福祉学習会で障害者の理解を促したり、Aさんがよく利用する図書館やスーパーなどを含めた見守りネットワークの組織化を図り、Aさんを含めた障害のある人が地域で安心して暮らせるよう支援をしている。

Aさんの生活を支援するための社会福祉実践の場にはどのようなものがあるのか。また、Aさんのソーシャルサポートネットワークのなかで、インフォーマルな支援とフォーマルな援助者（専門家）の支援をどうつなげていけばよいのだろうか。また、家族やまちの人々に支えられながら自立への挑戦をしていくAさん

が、社会のなかで受け入れられるために、ソーシャルワーカーが行うことができることは何が考えられるだろうか。

まず、Aさんの支援を考えるとき、Aさんが困っていることは何か、すなわち、生活問題や課題から、福祉ニードとして何があげられるだろうか。Aさんの基本的な生活構造の広がりを考えるにあたり、「人の生活構造」を図式化してみると、図7－2のようになる。

このなかで二重の枠内のことは、家庭や居住型施設内でなされることを意味し、それ以外は地域社会で行われることを意味している。年齢によって、個人によっても生活構造は違うが、基本的にはこのようになる。

社会福祉援助を実施する際、この生活構造のなかでどの部位に生活問題が生じて活動が制限されているか、活動の遂行において個人が抱える困難は何かを考える必要がある。そして、たとえば、疾病・機能障害により自宅で睡眠・食事・排泄に関する身辺自立が困難になると、病院や福祉施設を利用することになるだろう。経済的困窮に陥ると福祉事務所を利用する、就労問題には職業安定所や授産施設を訪ねてみることも考えられる。また、家族関係を含めた子どもの問題には、児童相談所などがある。そして、介護問題には在宅介護支援センターや高齢者施設、病院などがあげられる。また、この生活構造のなかで人を支える社会資源には、フォーマルケア★3とインフォーマルケア★4がある。

このように、生活問題に応じた社会福祉実践の場が選択されるのであるが、ソーシャルワーカーは本人の意思を確認し、自己決定による場の選択を支援していく必要がある。

★3 フォーマルケア
公的機関やさまざまな専門職による公式的なケアの総称である。具体的には、国による包括的な社会保障システム、それを実施する地方自治体による社会福祉サービスおよび医療・保健等の関連諸サービス、さらに、社会福祉協議会のような民間組織による社会福祉実践を含むものである。

★4 インフォーマルケア
個人を取り巻く家族・親戚・友人・近隣、ボランティア等による非公式的なケアの総称である。ケアを必要とする個人がそれまで築いてきたインフォーマルな人間関係において互助的に交換される、尊重や愛情のような情緒的・精神的支援から、助言や情報提供、物や金銭の提供および介護や家事援助などの具体的な支援までを含む。

図7－2　人の生活構造

出典：白石大介『対人援助技術の実際－面接技法を中心に－』創元社　1988年　p.151

2．利用者を生涯にわたって支える実践の場

　ライフステージによって生じる福祉ニードは異なり、生活支援の内容も異なってくる。次にAさんの事例から、ライフステージのニードに応じた支援の内容をみていきたい。

　Aさんの言葉の遅れが指摘された段階、乳幼児期の段階では、市の福祉課をはじめ、医療機関での健診・医療相談、児童相談所での相談、障害児通園施設での療育等にかかるさまざまな情報提供が必要である。

　就学前の段階では、児童相談所で療育手帳を取得すると障害児施設の利用や交通機関の割引制度や各種障害児手当などの福祉サービスを受けることができる。乳幼児期は、特に家族支援が必要で、障害児の健全な発達を支援する観点から母子関係の形成への援助を含め、知的障害児通園施設で療育方法の指導やカウンセリング等による支援が受けられるといった情報提供が重要となってくる。家族と暮らす障害者について、その家庭や家族を支援するには、障害児・者団体・父母の会によるピアカウンセリングなどの存在も有効である。弟への心理的なサポートも忘れてはならない。

　また、就学前は、教育相談・就学相談が療育現場では行われる。そして、学齢期では、学校の担任教諭や学校心理士によって支援計画が立てられ、教育・生活支援や進路相談、就労支援が展開される（ときには医療機関との連携も欠かせず、医師、看護師、理学療法士（PT）、作業療法士（OT）、言語療法士（ST）とのチームアプローチも必要である）。また、地域の学校との交流教育や交流体験を通して、地域とのふれあいを体験することもある。そして、就労にあたっては、就労体験や現場実習を通して就職への準備をしていく。また、地域で生活していくには、フォーマル・インフォーマルな社会資源を活用したケアマネジメントが行われる。Aさんの場合、在宅で、地域住民としての役割をもちながら生活していくことをめざして、社会福祉協議会のコミュニティワーカーによってケアマネジメントがなされる。その際、市福祉課と連携し、支援費や経済保障等の活用も行われる。これらは、フォーマルなネットワークのなかでの支援体制である。

　普段の生活のなかでは、スーパーや図書館をよく利用するため、それらを含めた近隣の人々に見守られ生活していくために、コミュニティワーカーなどにより、福祉学習会の開催や見守りネットワークづくりが行われ、普段の生活を支える基盤が整えられるのである。また、作業所では、Aさん自身同じ障害のある人々と支え合い、ときには悩みを相談し合い（ピアカウンセリング）、仲間や親の会、作業所の職員、学生ボランティアとともに親亡き後、地域で生活していくためグループホームの建設運動に着手している。こういったインフォーマルな形での支援が

欠かせない。

　さらに、今後は、地域での自立的な生活を継続していくために、新たなサービスの利用や必要なサービスの開発、さらにはAさん自身の自己決定を支え、権利を擁護していくためにも、社会福祉協議会や障害者雇用支援事業団体やNPO等の協力は欠かせないであろう。フォーマルな組織とインフォーマルな組織の連携は必須であり、こうした有機的な関係の維持されたネットワークを形成することこそ、障害者の自立に不可欠なのである。

　図7－3のAさんのライフサイクルからみてわかるように、Aさんという生活者からみると、社会福祉実践の場はすべてつながっており、援助者（専門家）もその支援の場をつなげていくような働きかけが必要なことがわかる。

　以上から、知的障害のあるAさんは、家族やまちの人々に支えられながら自立への挑戦をし、本人の力と周囲の理解と支援があって新しい自立生活をスタートさせることができるであろう。この例のように、環境条件を創造していくとともに、支え合うネットワークが地域にできて、意味のある機能が維持できれば、障害者、高齢者も自立の方向で生きることができるであろう。

図7－3　Aさんのライフサイクルと社会福祉実践の場の関係

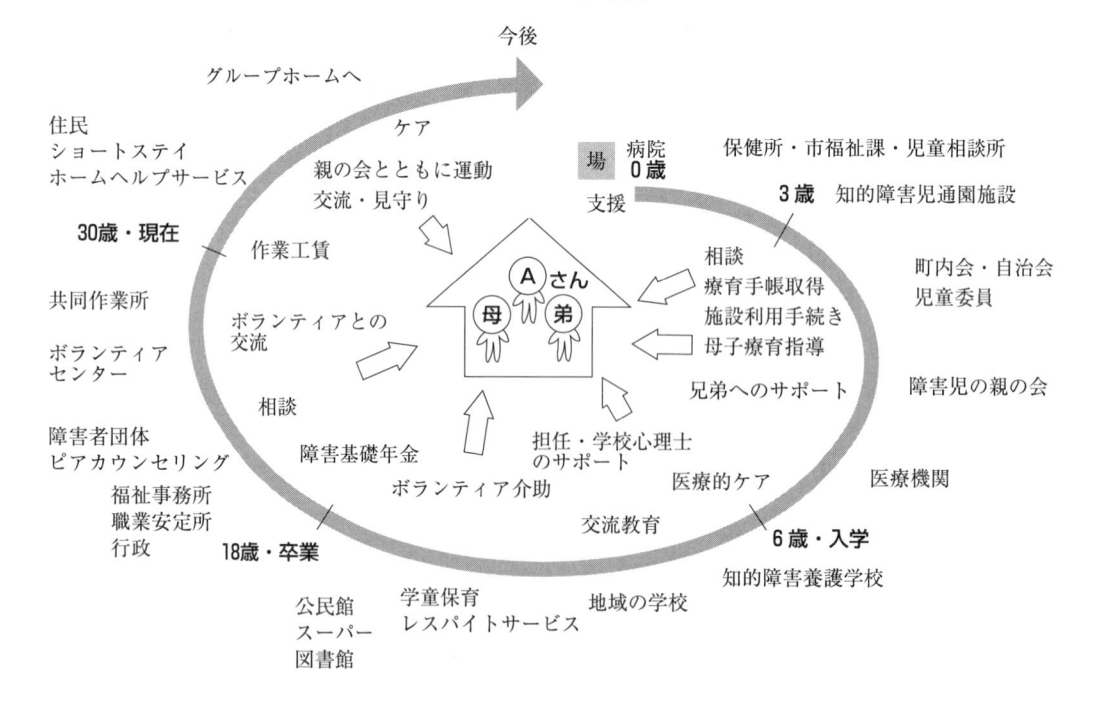

3．新たな課題─利用者の自己決定の保障

　本事例は知的障害のあるＡさんを例にとったが、今日、誰もが福祉的なニードをもつ可能性があり、生涯を通じて何らかの福祉サービスを利用する時代になっている。そこで、重要になってくるのが、選択と自己決定の保障である。すなわち、どんなサービスをどこで利用するのか、それを利用者本人が納得して自己決定できるかどうかである。

　わが国の場合、たとえば高齢者・障害者等の介護の問題をみても、地域生活の基盤はまだまだ家族介護に頼っている実態がある。そして家族介護の限界が生じたとき、本人にしても家族としても、施設入所はやむをえない福祉サービスの選択であった。

　誰しも、住み慣れた地域、家を離れて自ら施設に入りたいと思わないであろう。社会環境がそのような状況をつくっているとみることもできるのである。施設入所は利用者にとって必ずしも自己決定の結果ではないのではないか。在宅介護の代替として、施設入所を選ぶとき、どこまで本人の意思が尊重できるのだろうか、また、社会の支援体制はどうあるべきなのか、福祉専門職としてどのように考えていったらよいのだろうか。

　Ａさんの事例の場合、住み慣れた地域生活の継続をめざして、グループホームの建設を働きかけている。もし、これがかなわず遠く離れた施設で暮らすことになったとき、Ａさんの意思や自己決定は宙に浮いてしまう。

　ときに、援助者は、利用者との援助関係において、利用者の具体的な生活ニードに応えられない場面に遭遇することがしばしばある。それは、援助者が所属している機関の提供できるサービスに限界があり、また利用者に用意されている社会的資源が乏しいなどの制度上の不備のために、利用者のニードに応えるには援助者個人の能力や立場に限界があるからである。

　それでも援助者は、可能な限り利用者の意向を尊重し、それに沿って援助活動を進めることに努力するのは当然である。しかし、一方では、援助者は自分の所属する機関の職員という立場から、機関のもつ諸サービスの内容や方針を背負っている。

　このような立場のなかでも、ソーシャルワーカーは「クライエントの自己決定に至る過程は、あたえられた条件の中からクライエントに選択を求めるという一方的なものではなく、様々な限界のある現実の世界を目の当たりにしながら、クライエントの生活課題をテーマに、クライエントの自己実現に向けて率直な人間関係を結びながら共に歩む「共同作業」の過程である」[4]と指摘されるように、いかにして利用者の自己決定を保障するか、利用者とともに考え、ことに当たろ

うとするのが援助者のかかわりの視点にとって重要である。

3 「地域」という実践の場で広がる福祉

1．地域福祉の場における問題把握の視点と実践

■事例　障害児・者と家族の地域生活支援

> B市に住むCさん（18歳）は、重度の脳性麻痺のため、肢体不自由児の養護学校に通う高校3年生である。養護学校はB市内になく、隣のD市まで通っている。また、両親が共働きのため、学校が終わった後は、B市と障害児の親の会が立ち上げた事業である障害児学童保育事業★5 を利用し、土曜日は、レスパイトサービス★6 を利用している。ある日、そんなCさんの両親が、社会福祉協議会の総合相談に訪れ、悩みを打ち明けた。その内容は、レスパイトサービスには市の助成枠があり、それが利用制限にもなっている。さらにCさんの両親の悩みは、Cさんが高校を卒業後、家のなかだけで過ごす生活にさせたくない、やはりCさんに合った活動ができる場所に通わせたいということである。しかし、現状では、B市のCさんの住む地域の作業所の定員はいっぱいであり、他にCさんを受け入れる体制はなく、地域で継続的な支援を受ける見通しが立っていないということである。このままでは、家族とも地域社会とのつながりがもちにくく孤立してしまう恐れがあるということであった。

★5　障害児学童保育事業
ここでいう障害児学童保育事業とは、障害のある子どもの学校が終わって帰宅した後の時間を、障害の程度で区別することなく過ごすことができる地域の場として、B市の地域生活支援事業の助成を受け、障害児をもつ親の会が立ち上げた事業である。一人で行動する力が未発達な部分が多い障害児は、放課後の生活も狭くなりがちであるため、当学童保育事業は、一般の学童保育とは異なり、小学生から養護学校高等部の子どもたちを対象に実施されている。

★6　レスパイトサービス
レスパイトとは、一時的な休息を意味し、ここでは、障害児・者を抱えた親・家族の一時的な解放・休息を目的にした援助である。

　本事例では、自分の住み慣れた地域で暮らす障害児・者と家族が、現在は障害児学童保育事業とレスパイトサービスを利用しているが、レスパイトサービスには事実上の制限があり、また、卒業後の地域生活支援が得られず悩んでいる。この問題はCさんだけでなく、一般就労が困難だろうと思われる人、医療的なケアの必要性が高く遠方の施設には通えない人々にも共通する問題ともいえる。

　このような問題を、どのように考えればよいのだろう。母親は地域から離れた施設に通所・入所させたくない、なんとかこのまま住み慣れた地域でCさんが過ごすことはできないだろうかと考えている。しかし、障害児の親たちの活動では限界がみえているのも事実であり、B市に事業拡大の支援（人的援助・活動場所の確保等）を訴えているのである。

　また、現状の市の事業では、利用枠に上限があり、それが障害児・者や家族を悩ませているのである。ここで、コミュニティワーカーが働きかけていく問題として、以下のことがあげられる。

それは、今後、地域で生活する家族の需要に対し、柔軟なサービスを提供するため、一人あたりレスパイトサービス事業の利用時間の助成枠★7を撤廃し、確実に利用しただけ助成できるようにし、それに必要な助成金の保証をB市に要望すること、また、事業の運営を行うスタッフなど、家族の負担が大きいという現実は否めないため、市や社会福祉協議会で人材を育成し、事業の安定と発展のためにマンパワーの確保を行うこと、そして、安心して活動できる地域での社会的な場所を確保できるよう、働きかけていくことが考えられる。

よって、「地域」を実践の場として考えていくとき、コミュニティワーカーの役割として、❶財源確保、❷人材養成・確保、❸場の確保・整備は欠かせない条件であることがみえてくる。

また、このような具体的な働きかけはもちろんのこと、2000（平成12）年12月に厚生省（現・厚生労働省）から出された「社会的な援護を要する人々に対する社会福祉のあり方に関する検討会」報告書は、「今日的"つながり"の再構築を図り、すべての人々を孤独や孤立、排除から援護し、健康で文化的な生活の実現につなげるよう、社会の構成員として包み支えあう（ソーシャル・インクルージョン）ための社会福祉を模索する必要がある」[5]と述べている。つまり、「"つながり"は共生を示唆し、多様性を認め合うことを前提としている」、まさに、地域福祉の実践の場においてコミュニティワーカーは、行政や福祉サービス事業者、そして地域住民に働きかけながら、住民一人ひとりが、社会の構成員として主体性が発揮できるような環境づくりを行うことが求められているのである。

★7
B市の地域生活支援事業の助成を受け展開しているレスパイトサービス事業の場合、一人年間150時間までの利用に対する助成がされているが、現実的にはこの助成枠が妨げとなり、利用時間の制限をしなければならない状況である。

2．他者との共存について

「21世紀の福祉システムとパラダイム」[6]という題目の講演のなかで阿部志郎はこう述べている。戦後50年の変化は、競争の原理が生まれ、大量生産・大量消費になり、人を押しのけて行く時代であった。走れない人、つまり、障害者や高齢者は置き去りにされ、健康な働ける若者を中心に社会構造が構築されてきたのである。力と富が社会をつくる原理であって、生産、効率、知能、学歴、出自が人間の価値基準として定着していった。20世紀の後半は、激動の時代であった。しかし、21世紀は、「みんな」と「ひとり」の関係をどう構築するのかが課題である。社会は、最大多数の最大幸福の実現に目を向け、同質的均一社会を重視し、「ひとり」のマイノリティを理解することに欠けていた。しかし、「ひとり」とは、社会に役立つ技術、能力、功利的な価値においてではなく、人間の存在そのものに意味を認めることなのである。

また、今日、国連は、「高齢者や障害者を排除する社会は弱くてもろい社会である」という理念を国際障害者行動計画において明確に宣言している。

ここで述べられているのは、他者との共存において、「同じ」と「違う」をどう調和していけばよいのか、ということである。そこには、ふれあいが不可欠であり、対話－真の分かち合い－と接触、交流が必要なのである。

　社会福祉実践の場は、人と人とがふれあい、違いを知り、お互いを受け入れていき、それによって信頼関係が生まれてくる場なのである。手間を省く時代のなかに、手間をかけるのは矛盾であるが、なぜ手間をかけなければならないのかを納得できなければ、社会福祉実践はできないのである。

　私たちは、地域での具体的な関係のなか、人と人とのつながりのなかで、成長していくことを忘れてはならない。

　今日、社会福祉実践の場は、公私の協働が求められている。公私協働とは、ニードに対して公私を問わずあらゆる資源を動員して対応し、そのなかで公と民の役割を分担する、という発想である。

　また、地域の福祉力を高めるということは、「地域で生きていく人を支える力」を高めることである。日々の活動が地域社会を変えていく大きな力となる。国民誰もが同等に参加、参画できる共生社会は、行政だけでなく企業、NPO等すべての社会構成員がその価値観を共有し、それぞれの役割と責任を自覚して主体的に取り組むことにより初めて実現できるものである。そのためには、国民一人ひとりの理解と協力を促進し、社会全体としてその具体化を着実に推進していくことが重要なのである。

【引用文献】
1）岩田正美・上野谷加代子・藤村正之『ウェルビーイング・タウン　社会福祉入門』有斐閣　1999年　p.88
2）内閣府編『障害者白書』　平成16年版
3）同上書
4）柏木昭・大野和男編『精神保健福祉援助技術総論』へるす出版　2003年　p.144
5）厚生省「社会的な援護を要する人々に対する社会福祉のあり方に関する検討会」報告書　2000年
6）阿部志郎『「第36回社会福祉セミナー」基調講演21世紀の福祉システムとパラダイム（特集　社会福祉事業法改正の意味を探る）』社会福祉研究第76号　1999年　pp.18－28

【参考文献】
　柏木昭・大野和男編『精神保健福祉援助技術総論』へるす出版　2003年
　岩田正美・上野谷加代子・藤村正之『ウェルビーイング・タウン　社会福祉入門』有斐閣　1999年
　佐藤久夫・小澤温『障害者福祉の世界』有斐閣　2000年
　北島英治・副田あけみ・高橋重宏・渡部律子編『ソーシャルワーク理論実践の基礎理論』　有斐閣　2004年
　厚生労働省監修『厚生労働白書』平成15年版

福祉士養成講座編集委員会『新版社会福祉士養成講座①社会福祉原論』中央法規出版　2004年
埼玉県戸田市サポートセンターウイング『レスパイト・ハウスウイング広報』2004年
佐藤久夫・亀山幸吉編『障害者福祉論』メヂカルフレンド社　1999年
山縣文治・柏女霊峰『社会福祉用語辞典』ミネルヴァ書房　2000年
放課後児童健全育成事業　全国厚生労働関係部局長会議厚生分科会資料　雇用均等・児童家庭局　ホームページより

第8章

社会福祉法制と実施体制
——社会福祉はどのような仕組みで行われているのか

●本章のねらい

　社会福祉の制度は、さまざまな法律により実施されている。そのため社会福祉の仕組みを理解するには、社会福祉法をはじめとする福祉六法や関連法令を把握し、その法律と制度との関係をみていくことが必要となる。特に、福祉サービスを提供する事業者や援助者は、関係法令を把握し活用しながら、サービスを提供しなければならない。そこで本章では、社会福祉法制とその実施体制を概観するなかで、社会福祉はどのような仕組みで行われているのかを学ぶことをねらいとする。

1　社会福祉利用者の権利と社会福祉の法律と制度

1．社会福祉と人権

　私たちは、「自分の能力を活かして働き、豊かな生活をしたい」「好きな人と結婚し、幸せな家庭を築きたい」「健康で長生きがしたい」など、さまざまな欲求や願望をもっている。しかし、さまざまな問題を抱え、この願いをかなえることが難しい人々がいる。たとえば、心身に障害や疾病を抱えている人、社会的環境的な問題により、一人では生活ができない人、扶養する者がいない人など。これらの人々は、多くの人々の支えと社会的なサービスを受けなければ生活することすら困難となる。

　社会福祉は、このようなニードをもつ人々を対象としている。そのため、援助を行う専門職はどのようなニードをもつ対象者であっても、その人がその人らしく主体的に生活できるよう支援することが重要であり、その人の人権を護ることが求められる。

　このような人々のさまざまな願いを実現するために侵すことのできない永久の権利として、「生存権」「教育を受ける権利」「職業選択の自由」「結婚の自由」「幸福追求権」などの基本的権利が憲法で保障されている。

社会福祉を学ぶ者は、社会福祉サービスの仕組みが、「誰もが人として人間らしく生きる権利」である人権を護るためのものであることを理解することが必要である。

2．ノーマライゼーションと社会福祉関係法

　すべての人々が、人として当たり前の普通の生活を送ることを、「ノーマライゼーション」という（詳細は序章を参照）。この理念は、障害などの特別なニードをもつ人々に対して、特に重要な意味があり、今日の社会では、さまざまな制度や政策がこの理念を実現するために実施されている。

　たとえば、心身に障害のない人は、日頃何不自由なく学校や会社に通い、社会生活を送ることができている。しかし、下肢に障害のある人は、車いすなどがないと外出することすらできず、たとえ車いすがあっても町中にはさまざまなバリアがあり、通学や通勤を妨げている。車いすの人が他者と同様の生活を送るためには、段差や階段などさまざまなバリアを取り除かなければならない。今日、駅や公共施設には、エレベーターやエスカレーター等の設置がみられるようになってきた。このバリアフリー化は、建物の所有者や駅長など一部の人の善意によって行われているわけではない。これらの改善は、ある二つの法律の制定により促進されてきた。1994（平成6）年に成立した「ハートビル法」[★1]および2000（平成12）年の「交通バリアフリー法」[★2]である。

　「ハートビル法」は、不特定かつ多数の者が利用し、または主として高齢者、身体障害のある人等が利用する建築物のバリアフリー化を促進するための法律であり、「交通バリアフリー法」は、高齢者、身体障害のある人、そのほか妊産婦などが、公共交通機関を利用して移動する際の利便性および安全性の向上を促進するための法律である。この2つの法律の制定により、地域の社会環境のバリアフリー化が促進され、障害のある人の社会参加が可能な環境に整いつつあるといえる。

　このように、誰もが、その人らしい生活を送ることを支援する社会的サービスは、法律に基づき整備され、実施されている。そして、高齢者・児童・障害者などさまざまな福祉サービス利用者への各種サービスの提供は、社会福祉の関係法令に基づき社会福祉の制度として実施されている。

3．社会福祉の法と制度およびサービスの関連

　社会福祉サービスは、既にすべての人々が必要なものになっている。特に、保育や介護サービスなどは、今日、誰もがサービスを必要とする可能性が高い。それは家族や地域など地縁血縁によるインフォーマルなケアの機能が、都市化や核家族化等により衰退傾向にあるためである。

★1　ハートビル法
正式には、「高齢者、身体障害者等が円滑に利用できる特定建築物の建築の促進に関する法律」という。

★2　交通バリアフリー法
正式には「高齢者、身体障害者等の公共交通機関を利用した移動の円滑化の促進に関する法律」という。

そのため、それらの機能を補完し、国民が安心して暮らせる社会を実現するために、フォーマルケアが社会保障制度として整備され、福祉サービスもその一環として実施されている。そのサービスの内容や水準は、法令により守られている。たとえば、要介護高齢者の入所施設である特別養護老人ホームをみれば、サービスの内容や人員、設備などが法令その他によって規定され、その基準を満たすことが求められている。この基準を満たすことによりサービス提供事業者は、介護報酬などの運営費が支払われる施設として認められている。

このように、フォーマルサービスである福祉サービスは、その公共性の高さゆえ、法律によって規定され、その質が担保され、利用者の利益が守られている。また、今日の施策の方向性として示されている、福祉サービス利用者の地域生活支援のための制度として、「地域福祉権利擁護事業」や「成年後見制度」、さらには、福祉サービスの質を担保とするための「第三者評価事業」の導入などが図られている。これらも、社会福祉関係法や民法などに基づく制度である。

2 社会福祉の法制

1．福祉六法と関係法令

社会福祉制度は、公私さまざまな機関のサービスにより提供されているが、これらは、何らかの法令（法律、政令、規則、通知、条例）に基づいて実施されている。それらのさまざまな法律に一貫している理念は、人がその人らしい生き方を保障されるということ、つまり、人権が保障されることである。

このことは、憲法第25条における「生存権」にあることはいうまでもないが、そのほか、第13条の「幸福追求権」や第14条の「平等権」などにおいてもその理念を見出すことができる。

こうした憲法の理念に基づきわが国の社会福祉サービスは、福祉六法★3を中心として拡充されてきた。児童・障害・老人などの各分野における福祉サービス利用者に対して、福祉六法に基づいてさまざまなサービスを提供し、公的な責任を果たしてきた。ここでは福祉六法を中心として、対象者別にどのような法律が定められているのかについてみていきたい。

★3 福祉六法
福祉六法とは、「生活保護法」「児童福祉法」「身体障害者福祉法」「知的障害者福祉法」「老人福祉法」「母子及び寡婦福祉法」をまとめた呼称。

1 貧困および低所得層に関する法律

主な法律としては、憲法第25条の生存権理念に基づいて制定された「生活保護法」がある。すべての国民が健康で文化的な最低限度の生活を営む権利を保障す

るために制定された法律である。4つの原理★4と4つの原則★5に基づいて運用され、8つの扶助（生活、教育、住宅、医療、介護、出産、生業、葬祭）を規定している。

生活保護の決定および実施は、都道府県知事または福祉事務を設置する市町村長であり、これらの権限は福祉事務所長に委任されて、福祉事務所において実施されている。

その他、低所得者に対する制度として、「生活福祉資金貸付制度」などがある。

★4　4つの原理
4つの原理とは「国家責任の原理」「無差別平等の原理」「最低生活保障の原理」「保護の補足性の原理」となっている。

★5　4つの原則
4つの原則とは「申請保護の原則」「基準及び程度の原則」「必要即応の原則」「世帯単位の原則」となっている。

2　児童の福祉に関する法律

児童福祉分野における主な法律としては、「児童福祉法」があげられる。この法律は、次世代の社会を担う児童の健全な育成と福祉の増進を図ることを目的として制定されたものである。対象者は、18歳未満の者とその保護者（妊産婦を含む）とされ、各種の児童福祉施設、児童相談所等についての規定がなされている。最近では、児童虐待や児童の非行・犯罪などが社会問題となっているが、それらに対応する中心的な法律として特に重要である。

なお、近年少子化が大きな社会問題として取り上げられているなかで、少子化対策の総合的な推進を謳った「次世代育成支援対策推進法」「少子化社会対策基本法」が2003（平成15）年に成立している。

この他、児童福祉に関連する法律としては、「母子保健法」「児童扶養手当法」「児童虐待の防止等に関する法律」などがある。

3　障害者の福祉に関する法律

障害者福祉にかかわる法律については、障害の種別を超えて、その基本理念や国および地方公共団体の責務等を定めた「障害者基本法」があり、その基本理念を受けて、身体障害者に対する「身体障害者福祉法」、知的障害者を対象とした「知的障害者福祉法」、精神障害者を対象とした「精神保健及び精神障害者福祉に関する法律」などがある。

その他、「障害者の雇用の促進等に関する法律」「身体障害者補助犬法」などの社会参加の促進や生活の利便性を高めるための法律がある。

4　高齢者の福祉に関する法律

主な法律は、「老人福祉法」であるが、2000（平成12）年4月より、要介護高齢者等に対するサービスは、「介護保険法」によりサービスが提供されることになった。そのため、「老人福祉法」では、措置の部分として残るサービスの規定や介護予防的サービスを中心に定めている。また、「老人保健法」では、老人医療と医療

以外の保健事業などを実施している。

その他、高齢者に関係する法律としては、「高齢社会対策基本法」などがある。

2．社会福祉法

以上の対象者別の各法のほかに、社会福祉全般の共通事項を定めたものが社会福祉法である。この法律は、2000（平成12）年に従来の「社会福祉事業法」が改正されたもので、社会福祉に関する法の中心的な法律でもある。

社会福祉法は、社会福祉事業の公明かつ適正な実施の確保および社会福祉を目的とする事業の健全な発達を図り、もって社会福祉の増進に資することを目的として定められた法律である。そして、社会福祉を目的とする事業の全分野における共通的基本事項を定めている。

法律の基本理念としては、「福祉サービスは、個人の尊厳の保持を旨とし、その内容は、福祉サービスの利用者が心身ともに健やかに育成され、又はその有する能力に応じ自立した日常生活を営むことができるように支援するものとして、良質かつ適切なものでなければならない」（第3条）とし、その事業を運営する者に利用者の意向を十分に尊重して事業の実施を図ることを求めている。

主な項目は、社会福祉事業の定義、福祉サービスの基本理念、地域福祉の推進、福祉サービスの提供の原則、福祉サービスの提供体制の確保等に関する国および地方公共団体の責務、地方社会福祉審議会、福祉に関する事務所、指導監督および訓練、社会福祉法人、社会福祉事業、福祉サービスの適切な利用情報の提供、社会福祉事業に従事する者の確保促進、地域福祉の推進である。

なお同法では、社会福祉事業を定義し、社会福祉を行う事業を、第1種社会福祉事業および第2種社会福祉事業と定めて、社会福祉法人については、設立、管理などとともに社会福祉法人の経営の原則が定められ、国民の高い信頼を得られるよう事業の効率性や透明性の確保を図ることを求めている。

その他、社会福祉事業法から社会福祉法への移行のなかで、新たに次の制度が盛り込まれている。

❶地域福祉権利擁護事業を制度化（第80条・第81条）

認知症（痴呆）の高齢者、知的障害者、精神障害者など自己決定能力の低下した人に対して福祉サービスの利用を支援。

❷社会福祉事業経営者の苦情解決の責務の明確化（第82条）

利用者・事業者・第三者委員による施設内の苦情解決のシステムを整備。

❸利用契約（第76条・第77条）

サービスの利用に関する説明および書面による契約書の交付を義務化。

❹**サービスの質の向上**（第78条）

　事業者によるサービスの自己評価とサービスの評価をする第三者機関の設置。

❺**情報の提供**（第75条）

　利用者のサービス選択に資するために事業者によるサービス内容に関する情報の提供。

　以上、これらの内容が措置から契約の流れのなかで利用者の権利擁護を図るため、法律もそれにふさわしい内容が盛り込まれているのがわかる。

3　社会福祉の実施体制

　社会福祉基礎構造改革の流れのなかで、社会福祉の実施体制も大きく方向転換を迫られるようになった。特に行政機関においては、措置制度から利用制度へと移行するなかで、直接的にサービスの提供にかかわるのではなく、福祉サービスの質の確保、需給バランスの調整、福祉サービスの利用支援など側面的な役割にシフトしてきている。ここでは、実施体制における各機関の内容についてみていきたい。

1．国の福祉行政の体制

　社会福祉に関する国の機関の中心は厚生労働省であり、社会・援護局障害保健福祉部、社会・援護局、老健局、雇用均等・児童家庭局の1部3局がその事務を担当している。

　このうち社会・援護局障害保健福祉部では、ノーマライゼーションの理念に基づき、障害者の自立と社会参加の促進を図るために、地域において連携のとれた総合的な施策、子どもからおとなまでの連続性のとれた施策および医療と福祉の連携による施策を総合的に推進している。これらは、障害者基本計画と新障害者プラン（重点施策実施5か年計画）に沿ってサービス提供体制の充実に取り組んでいる。2003（平成15）年度からは、障害者自らがサービスを選択し、利用することができる「支援費制度」の実施にも取り組んできた。

　社会・援護局では、社会福祉法、生活保護法、売春防止法、社会福祉士及び介護福祉士法などを所管し、社会福祉の各分野に共通する基盤制度の企画や運営を行っている。特に近年では、個人が人としての尊厳をもって、家庭や地域のなかで、障害の有無や年齢にかかわらず、その人らしい安心のある生活を送ることができるよう自立を支援するために、社会福祉基礎構造改革に取り組んでいる。

　老健局では、21世紀の半ばには国民の3人に1人が65歳以上の高齢者になると

予想されるなかで、老人福祉法をはじめ、要介護者等への支援のための介護保険法、老人保健法などを所管している。また、活力ある高齢者像の構築などを柱としたゴールドプラン21（今後5か年間の高齢者保健福祉施策の方向）を策定し、推進している。

雇用均等・児童家庭局では、雇用分野における各種の対策を実施するとともに、家庭、地域に男女が共同して参画できる社会の実現のための施策を総合的に展開している。特に、急速に進行する少子化などへの対応では、保育サービスなどの子育て支援対策、児童虐待防止対策、母子家庭および寡婦の自立支援対策など、子どもと家庭に関する施策を総合的に推進している。

このほか、他の部局や省庁においても広義の福祉に関する対策や施策が実施されている。

これらの厚生労働省の各部局などの行政事務では、福祉サービスの利用に対する直接的な事務を行うものではなく、主に国レベルの計画の作成や制度施策の企画立案、予算の配分など、間接的に福祉サービスを行うものが中心であることはいうまでもない。

ただし、国の直接的な福祉サービスも行われており、たとえば、国立身体障害者リハビリテーションセンターなどの国立更生援護施設などもいくつかみられるが、一部の施設で独立行政法人化されている。

2．地方公共団体の福祉行政の体制

1　都道府県の福祉行政

都道府県は、各福祉制度の実施が円滑に行われるよう、関係行政機関や市町村（指定都市では市内の各行政区）に対する指導・監督、事業者・施設の指定および指導・監督、社会福祉法人の許認可や社会福祉施設の整備など福祉サービスの基盤整備なども行っている。

組織としては、条例により民生部、福祉部などが置かれるものとされ、必要に応じてその下に社会福祉課、児童課などの課が設けられている。

なお、町村部の現業活動を担うために福祉事務所（以後、郡部福祉事務所）を設置することになっており、さらに児童相談所（指定都市も設置）、身体障害者更生相談所、知的障害者更生相談所、婦人相談所などを設置しなければならない。

2　市町村および特別区の福祉行政

市町村は、住民に最も身近な行政機関として、さまざまな法に基づく福祉サービスを実施するとともに、市町村独自のサービスを提供している。

組織としては、条例により必要な部局が設けられ、市および特別区は福祉事務

の設置が義務づけられ、町村では任意に設けられることになっている。

　なお、近年、地方分権の流れから、福祉行政の実施主体は、住民に一番身近な市町村に移り変わってきている。たとえば、1990（平成2）年の福祉八法改正では、高齢者および身体障害者の施設入所の決定権が都道府県から市町村に移譲された。また、市町村は、地域特性と住民のニーズに合わせた福祉サービスを展開するために、地域福祉計画や老人保健福祉計画等、各種福祉計画の策定と、これら計画に沿った確実なサービスの実施が求められるなど、地方分権化における市町村の果たす責任や役割は重要となっている。

3．専門的行政機関

　これまでみてきた福祉の一般行政体制とともに、相談機関など専門行政機関があり、福祉の専門的な業務を実施している。以下主要なものをみていく。

1　福祉事務所

　社会福祉行政の第一線の総合的な機関（社会福祉全般の窓口）として、都道府県と市（特別区、政令指定都市の区を含む）に設置義務があり、町村は任意設置となっている。都道府県が設置する福祉事務所は郡部を管轄し、市部（特別区を含む）については、各市が設置する福祉事務所が管轄している。

　郡部福祉事務所は、「生活保護法」「児童福祉法」「母子及び寡婦福祉法」に関する現業活動を行うとされているが、「老人福祉法」「身体障害者福祉法」「知的障害者福祉法」に関する援護事務については広域的連絡・調整などの業務を行うこととされている。

　一方、市区福祉事務所においては、「生活保護法」をはじめ「児童福祉法」「身体障害者福祉法」「知的障害者福祉法」「老人福祉法」「母子及び寡婦福祉法」などの福祉六法の定める現業を行うこととされている。

　福祉事務所の職員は、所長のほか、福祉六法に定める措置に関する現業を担当する現業員、査察指導員とよばれる指導監査を行う職員、身体障害者福祉司、知的障害者福祉司、老人福祉指導主事等の職員が配置されている。

　近年では、地域の保健福祉に関する専門的な課題へ対応するため、保健所と福祉事務所を保健福祉センターとして統合する市町村も増加しており、組織形態が多様化している。

2　児童相談所

　児童相談所は、児童福祉行政の第一線機関と位置づけられ、各都道府県、指定都市には設置が義務づけられている。また、中核市等政令で定める市は設置する

ことができる。ここでは、児童（満18歳に満たない者）に関する種々の相談に応じ、診断・治療、援助を行い、児童福祉施設への入所や里親委託、児童またはその保護者への相談援助活動などを行っている。

また、緊急保護が必要な児童については、児童相談所において一時保護も行っている。近年では、児童虐待や少年非行・犯罪の増加により、児童相談所の役割は重要さを増している。

なお、2004（平成16）年の児童福祉法改正では、第一義的には児童福祉の相談については市町村が行い、児童相談所は市町村に必要な援助を行うことと、要保護性の高い困難な事例に対応することと位置づけられた。

3　身体障害者更生相談所

身体障害者更生相談所とは、身体障害者の生活・職業・医療・補装具等についての相談に応じ、また、医学的判定・心理学的判定・職能的判定を行い、更生に最も適した方法を決定し、相談や指導助言を行う機関である。各都道府県には必ず設置しなければならないとされている。

4　知的障害者更生相談所

知的障害者更生相談所は、知的障害者に関する相談に応じ、必要な助言や指導を行うとともに、障害の程度などについて医学的、心理学的、職能的な判定を行っている。各都道府県は必ず設置しなければならない。

5　婦人相談所

婦人相談所は、「売春防止法」に基づき、各都道府県に設置されてきた。売春を行うおそれのある女子の相談、指導、一時保護等を行う機関である。2001（平成13）年4月に成立した「配偶者暴力防止法（DV防止法）」[6]により、配偶者暴力相談支援センターの機能を担う施設の一つとしても位置づけられた。

★6　配偶者暴力防止法
正式には「配偶者からの暴力の防止及び被害者の保護に関する法律」という。

4．社会福祉を担う民間団体

1　社会福祉法人

社会福祉法人とは、社会福祉事業を行うことを目的として社会福祉法の定めるところにより設立された法人である。

社会福祉法人制度は、社会福祉事業の公共性と純粋性を確立するために、民法上の公益法人に比べてその設置運営に厳格な規制が加えられている。その意味で、国や地方公共団体による種々の助成や税制上の各種の優遇措置がなされている半面、その設立・運営・解散については、特別な監督に服さなければならないこと

図8-1　わが国の社会福祉の実施体制

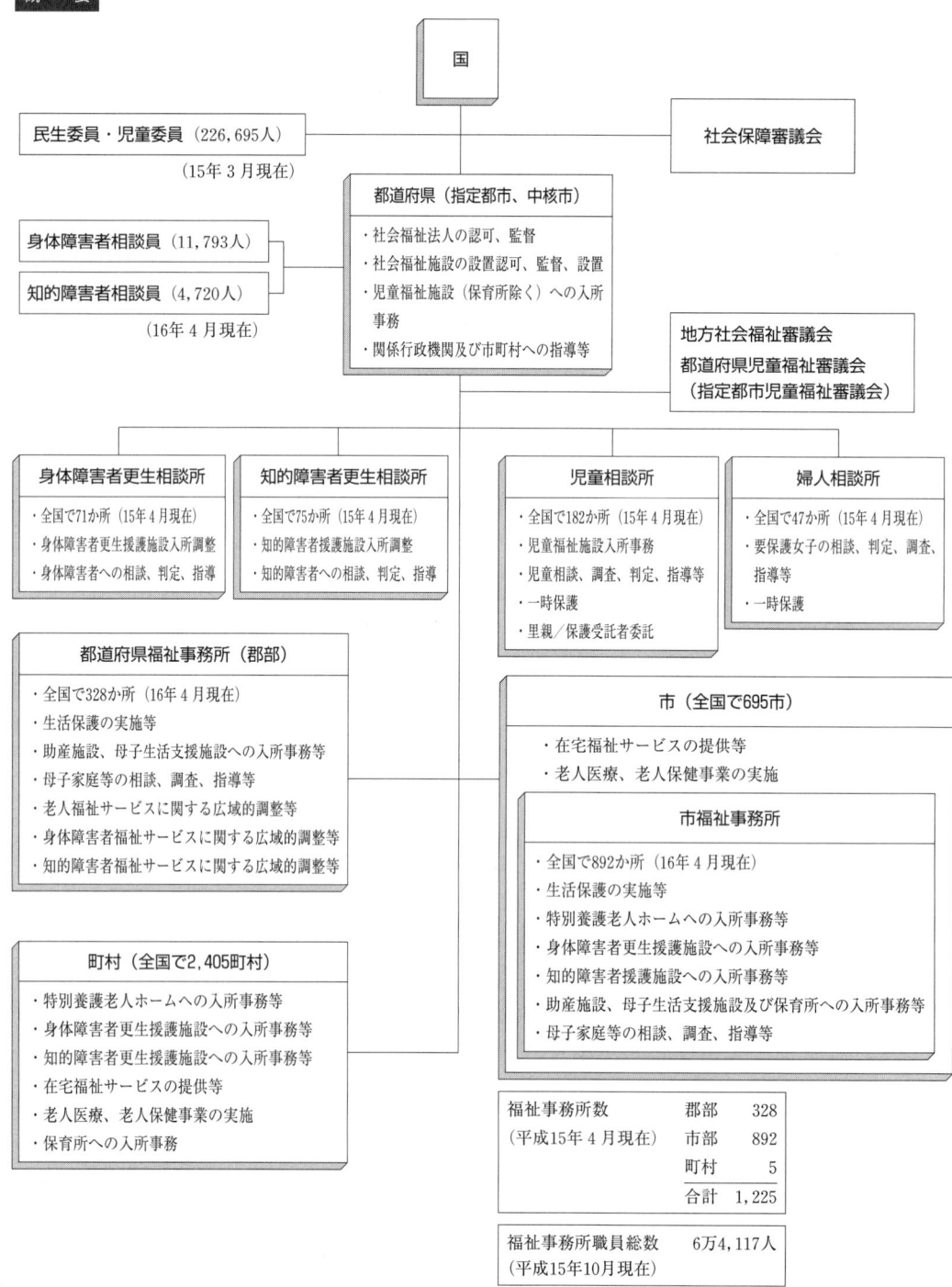

概　要

```
                              ┌──────┐
                              │  国  │
                              └──┬───┘
                                 │
┌─────────────────┐              │              ┌──────────────┐
│民生委員・児童委員│──────────────┤              │社会保障審議会│
│  (226,695人)    │              │              └──────────────┘
│  (15年3月現在)  │              │
└─────────────────┘              │
                         ┌───────┴────────────────────┐
┌─────────────────┐      │都道府県（指定都市、中核市）│
│身体障害者相談員 │      │・社会福祉法人の認可、監督  │
│  (11,793人)     │──────│・社会福祉施設の設置認可、監督、設置│
├─────────────────┤      │・児童福祉施設（保育所除く）への入所│
│知的障害者相談員 │      │　事務                      │
│  (4,720人)      │      │・関係行政機関及び市町村への指導等│
│ (16年4月現在)   │      └──────┬─────────────────────┘
└─────────────────┘             │       ┌────────────────────────┐
                                 │       │地方社会福祉審議会      │
                                 │       │都道府県児童福祉審議会  │
                                 │       │（指定都市児童福祉審議会）│
                                 │       └────────────────────────┘
```

身体障害者更生相談所	知的障害者更生相談所	児童相談所	婦人相談所
・全国で71か所（15年4月現在） ・身体障害者更生援護施設入所調整 ・身体障害者への相談、判定、指導	・全国で75か所（15年4月現在） ・知的障害者援護施設入所調整 ・知的障害者への相談、判定、指導	・全国で182か所（15年4月現在） ・児童福祉施設入所事務 ・児童相談、調査、判定、指導等 ・一時保護 ・里親／保護受託者委託	・全国で47か所（15年4月現在） ・要保護女子の相談、判定、調査、指導等 ・一時保護

都道府県福祉事務所（郡部）
- 全国で328か所（16年4月現在）
- 生活保護の実施等
- 助産施設、母子生活支援施設への入所事務等
- 母子家庭等の相談、調査、指導等
- 老人福祉サービスに関する広域的調整等
- 身体障害者福祉サービスに関する広域的調整等
- 知的障害者福祉サービスに関する広域的調整等

市（全国で695市）
- 在宅福祉サービスの提供等
- 老人医療、老人保健事業の実施

市福祉事務所
- 全国で892か所（16年4月現在）
- 生活保護の実施等
- 特別養護老人ホームへの入所事務等
- 身体障害者更生援護施設への入所事務等
- 知的障害者援護施設への入所事務等
- 助産施設、母子生活支援施設及び保育所への入所事務等
- 母子家庭等の相談、調査、指導等

町村（全国で2,405町村）
- 特別養護老人ホームへの入所事務等
- 身体障害者更生援護施設への入所事務等
- 知的障害者更生援護施設への入所事務等
- 在宅福祉サービスの提供等
- 老人医療、老人保健事業の実施
- 保育所への入所事務

福祉事務所数	郡部	328
（平成15年4月現在）	市部	892
	町村	5
	合計	1,225

福祉事務所職員総数	6万4,117人
（平成15年10月現在）	

資料：厚生労働省監修『厚生労働白書』平成16年版　p.378

が法律により定められている。

　法人を設立するためには、都道府県知事または厚生労働大臣（事業が2以上の都道府県の区域にまたがる場合）に許可を得なければならない。さらに、法人設立後も公共性を確保するために指導・監督が行われる。

　法人の行う事業は、社会福祉法第2条に定められている第1種社会福祉事業および第2種社会福祉事業であるが、その運営に支障がない限り、公益事業や収益事業を行うことができる。公益事業は、社会福祉事業以外の事業であり、たとえば、老人保健施設や有料老人ホームなどの事業である。また、収益事業は、法人所有の不動産などを活用して行う貸し駐車場の経営などがあげられる。

2　社会福祉協議会

　社会福祉協議会は、地域福祉を推進する団体として社会福祉法に定められ、地域社会において民間の自主的な福祉活動の中核となっている。地域住民の福祉活動を推進し、保健福祉上の諸問題を地域社会のなかで計画的・協働的努力によって解決しようとする公共性・公益性の高い民間非営利団体である。

　住民に身近な市町村社会福祉協議会は、地域の組織化や地域福祉事業を行い、都道府県社会福祉協議会は、市町村社会福祉協議会の支援や広域的な活動を行っている。また、さらに中央レベルで全国社会福祉協議会があり、国と地方とのパイプ役を果たすとともに、調査研究、企画立案、都道府県社会福祉協議会間の連絡調整などを行っている。

　介護保険制度導入以後は、多くの市町村社会福祉協議会において、介護保険の指定事業者としてサービスの提供を行うようになっており、都道府県社会福祉協議会は、福祉サービスに関する苦情解決のための運営適正化委員会の設置や地域福祉権利擁護事業の運営を行っている。

3　共同募金会

　共同募金会は「赤い羽根募金」として知られており、民間社会福祉事業、更生保護事業、その他の社会福祉を目的とする事業を経営する民間団体を支援することを目的とした団体である。この募金活動は、都道府県を単位に行われるが、毎年1回厚生労働大臣が定める期間に一般住民から広く寄付金を募集し、都道府県単位で、営利を目的としない民間の社会福祉団体・施設に配分される。

　この共同募金事業を行うことを目的として設立された社会福祉法人が共同募金会であり、この組織には次の3種類の区分がある。❶中央共同募金会（都道府県共同募金会の連絡調整のための機関）、❷都道府県共同募金会（共同募金の実施主体として実際の募金活動を実施）、❸支会・分会（市町村に設置され、募金や広報

等を区域ごとに分担して実施）である。

4　福祉系企業

　2000（平成12）年の介護保険制度の施行は、民間の福祉系企業が福祉サービスの供給主体として重要な役割を担うようになった。民間のサービスとしてきめ細やかで多様なニーズに応えられる反面、収益が見込めない事業については、地域の必要性の如何にかかわらず事業を縮小・廃止することもあり、公益性という面では課題が残る。

5　民間非営利団体

　市民活動やボランティア活動が盛んに行われるようになり、その活動が市民の生活に欠かせなくなる一方で、任意団体では必要な助成が受けられなかったり、契約の主体となれないなど、社会的信用を担保する仕組みの必要性が高まった。そこで、1998年12月1日に特定非営利活動促進法（NPO法）が施行され、市民活動を行う組織に法人格が与えられるようになった。介護保険制度の施行後は、NPO団体が介護保険の指定事業者として在宅サービスを行うケースも増えている。

　なお、NPO（Non-profit　Organization）とは、非営利活動を行う非政府、民間の組織で、株式会社や営利企業とは違い、関係者に利益を分配しない組織である。

5．社会福祉専門職の資格

　ここまでに、社会福祉は、国や都道府県、市町村などの行政と、福祉事務所などの専門行政機関が法律等によって制度を運営し、社会福祉法人や各種公益団体、民間企業等が各種福祉サービスを提供してきたことを述べてきた。しかし、実際に福祉サービス利用者と向き合い、サービスを提供するためには、その仕事に従事する専門職が必要である。

　社会福祉サービスを提供する職種のなかでも、特に対人援助サービスを提供する職種に従事する人には、利用者の権利や人権を護るためにも、高い専門性や倫理観が求められる。そこで、これら福祉サービスに従事する人の質を担保する一つの手段として資格制度がある。

　ここでは、社会福祉の国家資格を中心にみていく。

1　社会福祉士

　福祉分野においては、長年専門職に対する国家資格はなく、社会的地位の確立のためにも、相談援助専門職としてのソーシャルワーカーに対する国家資格化は

関係者の悲願でもあった。そうした背景と複雑多様化する福祉ニーズに対応していくためには、専門職としての知識や技術を系統立てて学び養成される必要性が認識され、1987（昭和62）年に「社会福祉士及び介護福祉士法」が成立し、社会福祉士は介護福祉士とともに、国家資格として誕生した。

　社会福祉士は、社会福祉士及び介護福祉士法第2条で、「社会福祉士の名称を用いて、専門的知識及び技術をもつて、身体上若しくは精神上の障害があること又は環境上の理由により日常生活を営むのに支障がある者の福祉に関する相談に応じ、助言、指導その他の援助を行うことを業とする者」と定義され、行政機関や各種施設、病院等の相談援助業務を担うほか、地域のネットワーク化を図ったり、福祉サービス利用者のアドボゲーターなどの役割も担っている。なお、社会福祉士をはじめ、以下に述べる介護福祉士や精神保健福祉士等の福祉関係の国家資格は、医師などの「業務独占」（資格がなければその業務を行えない）ではなく、その名称を用いて業務ができるという、「名称独占」となっている。

　また近年では、社会福祉士自らが独立開業する者もあらわれている。

2　介護福祉士

　高齢社会が進むなかで要介護者も増加し、また、核家族化等家庭での介護力の低下や扶養意識の変化もあって、社会に求められる介護ニーズも増大している。そのようななかで、介護の専門性をもった人材の養成と確保が課題となり、社会福祉士と同じく「社会福祉士及び介護福祉士法」の成立によって介護福祉士が誕生した。

　介護福祉士は、社会福祉士及び介護福祉士法第2条で、「介護福祉士の名称を用いて、専門的知識及び技術をもつて、身体上又は精神上の障害があることにより日常生活を営むのに支障がある者につき入浴、排せつ、食事その他の介護を行い、並びにその者及びその介護者に対して介護に関する指導を行うことを業とする者」と定義され、高齢者や障害者などの要介護者に介護行為を介して日常生活を支援する。介護福祉士は主に介護保険施設（介護老人福祉施設、介護老人保健施設、介護療養型医療施設）の介護職員や訪問介護員（ホームヘルパー）として従事するために必要な資格となっている。なお、介護福祉士も名称独占の資格となっているが、近年では介護職員の募集において、介護福祉士の有資格者を要件とする職場も増えている。

3　精神保健福祉士

　精神障害者の長期入院や社会的入院が問題となるなかで、精神科医療現場における福祉専門職として、精神科ソーシャルワーカー（PSW）は、患者への相談助

言や社会復帰に向けて関係機関との調整等を行っている。このPSWについては、より精神科医療に関する専門的知識や精神障害者に対する特有の相談援助技術の必要性から、社会福祉士とは別に1997（平成9）年に「精神保健福祉士法」によって精神保健福祉士として国家資格化された。

精神保健福祉士は、精神保健福祉士法第2条で「精神保健福祉士の名称を用いて、精神障害者の保健及び福祉に関する専門的知識及び技術をもって、精神病院その他の医療施設において精神障害の医療を受け、又は精神障害者の社会復帰の促進を図ることを目的とする施設を利用している者の社会復帰に関する相談に応じ、助言、指導、日常生活への適応のために必要な訓練その他の援助を行うことを業とする者」と定義され、精神病院のほか、精神障害者社会復帰施設、精神保健福祉センターなどの相談援助職として従事するために必要な資格となっている。

4　保育士

保育士は、福祉分野でも最も古くからある資格で、1999（平成11）年に「保母」から「保育士」に名称変更された。

保育士は、以前は政令によって定められていたが、2001（平成13）年の児童福祉法改正により、第18条の4で「保育士の名称を用いて、専門的知識及び技術をもつて、児童の保育及び児童の保護者に対する保育に関する指導を行うことを業とする者」と、その資格が法定化された。

保育士の多くは、保育所での保育に従事しているが、その他、障害児施設や母子福祉施設などにおいても必要とされている。また近年では、児童虐待や子育て不安など、子育てや家庭の問題が増加し深刻化するなかで、子育てに関する社会的な支援の必要性が高くなってきていることから、児童福祉の専門職である保育士には、子どものみならず、その親等への相談援助など、ソーシャルワーク的なかかわりが求められている。

5　社会福祉主事

福祉事務所等の職員で、主に福祉六法にかかわる現業の職員は、社会福祉主事の資格を満たす者から任用しなければならないと社会福祉法に定められ、社会福祉主事資格は、福祉行政職員の配置の基準となる資格である。社会福祉主事は大学等で必要な単位を修得するか、厚生労働大臣の指定する養成機関で講習を修了することにより取得できる任用資格である。

なお、近年では、社会福祉主事を行政職員のみならず、社会福祉施設職員や社会福祉協議会職員などの共通任用資格として位置づけ、その養成課程も改めて見直される方向にある。

6 介護支援専門員（ケアマネジャー）

2000（平成12）年の介護保険制度の導入に伴って、要介護者の希望やニーズに即し、介護保険に基づくサービスを効果的に利用できるよう「介護サービス計画」を作成する専門職として創設された。介護支援専門員になるには、いくつかの要件があるが、主に医師や看護師、社会福祉士、介護福祉士などの保健医療福祉関係の国家資格取得者で、5年以上の実務経験を有する人が、介護支援専門員実務研修受講試験に合格し研修を修了して、その職種に就くことができる。なお、介護支援専門員は、その実務に関する研修を修了し、必要な知識や技術を修得してその任に就くことのできる職種であって、国家資格ではないが都道府県知事により認定された資格である。

7 ホームヘルパー1～3級（訪問介護員）

ホームヘルパーは、身体上または精神上の障害があって日常生活を営むのに支障のある高齢者や障害者等の家庭において、介護等の援助を行う職種であり、介護福祉士が担う仕事の一部でもある。ホームヘルパーの資格として、1級から3級までの養成研修が行われている。なお、ホームヘルパーは研修を修了することによって得られる認定資格である。今後、ホームヘルパーは養成研修のみではなく、介護福祉士の資格取得を求めていく方向にある。

4 社会福祉のサービス

1. 社会福祉のサービスの形態

社会福祉サービスの形態は、社会的ニードの充足の方法から、大きく「現金給付」（金銭）と「現物給付」に分けることができる。現金給付は、受給者が受け取った金銭を自らの意思に基づいて自由に処分することができる反面、本来のニードの充足に充てられず、他の目的に流用される危険性を孕んでいる。主なサービスとしては、生活保護法における生活扶助や児童扶養手当、特別児童扶養手当などが該当するが、金銭の給付の他にも、減免あるいは代払いや融資・貸与なども現金給付の形態にあたる。

現物給付は、今日多くの具体的な社会福祉のサービスとして実施されているものである。金銭の給付の代わりに必要なサービスおよび財を現物の形で提供するものであり、施設への入所やホームヘルプサービスなど在宅サービスの提供などもこれにあたる。現物給付の形態としては、物品、施設、人的役務（専門職など

による直接援助サービス）がある。

2．社会福祉施設の種別

社会福祉サービスの給付形態の一つとして、特定の機能を備えた場所においてサービスを提供する福祉施設の利用がある。

福祉施設とは、高齢者、身体障害者、知的障害者、児童、生活困窮者など社会的にハンディを負っている人に対して、各種のサービスを提供する施設の総称である。社会福祉法第2条においては、第1種社会福祉事業および第2種社会福祉事業の施設に区分される。また、それぞれの施設は、福祉六法をはじめとする各種の福祉関係法令に規定されている（表8－1）。

第1種社会福祉事業の施設の特徴としては、入所型施設が中心であり、保護的責任が大きく、個人の尊厳に重大な関係をもつ事業として位置づけられている。第2種社会福祉事業は、デイサービスなどの通所型の施設や在宅福祉事業を経営する事業等が中心を占めている。

これらの施設を類型化すると、各法律によるもののほか、入所施設か通所施設か、あるいは措置施設か利用施設かなどという分類もできる。そして、施設の役割や機能についてみれば、生活、治療、就労などに分けられるが、社会構造や社会福祉制度の変化に伴い、その機能や役割は複雑で多機能になってきている。

3．福祉サービスの課題

福祉サービスの利用者をどこでケアするかということで分類すると、施設サービスと在宅サービスに大別される。社会福祉のサービス提供を施設で行うのか、それとも在宅で行うのかということは、イギリスのエリザベス救貧法以来の大きな課題とされてきた。特に、高齢者分野における介護保険制度を例にすれば、法の理念は在宅での介護をめざす制度であり、長期入所施設とされてきた特別養護老人ホームにおいてさえ「可能な限り、居宅における生活への復帰を念頭に置いて」サービスの提供を行うことが求められている。さらに、厚生労働省の方針として、施設はできるだけ住み慣れた地域のなかに、小規模で多機能な施設を整備する方向性が示されている。

しかし、介護保険制度移行後の入所待機者の増加をみると、相変わらず入所施設の需要は高く、今後もそのニードは増加すると考えられる。また、小規模化することによるメリットも多いが、反対にケアが密室化したり、小規模化による運営の非効率性から余裕をもった人員配置が困難になり、非常勤の職員を多く配置するなどケアの質が低下する可能性も秘めている。

このようななかで、サービスの供給主体の側面からみれば、これまでその供給

表8−1　福祉六法に基づく社会福祉施設

施　設　の　種　類	施　設　の　種　類
保護施設 　救護施設 　更生施設 　医療保護施設 　授産施設 　宿所提供施設 **老人福祉施設** 　養護老人ホーム 　　養護老人ホーム（一般） 　　養護老人ホーム（盲） 　特別養護老人ホーム 　軽費老人ホーム 　　軽費老人ホーム（A型） 　　軽費老人ホーム（B型） 　　軽費老人ホーム（介護利用型）（ケアハウス） 　老人福祉センター 　　老人福祉センター（特A型） 　　老人福祉センター（A型） 　　老人福祉センター（B型） 　通所介護＊ 　短期入所生活介護＊ 　老人介護支援センター **身体障害者更生援護施設** 　肢体不自由者更生施設 　視覚障害者更生施設 　聴覚・言語障害者更生施設 　内部障害者更生施設 　身体障害者療護施設 　身体障害者福祉ホーム 　身体障害者入所授産施設 　身体障害者通所授産施設 　身体障害者小規模通所授産施設 　身体障害者福祉工場 　身体障害者福祉センター 　　身体障害者福祉センター（A型） 　　身体障害者福祉センター（B型） 　在宅障害者デイサービス施設 　障害者更生センター 　補装具製作施設 　盲導犬訓練施設 　点字図書館 　点字出版施設 　聴覚障害者情報提供施設 **婦人保護施設** 　婦人保護施設 ＊介護保険法による指定事業所	**児童福祉施設** 　助産施設 　乳児院 　母子生活支援施設 　保育所 　児童養護施設 　知的障害児施設 　自閉症児施設 　知的障害児通園施設 　盲児施設 　ろうあ児施設 　難聴幼児通園施設 　肢体不自由児施設 　肢体不自由児通園施設 　肢体不自由児療護施設 　重症心身障害児施設 　情緒障害児短期治療施設 　児童自立支援施設 　児童家庭支援センター 　児童館 　　小型児童館 　　児童センター 　　大型児童館A型 　　大型児童館B型 　　大型児童館C型 　　その他の児童館 　児童遊園 **知的障害者援護施設** 　知的障害者デイサービスセンター 　知的障害者更生施設 　　知的障害者更生施設（入所） 　　知的障害者更生施設（通所） 　知的障害者授産施設 　　知的障害者授産施設（入所） 　　知的障害者授産施設（通所） 　知的障害者小規模通所授産施設 　知的障害者通勤寮 　知的障害者福祉ホーム 　知的障害者福祉工場 **母子福祉施設** 　母子福祉センター 　母子休養ホーム **精神障害者社会復帰施設** 　精神障害者生活訓練施設 　精神障害者福祉ホーム 　精神障害者入所授産施設 　精神障害者通所授産施設 　精神障害者小規模通所授産施設 　精神障害者福祉工場 　精神障害者地域生活支援センター **その他の社会福祉施設等** 　授産施設 　宿所提供施設 　盲人ホーム 　無料低額診療施設 　隣保館 　へき地保健福祉館 　へき地保育所 　地域福祉センター 　老人憩の家 　老人休養ホーム 　有料老人ホーム

資料：『平成15年版 厚生労働白書』459頁と厚生労働省大臣官房統計情報部『平成13年社会福祉施設等調査』の統計表より作成。
出典：千葉茂明・宮田伸朗編『改訂　新・社会福祉概論』2004年　みらい　p.63

主体は公（第一セクター）であり、民（第二セクター）であった。しかし、福祉の選択契約制が広がるなかで、公は政策に重きを置き、民は市場原理のなかで営利を求めるようになる。そこで、公でも民でもない、地域に根づいた柔軟なサービス提供が期待される非営利組織や協同組合といった第三セクターをその供給主体に位置づけ、その適切な組み合わせと緊張関係のなかで福祉の発展をめざすウェルフェア・ミックスの必要性がいわれている。つまり、施設や在宅といったケアの場を、第7章でもふれたように地域という実践の場において、非営利組織等が地域福祉の担い手として、サービス提供のみならず、権利擁護や市民参加の媒体として位置づけ機能させていくことが、今後の大きな課題といえるであろう。

5　社会福祉の財源

1．社会福祉関係費用の動向

　社会福祉関係費用については、医療保険や年金保険などの社会保険や社会福祉等の社会保障制度を通じて、1年間に国民に給付される金銭またはサービスの合計額を集計した社会保障給付費によって示される。これはILO（国際労働機関）が定めた基準に基づき集計されたもので、国全体の社会保障の規模をあらわす数値として、社会保障制度の評価や見直しの際の基本資料となるほか、社会保障の国際比較の基礎データとして活用されている。

　わが国の社会保障費給付費は、2001（平成13）年度で総額81兆4,007億円であり、部門別社会保障給付費をみると、「医療」が26兆6,415億円（32.7％）、「年金」が42兆5,714億円（52.3％）、「福祉その他」が12兆1,878億円（15.0％）である。対前年度伸び率は4.2％であり、対国民所得比は22.0％である。1981年度には既に年金が医療を上回り、現在年金の占める割合は50％を超えている。

　一方、国の一般会計予算における社会保障関係費（上記の社会保障給付費に対する国の負担分を計上したものであり、生活保護費、社会福祉費、社会保険費、保健衛生対策費、失業対策費の5つに分類されている）は、2004（平成16）年度予算で約19兆7,900億円と一般歳出の約4割を占めている。今後、高齢化の進展とともに高齢者関係給付費（年金保険、老人医療、老人福祉等給付費の合計）の増大は避けることができず、現役世代の負担が過重になる可能性が懸念されている。

2. 社会福祉事業の運営費用

社会保障給付費の財源は、社会保険料、税金、その他の収入によって賄われている。このうち社会保険の費用は、保険料と一部税金が投入されている。たとえば介護保険の50％、老人保健の給付費の30％などは税を財源としている。社会福祉の費用は、一部、利用者からの費用徴収があるが、基本的にすべて公費で負担される。また、民間の福祉事業では、共同募金等の寄付金、競輪等の公営競技益金の補助金、その他の助成団体からの助成金等も活用されているが、全体に占める割合は小さい。

社会福祉事業に要する費用を大別すると、大きく措置費と設備費に分けられる。措置費は、福祉サービスを実施するための経常的経費であり、設備費とは社会福

表8－2　社会福祉施設の措置費（運営費・支援費）負担割合

施設種別	措置権者（※1）（※4）	入所先施設の区分	措置費支弁者（※1）	国	都道府県 指定都市 中核市	市	町村
保護施設	知事・指定都市長・中核市長	―	都道府県・指定都市・中核市	3／4	1／4	―	―
	市長（※2）	―	市	3／4	―	1／4	―
老人福祉施設	指定都市長・中核市長	―	指定都市・中核市	1／2	1／2	―	―
	市長（※2）	―	市	1／2	―	1／2	―
	町村長	―	町村	1／2	1／4	―	1／4
婦人保護施設	知事	―	都道府県	5／10	5／10	―	―
児童福祉施設（※3）	知事・指定都市長	―	都道府県・指定都市	1／2	1／2	―	―
母子生活支援施設 助産施設	市長（※2）	都道府県立施設	都道府県	1／2	1／2	―	―
		その他の施設	市	1／2	1／4	1／4	―
	知事・指定都市長・中核市長	―	都道府県・指定都市・中核市	1／2	1／2	―	―
保育所	市町村長	―	市町村	1／2	1／4	1／4	
身体障害者更生援護施設	指定都市長・中核市長	―	指定都市・中核市	5／10	5／10	―	―
	市長（※2）	―	市	5／10	―	5／10	―
	町村長	―	町村	5／10	1／4	―	1／4
知的障害者援護施設	指定都市長・中核市長	―	指定都市・中核市	5／10	5／10	―	―
	市長（※2）	―	市	5／10	―	5／10	―
	町村長	―	町村	5／10	1／4	―	1／4

（注）※1. 母子生活支援施設、助産施設及び保育所は、児童福祉法が一部改正されたことに伴い、従来の措置（行政処分）がそれぞれ母子保護の実施、助産の実施及び保育の実施（公法上の利用契約関係）に改められた。
　　　※2. 福祉事務所を設置している町村の長を含む。福祉事務所を設置している町村の長の場合、措置費支弁者及び費用負担は町村となり、負担割合は市の場合と同じ。
　　　※3. 保育所、母子生活支援施設、助産施設を除いた児童福祉施設。
　　　※4. 身体障害者更生援護施設及び知的障害者援護施設は、身体障害者福祉法及び知的障害者福祉法が一部改正されたことに伴い、従来の措置制度から支援費制度に改められた。

資料：厚生労働省監修『厚生労働白書』平成16年版　p.393

祉施設を整備するための費用として、国および地方公共団体が補助金として支出するほか、設置者の負担もある。

措置費は、措置権者が措置を委託する事業者へ措置委託費を支払うことになるが、その費用は、表8－2の通り、施設ごとに国、都道府県・指定都市・中核市、市、町村の費用負担の割合が決められている。

また、設備費は表8－3に示すように、国、都道府県、市町村、社会福祉法人のそれぞれの負担割合があり、社会福祉法人等が福祉施設を整備する場合の負担割合は、国50／100、都道府県25／100、社会福祉法人等25／100となり、設置者の社会福祉法人負担の一部については、独立行政法人福祉医療機構からの融資を受けることができる。

しかし、この補助金については、原則建物に対する補助であり、土地については設置者の負担となるため、施設の開設地域が地価が安い地域に集中するなど適正配置に課題が残る。さらに、国の財政難から施設整備に関する補助金を削減する傾向にあり、その結果、新型の特別養護老人ホーム（個室ユニットケア）などでは、個室およびユニットの部分を、利用者からの費用負担（ホテルコスト）という形で負担を求めるようになってきている。

表8－3　社会福祉施設の整備、運営のための費用負担

概要

社会福祉施設の整備のための費用は、国及び地方公共団体の補助金のほか、特別地方債や独立行政法人福祉医療機構からの融資並びに公営競技の益金の一部等、公費及び民間の補助制度並びに自己負担部分についての貸付金制度等により賄われている。

社会福祉施設の建物（設備も含む。）の整備に要する費用に対する国庫補助に伴う費用負担関係は、原則、次表のとおりとなっている。

設置主体＼費用負担者	国	都道府県（指定都市・中核市を含む）	市町村	社会福祉法人等
国	$\frac{100}{100}$	—	—	—
都道府県（指定都市、中核市を含む）	$\frac{50}{100}$	$\frac{50}{100}$	—	—
市町村	$\frac{50}{100}$	$\frac{25}{100}$	$\frac{25}{100}$	—
社会福祉法人等	$\frac{50}{100}$	$\frac{25}{100}$	—	$\frac{25}{100}$

社会福祉施設の運営のための費用（措置費）は、施設へ入所（利用）または入所（利用）委託の措置をとった者が、次のとおり負担することとなっている。

なお、入所施設の場合は、入所者またはその扶養義務者に負担能力のある場合には、その能力に応じて費用の全部または一部を徴収することとなっている。

資料：厚生労働省監修　『厚生労働白書』平成16年版　p.392

3．利用者負担

　社会福祉のサービス利用における利用者負担の原則は、大きく2種に分けられる。一つは応能負担で、利用者や扶養義務者の負担能力に応じて負担を課す方法であり、措置制度において用いられてきた方法である。負担能力の低い利用者が安心して利用できる半面、同じサービスでも負担が異なるという不公平感と利用者の負担能力を測定する調査が行われるなど制度が複雑になり、利用者の抵抗感を生みやすい。

　もう一つは、応益負担で、利用したサービスの経費の一定割合を利用者に負担してもらうもので、介護保険制度などはこの原則に則っている。受けたサービスと負担が連動していることにより、利用者にとっては負担についての公平感がある半面、低所得者にとっては負担が大きい。

　現在の社会福祉の費用負担は、以上の2つの原則に基づいて実施されているが、社会福祉基礎構造改革の流れのなかで、措置制度から利用制度へと移行するに伴い、費用負担も応能負担から応益負担へとシフトしてきている。

　応能負担である措置制度によって行われる場合には、かかる費用の一部を対象者からの費用徴収という形で措置権者が徴収することになる。費用徴収は、負担能力のある対象者（家族含む）からは、相応の費用を措置権者が徴収することになるが、利用者本人からの費用徴収額が徴収限度額（原則、措置に要する費用全額）に満たない場合には、扶養義務者からも前年度の所得税や市町村民税の課税額に応じて徴収されることになる。

　応益負担で行われる場合、ここでは介護保険制度における仕組みを例にとれば、利用したサービスの1割を指定事業者に支払い、指定事業者は介護給付の代理受

表8－4　福祉サービスの利用システム

方　法	費用負担	サービス・事業者の選択	対　象
措置制度	応能負担	利用者が行政に利用申請。措置権者がサービス利用・事業者を決定	児童福祉施設（保育所・母子生活支援施設・助産施設を除く）、養護老人ホーム、保護施設等
支援費支給方式	応能負担	支援費の支給は行政が決定。サービスは利用者が選択・契約	身体障害者福祉法、知的障害者福祉法の施設・在宅サービス、障害児居宅サービス
介護保険方式	応益負担	保険者が要介護認定により給付を決定。サービスは利用者が選択・契約	介護保険による施設・居宅サービス等
行政との契約方式	応能負担	利用者が施設を選択し、行政に利用を申し込み。	保育所・母子生活支援施設・助産施設

給として9割を保険者へ請求することになる。要介護高齢者へのケアの多くは、措置から介護保険制度へと移行しており、応能負担から応益負担となった。また、利用者は、サービスの1割負担とは別に、食事代等は別途支払わなければならず、さらに居住福祉型といわれる個室ユニット型の特別養護老人ホームでは、ホテルコストとして、月額5万円前後の費用負担を課せられている。

この他、障害者福祉サービスでは、支援費支給方式、保育所や母子生活支援施設等では行政との契約方式などがとられている（表8-4）。

6 これからの社会福祉実施体制の方向と課題

社会福祉基礎構造改革の方向性として、社会福祉の実施体制は、大きく変化してきた。特に地方分権化のなかで、地域の特徴を生かした社会資源の整備やサービスの提供が行われるようになってきた。しかし、一方では国の財政難は、福祉分野にも及んでおり、たとえば、特別養護老人ホームを建設するときの補助金制度の廃止の方向が出されている。このようななかで、サービスの利用に対する利用者負担をどの程度課すのか、行政の責任としてのサービスの財源をどう確保するかなど課題が多い。

また、介護保険制度でみられるように、社会福祉サービスの運営主体も多様化し、株式会社やNPOなど新たな団体の参入も増加している。これまでの措置制度におけるサービスの硬直化が、多様な事業主体による柔軟なサービスの提供へとかわり、利用者の多様なニーズに応えられるものになってきた。しかし一方では、営利を追求するあまり法令違反や過剰なサービス競争を招いたり、さらには劣悪なサービスの提供がなされる可能性も秘めている。実際に、介護保険の不正請求や指定事業者の指定の取り消しなどは後を絶たず、そのためサービスの提供に対する公私の役割分担をどのようにするのかが問われている。

以上の状況のなかで、公的な機関である福祉事務所などの役割が変化しており、公的な機関の責任を民間や利用者本人に転嫁される危険性も孕んでいる。今後公的な機関の役割を明確にするとともに、サービスの質を担保するためのシステムづくりが求められる。

【参考文献】

　千葉茂明・宮田伸朗編『改訂　新・社会福祉概論　変革期の福祉をみつめて』みらい2004年

　足立叡・佐藤俊一・宮本和彦編『新・社会福祉学』中央法規出版　1999年

　社会福祉の動向編集委員会編集『社会福祉の動向2003』中央法規出版　2003年

　福祉士養成講座編集委員会編集『新版介護福祉士講座　社会福祉概論』中央法規出版2003年

　社会福祉法研究会『わかりやすい社会福祉法』中央法規出版　2001年

　一番ヶ瀬康子監修『社会福祉に関する法とその展開』一橋出版　1999年

　厚生労働省監修『厚生労働白書』平成16年版

第9章

福祉サービスの質
―― 福祉経営に求められるサービス評価・権利擁護・リスクマネジメント

●本章のねらい

　福祉サービスの利用方式が行政による措置から利用者の自己決定を尊重した契約へと移行するなか、サービス利用者と提供者の対等な関係を確立し、利用者が安心してサービスを主体的に選択できるようにするためには、サービスの質に関する情報の提供とサービスの質を適正に査定するためのサービス評価システムの構築が不可欠となる。

　また、契約制度下においては、認知症（痴呆）の高齢者や知的障害者、精神障害者等の判断能力の不十分な人々が、さまざまな権利侵害を受ける恐れがあり、権利主張を側面から支援する権利擁護システムの構築と、そのシステムを有効に機能させるためのソーシャルワーク実践が重要となる。

　本章では、利用者本位の福祉サービスの実現に向けて展開されている、サービス評価事業や権利擁護事業、苦情解決制度等を取り上げ、その目的や仕組みを整理する。また、介護保険制度の施行等によって顕在化しつつある介護事故の問題を取り上げ、事故を未然に防ぐための諸方策を検討する。

1　福祉サービスの質の評価

1．サービス評価のこれまでの主な流れ

　多くの福祉サービスが、行政による措置から利用者の選択による契約へと移行されるなか、サービス利用者と提供者の対等な関係を確立し、利用者が安心してサービスを主体的に選択できるようにするためには、サービスの質に関する情報の提供とサービスの質を適正に査定するためのサービス評価システムの構築が不可欠となる。また、福祉サービス事業者を取り巻く経営環境が厳しくなるなか、利用者から「選ばれる」事業者になるためには、事業者自らが提供しているサービスの内容や水準、提供方法などを自己点検するとともに、第三者評価機関によるサービス評価を積極的に受け、サービスの品質向上に努める必要がある。

　わが国では、1992（平成4）年に、施設利用者の希望に沿った質の高いサービ

ス提供に向けて、「特別養護老人ホーム・老人保健施設のサービス評価基準」が策定され、1993（同5）年からサービス評価事業が開始されている。

また、在宅福祉サービスにおいても、在宅福祉サービスの水準の向上、効率化、適正化に向けて、全国社会福祉協議会が「高齢者在宅福祉サービス事業評価基準」を策定し、1996（同8）年からサービス評価事業が実施されている。

1998（平成10）年には、「社会福祉基礎構造改革について（中間まとめ）」のなかで示された社会福祉基礎構造改革の基本的方向 「④信頼と納得が得られるサービスの質と効率性の向上」を受け、厚生労働省に社会・援護局長の私的懇談会として「福祉サービスの質に関する検討会」が設置され、サービス評価が本格的に検討されるようになった。そして、1999（同11）年には「福祉サービスの質の向上に関する基本方針」を、2001（同13）年には、「福祉サービスにおける第三者評価事業に関する報告書」がとりまとめられた。報告書によれば、福祉サービスにおける第三者評価事業とは、「事業者の提供するサービスの質を当事者（事業者及び利用者）以外の公正・中立な第三者機関が、専門的かつ客観的な立場から評価する事業のこと」であり、その目的は、個々の事業者が事業運営における具体的な問題点を把握し、サービスの質の向上に結びつけることとともに、利用者の適切なサービス選択に資するための情報となることとしている。

こうした厚生労働省社会・援護局での取り組みと平行して、個別分野においても第三者評価事業が検討・実施されており、保育所・児童分野では、2000（平成12）年に雇用均等・児童家庭局に「児童福祉施設等評価基準検討委員会」が設置され、2002（同14）年に「児童福祉施設における福祉サービスの第三者評価基準等に関する報告書」がとりまとめられ、それに基づいて雇用均等・児童家庭局から「児童福祉施設における福祉サービスの第三者評価事業の指針について（通知）」が発出されている。

障害者児分野では、1998（平成10）年に「障害者・児施設のサービス評価基準検討委員会」が設置され、2000（同12）年に厚生労働省障害保健福祉部が「障害者・児施設のサービス共通評価基準」を策定している。

このように、個別のサービス種別において評価基準が示されるなか、厚生労働省は、福祉サービス第三者評価事業の更なる普及促進を図るため、福祉サービス共通の第三者評価基準の策定等を行い、2004（平成16）年に「福祉サービス第三者評価事業に関する指針」を発出している。

第9章　福祉サービスの質

表9－1　サービス評価におけるこれまでの主な流れ

時期	国
1993年度	特別養護老人ホーム・老人保健施設サービス評価事業実施要綱策定
1996年度	在宅福祉サービス評価事業実施要綱策定
1997年11月	「社会福祉の基礎構造改革について（主な論点）」（社会福祉事業等の在り方に関する検討会） ●サービスの選択を可能にする情報公開と質の評価制度の導入
1998年5月 　　　6月 　　　11月 　　　12月 　　　1月	「社会福祉基礎構造改革について（中間まとめ）」（中央社会福祉審議会社会福祉基礎構造改革分科会） ●サービスの提供過程、評価などの基準を設け、専門的な第三者機関によるサービスの評価の導入 「福祉サービスの質に関する検討会」設置 「社会福祉基礎構造改革を進めるに当たって（追加意見）」（中央社会福祉審議会社会福祉基礎構造改革分科会） ●利用者本位の利用制度への転換に伴って導入される、権利擁護、サービスの質の確保、情報開示など利用者のサービス利用を支援するための仕組みについては、効果的かつ適切な運用が行われるものとすること 「障害者・児施設のサービス評価基準検討委員会」設置
1999年3月	「福祉サービスの質の向上に関する基本方針」（福祉サービスの質に関する検討会）
2000年6月 　　　8月 　　　9月 　　　11月 	「福祉サービスの第三者評価に関する中間のまとめ」 「障害者・児施設のサービス共通評価基準」 平成12年度「評価調査者養成研修」実施 「児童福祉施設等評価基準検討委員会」設置 保育所、乳児院、母子生活支援施設、児童養護施設 「介護保険サービス選択のための評価のあり方に関する検討会」設置 「児童福祉施設等評価基準試行事業」実施
2001年3月 　　　5月 　　　7月 　　　8月 	「指定痴呆対応型共同生活介護（痴呆性グループホーム）の適正な普及について」通知 サービス評価義務化 「福祉サービスにおける第三者評価事業に関する報告書」（福祉サービスの質に関する検討会） 「福祉サービスの第三者評価事業の実施要領について（指針）」（社会・援護局長通知） 平成13年度版「障害者・児施設のサービス共通評価基準」公表 「児童福祉施設における福祉サービスの第三者評価基準（試案）」公表 平成13年度「評価調査者養成研修」実施
2002年3月 　　　4月	「児童福祉施設における福祉サービスの第三者評価基準等に関する報告書」 「児童福祉施設における福祉サービスの第三者評価事業の指針について（通知）」
2003年5月 　　　9月	「児童福祉施設（児童自立支援施設・情緒障害児短期治療施設）における福祉サービスの第三者評価の指針について（通知）」 「第三者評価基準及び評価機関の認証のあり方に関する研究会」設置
2004年5月	「福祉サービス第三者評価事業に関する指針について」

出典：國光登志子「サービス評価の視点と方法」日本社会福祉士会編『新社会福祉援助の共通基盤（下）』中央法規出版　2004年　p.153

2．サービス評価の視点と方法

1　ドナベディアン・モデル

ドナベディアン（Donabedian,A.）は、ケアの質を評価する方法として、❶構造（structure）、❷過程（process）、❸成果（outcome）の3つのアプローチを提示している[1]。❶構造（structure）とは、サービスの提供に際して投入される資源の量や組織体制を示し、建物や施設設備、職員体制、人材育成のための投資規模、施設アメニティのための投資規模といった外形的な要素を評価する。❷過程（process）とは、サービスの提供過程やそこで展開される方法を評価するもので、サービスを提供する際に、利用者やその家族の意向を尊重しているか、プライバシーや人権を尊重しているか、安全管理、衛生管理のための取り組みを行っているかなどが評価される。❸成果（outcome）とは、サービスの目標として設定されたニーズ充足や問題解決がどの程度実現されたのか、あるいはサービス実施の結果として、利用者本人や家族などにどのような便益をもたらしたかを評価するものである[2]。医療サービスにおいては、クリニカル・インディケータ★1を用いて、医療の「結果」を客観的に評価する試みが行われている。福祉サービスにおいても、介護者の負担軽減効果など、サービスの効果を評価する試みが行われているが[3]〜[6]、福祉サービスは積極的な改善、発達などが期待できない、あるいは非常にそれらが微小である人を対象としているため、効果が潜在的・間接的・長期的にしかあらわれないことが多く、方法的に大きな困難が伴う。また、もっとも科学的な評価方法である実験デザインを適用することに、倫理的、技術的双方から困難が伴うなどの問題もある[7]。

★1　クリニカル・インディケータ
医療活動を「結果」から評価し、質の改善に役立てるための数値目標

2　評価の主体による区分

福祉サービスの質の評価は、評価を行う主体によって、❶行政監査、❷自己評価、❸利用者評価、❹第三者評価の4つに区分することができる。

❶行政監査

行政監査とは、福祉サービスを運営するにあたって、法的に充足されるべき最低基準等を所轄の行政庁が定期的にチェックするもので、施設の経営や設備構造に対する監査が中心であり、福祉サービスの質の向上を意図している第三者評価等とはその性格を異にしている。また、行政監査は、開示を目的としておらず、利用者が監査の情報を活用することは難しい。

❷自己評価

自己評価とは、事業者自身による評価をさし、事業者自らが提供するサービスの質の評価を行うことにより、主体的にサービスの提供状況を見直し、その質の

向上に向けて努めるものである。

社会福祉法第78条では、「社会福祉事業の経営者は、自らその提供する福祉サービスの質の評価を行うことその他の措置を講ずることにより、常に福祉サービスを受ける者の立場に立つて良質かつ適切な福祉サービスを提供するよう努めなければならない」と事業者の自己評価について努力義務を規定している。また、介護保険法第73条においても、「指定居宅サービス事業者は（中略）自らその提供する指定居宅サービスの質の評価を行うことその他の措置を講ずることにより常に指定居宅サービスを受ける者の立場に立ってこれを提供するように努めなければならない」とされている。

自己評価は、提供しているサービスの内容や水準、提供方法などを自己点検することで、サービス向上へのインセンティブになるが、客観性や公平性を確保した、より精度の高い評価システムを構築するためには、利用者評価、第三者評価などを組み合わせる工夫が必要となる。

❸利用者評価

利用者評価とは、事業者が提供しているサービスに対する利用者の評価である。

利用者主体の福祉システムを確立するためには、事業者が積極的に利用者の意見や苦情、満足度等を収集・分析し、サービス改善に反映させていくことが必要である。

しかしながら、利用者の要望や意向は潜在化しやすいため、調査を実施する際には、事業者でない第三者が調査を実施する、あるいは職員がいない場所でヒアリングを行うなど、利用者が意見を出しやすい環境づくりが必要となる。また、意思表示が困難であるなど、利用者本人による評価が困難である場合も少なくなく、調査方法上の工夫が必要である。さらに、利用者による主観的な評価は、評価者のサービスに関する情報量や利用経験、要求水準によってその結果が大きく左右されてしまうため、サービス評価を行ううえでは、自己評価、第三者評価など、いくつかの評価の視点を組み合わせて、その精度を高めていくことが必要である。

❹第三者評価

第三者評価とは、当事者（事業者および利用者）以外の公正・中立な第三者機関が、専門的かつ客観的な立場から事業者の提供するサービスの質を評価することである。個々の事業者は客観的な評価を受けることによって、事業運営における具体的な問題点を把握することができ、サービスの質の向上に結びつけることができる。また、評価結果を広く公開することにより、利用者の福祉サービスの選択に資することができる。

前述した「福祉サービスにおける第三者評価事業に関する報告書」では、7つ

の「評価対象」、25の「評価分類」、46の「評価項目」、93の「評価細目」から構成される第三者評価基準が示され、評価の手順、評価方法、評価結果の公表、評価調査者や第三者評価機関のあり方などが示されている。

3．第三者評価事業の実際

地方自治体や各種団体では、「福祉サービスの第三者評価事業の実施要領について（指針）」等を参考にしながら、独自に評価体制や評価基準等を策定し、第三者評価事業を展開している。

以下では、東京都における福祉サービス第三者評価事業を例にあげ、第三者評価事業の仕組みと具体的な流れについて整理する。

1　東京都福祉サービス第三者評価事業

東京都では、福祉サービス第三者評価システムを支える中立的機関として、「東京都福祉サービス評価推進機構」（以下　推進機構）を財団法人東京都高齢者研究・福祉振興財団内に設置し、評価機関の認証要件の策定やサービス種別ごとの共通評価項目の策定、評価者養成講習の実施、評価機関の認証等を行っている。福祉サービス第三者評価対象サービスは、2004（平成16）年7月現在、45事業となっている。

2　評価手法および評価項目

評価は、利用者のサービスの意向を把握するために行う「利用者調査」と、サービスの内容や質、事業者の経営や組織のマネジメントの力を把握するために行う「事業評価」とを合わせて実施される。評価項目は、利用者や事業者が、評価結果について比較検討することが可能となるよう、推進機構が設定する共通の評価項目や評価手法を用いて実施されるが、評価機関は別途独自の項目を設定することができる。

3　評価機関、評価者

第三者評価を行うのは、推進機構が、「認証・公表委員会」の審査に基づき、第三者評価を行うのに必要な一定の要件を備えていると認証した機関である。各事業者は、多様な評価機関のなかから自分にあった評価機関を選択し、自ら契約する。

評価機関として認証されるための主な要件は、❶法人格を有すること、❷福祉サービスを提供していないこと、❸評価者が3人以上所属していること、❹事業内容、評価手順、守秘義務等に関する規程を整備し、公表すること等である。

第9章 福祉サービスの質

図9－1 第三者評価の流れ

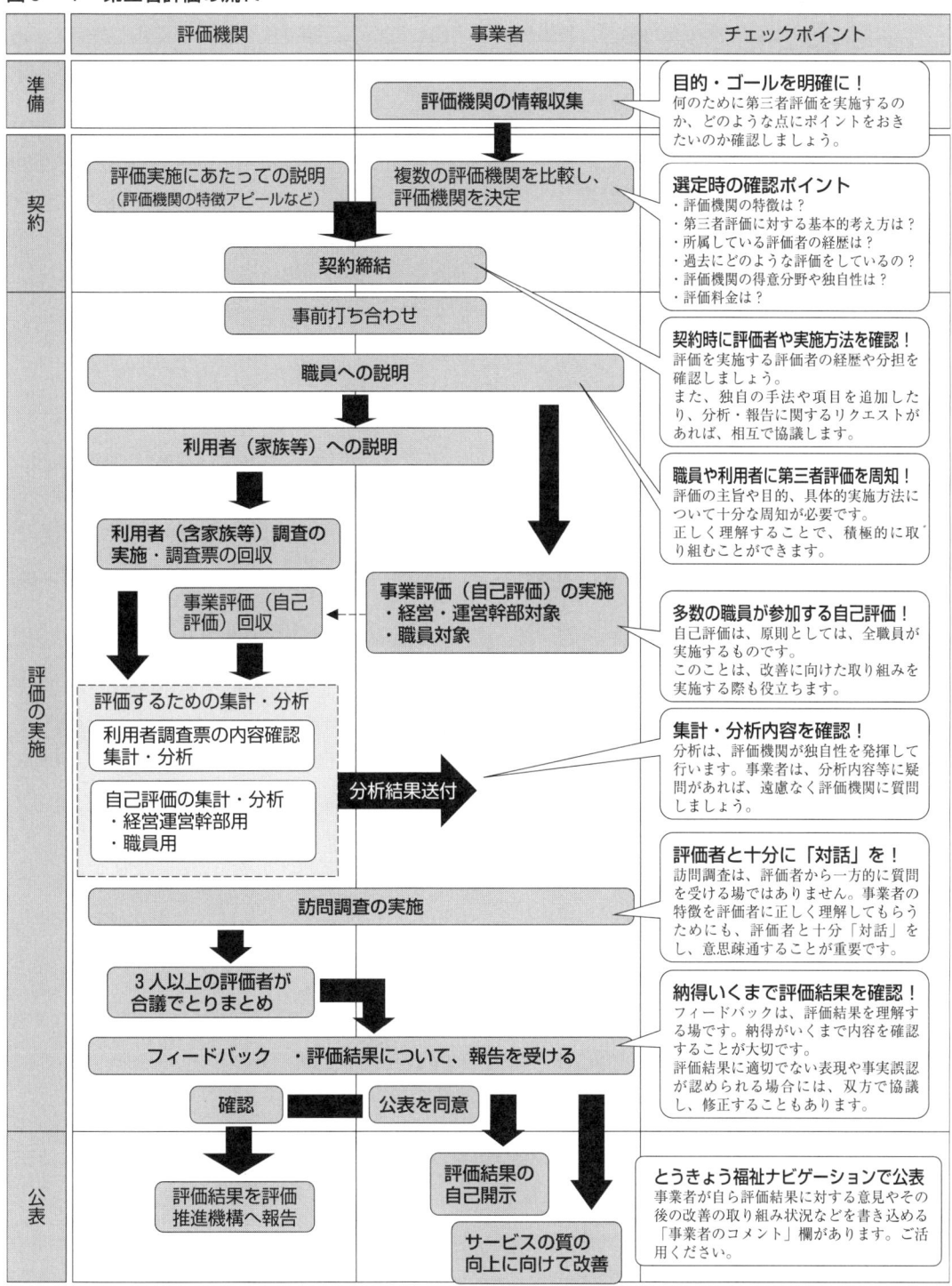

	評価機関	事業者	チェックポイント
準備		評価機関の情報収集	**目的・ゴールを明確に！** 何のために第三者評価を実施するのか、どのような点にポイントをおきたいのか確認しましょう。
契約	評価実施にあたっての説明（評価機関の特徴アピールなど） →	複数の評価機関を比較し、評価機関を決定 ↓ 契約締結	**選定時の確認ポイント** ・評価機関の特徴は？ ・第三者評価に対する基本的考え方は？ ・所属している評価者の経歴は？ ・過去にどのような評価をしているの？ ・評価機関の得意分野や独自性は？ ・評価料金は？
評価の実施	事前打ち合わせ ↓ 職員への説明 ↓ 利用者（家族等）への説明 ↓ 利用者（含家族等）調査の実施・調査票の回収 ↓ 事業評価（自己評価）回収 ↓ 評価するための集計・分析 ・利用者調査票の内容確認 集計・分析 ・自己評価の集計・分析 ・経営運営幹部用 ・職員用 → 分析結果送付 → 訪問調査の実施 ↓ 3人以上の評価者が合議でとりまとめ ↓ フィードバック	事業評価（自己評価）の実施 ・経営・運営幹部対象 ・職員対象 ・評価結果について、報告を受ける	**契約時に評価者や実施方法を確認！** 評価を実施する評価者の経歴や分担を確認しましょう。 また、独自の手法や項目を追加したり、分析・報告に関するリクエストがあれば、相互で協議します。 **職員や利用者に第三者評価を周知！** 評価の主旨や目的、具体的実施方法について十分な周知が必要です。 正しく理解することで、積極的に取り組むことができます。 **多数の職員が参加する自己評価！** 自己評価は、原則としては、全職員が実施するものです。 このことは、改善に向けた取り組みを実施する際も役立ちます。 **集計・分析内容を確認！** 分析は、評価機関が独自性を発揮して行います。事業者は、分析内容等に疑問があれば、遠慮なく評価機関に質問しましょう。 **評価者と十分に「対話」を！** 訪問調査は、評価者から一方的に質問を受ける場ではありません。事業者の特徴を評価者に正しく理解してもらうためにも、評価者と十分「対話」をし、意思疎通することが重要です。 **納得いくまで評価結果を確認！** フィードバックは、評価結果を理解する場です。納得がいくまで内容を確認することが大切です。 評価結果に適切でない表現や事実誤認が認められる場合には、双方で協議し、修正することもあります。
公表	確認 ↓ 評価結果を評価推進機構へ報告	公表を同意 ↓ 評価結果の自己開示 ↓ サービスの質の向上に向けて改善	**とうきょう福祉ナビゲーションで公表** 事業者が自ら評価結果に対する意見やその後の改善の取り組み状況などを書き込める「事業者のコメント」欄があります。ご活用ください。

出典：東京都福祉サービス評価推進機構編『福祉サービス第三者評価の手引き』東京都高齢者研究・福祉振興財団　2003年　p.31

175

また、認証評価機関に所属し評価を実施する者は、❶東京都福祉サービス評価推進機構の認証した評価機関に所属している、❷評価に必要な資格や経験をもっている、❸東京都福祉サービス評価推進機構の行う研修を修了していることが必要である。

4　評価結果の公表

　推進機構は、認証評価機関より提出のあった共通評価項目にかかる福祉サービス第三者評価結果について、共通評価項目のうち推進機構が必要と認めた項目に関し、財団法人東京都高齢者研究・福祉振興財団が運営する「福祉総合情報ネットワーク」において広く公表される。

2　契約制度下における権利擁護と利用者支援

1．権利擁護の必要性

　介護保険制度の施行、社会福祉構造改革の進展など、福祉サービスの利用方式が行政による措置から利用者の自己決定を尊重した契約へと移行するなか、福祉サービス利用者が提供者と対等な関係で契約を締結し、適切なサービスを受けることができるようにするためには、サービス評価による質の担保に加え、サービス利用者の権利や主張を側面から支援する仕組み、つまり、権利擁護システムの構築が重要となる。

　とりわけ、認知症（痴呆）の高齢者や知的障害者、精神障害者等の判断能力が十分でない人々は、サービスに関する必要な情報を入手して、適切にサービスを活用したり、苦情や不服を申し立てることが困難である場合が多く、さまざまな権利侵害を受けやすい。

　近年では、こうした人々の権利を擁護するために、地域福祉権利擁護事業や成年後見制度、福祉サービスに関する苦情解決事業など、権利擁護の実現に向けて法制度が整備されつつある。しかし、そうした権利擁護システムが適切に機能するためには、利用者を制度に結びつけ、その制度に関する情報提供やわかりやすい説明を行い、自己決定や選択を支援するソーシャルワーク実践が欠かせない。また、利用者の声を汲み上げ、代弁（アドボカシー）し、さらには利用者が潜在的にもつ力を引き出すエンパワメントなどもソーシャルワーク実践として必要となる[8]。

　以下では、利用者本位の福祉の実現に向けて展開されている施策のなかから、

第9章　福祉サービスの質

地域福祉権利擁護事業と苦情解決事業を取り上げ、それぞれの制度の目的や制度の仕組みについて解説する。

2．地域福祉権利擁護事業

1　目的および対象

　地域福祉権利擁護事業は、都道府県社会福祉協議会が行う福祉サービス利用援助事業、その事業に従事する者の資質の向上のための事業、ならびに福祉サービス利用援助事業に関する普及および啓発を行う事業をいう。福祉サービス利用援助事業は、成年後見制度を補完する位置づけで、判断能力が不十分な人が地域において自立した生活を送れるように、福祉サービスに関する情報提供や選択の助言、利用手続きの援助、日常的な金銭管理および預貯金通帳等の預かりサービス等を行うことを目的としている。また、この事業は、認知症（痴呆）の高齢者、精神障害者、知的障害者など自己決定の際に支援が必要であって、日常生活を営むうえで必要となる事項につき、自己の判断で適切に行うことが困難で、支援計画に定める援助にかかわる契約の内容について判断可能な能力を有していると認められる人★2が対象となっている。

★2
自己決定する能力が不十分であっても成年後見制度を利用することで利用が可能である。

2　実施主体

　地域福祉権利擁護事業は、都道府県社会福祉協議会が実施主体となるが、適正な運営が確保できる市町村社会福祉協議会や社会福祉法人等に事業の一部を委託し実施することができる。都道府県社協が実施する福祉サービス利用援助事業の援助の過程は、多様な経路からの❶相談受付、❷初期相談、❸具体的調査、❹家族や他制度等の関係調整、❺契約書・支援計画の作成、❻契約締結、❼援助の開始、❽支援計画の評価、❾支援計画内容の確認、❿契約の終了となっている。

　本事業の利用に係る相談や調査、利用者の支援計画策定等の業務は、「専門員」が実施するが、❼の具体的な援助は主に「生活支援員」が、支援計画に基づき、契約に盛り込まれたサービスを行う。援助内容としては、福祉サービスの利用に関する情報提供や助言、利用手続きの援助、福祉サービス利用料の支払い、福祉サービスの利用に関する苦情解決制度の利用援助等がある。

3　地域福祉権利擁護事業の運営

　事業の信頼性や的確性を高めるため、契約内容や本人の判断能力等の確認を行う「契約締結審査会」および適正な運営を確保するための監督を行う第三者的機関である「運営適正化委員会」を設置することになっている。

　契約締結審査会は、地域福祉権利擁護事業実施要領に基づき、利用者がこの事

業の利用契約を締結する能力等に疑義がある場合に、法律専門家、医療専門家、福祉専門家、その他学術経験者等からなる委員により、専門的な見地から審査を行い、契約の適正さを確保すると同時に、利用者を援助する際の留意点等の助言を行う。

運営適正化委員会は、社会福祉法第83条に基づき、都道府県社会福祉協議会に設置された公平・中立な第三者機関で、福祉サービス利用援助事業の適正な運営を確保するための助言・勧告を行うほか、福祉サービスの利用者等からの苦情を適切に解決するための事業を実施する。

なお、地域福祉権利擁護事業の課題として、その利用要件が知的な部分で定義され、利用者を制限していることである。知的に問題がなくとも、権利擁護やサー

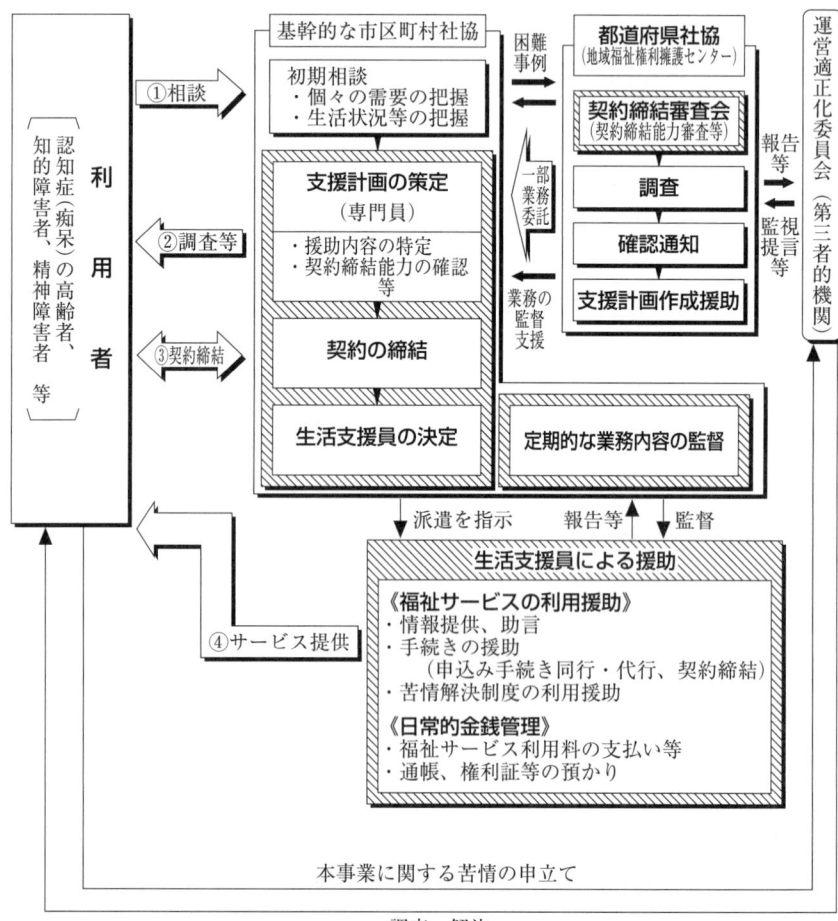

図9-2 地域福祉権利擁護事業の実施方法の例（社会福祉協議会が実施する場合）

出典：「社会福祉の増進のための社会福祉事業法等の一部を改正する等の法律の概要」厚生省　2000年6月　別紙2を一部修正

ビス利用支援のニードをもつ人はいるであろう。また、サービスの内容も福祉サービスの利用にかかる支援と金銭管理に限定され、福祉サービス以外の多様な日常生活上の支援には対応できない。次の手段としては成年後見制度を利用するしかないが、成年後見制度は手続きや費用の面で必ずしも気軽に利用できるものでなく、その間のニードを満たすことが課題としてあげられる。

3．福祉サービスにかかる苦情解決システム

1　目的

　苦情解決事業は、苦情への適切な対応により、福祉サービスに対する利用者の満足感を高めることや利用者個人の権利を擁護し、利用者が福祉サービスを適切に利用することができるように支援するとともに、苦情を一定のルールに沿った方法で解決を進めることにより、円滑・円満な解決の促進や信頼関係・適正性を確保することを目的としている。

　社会福祉法第82条においても「社会福祉事業の経営者は、常に、その提供する福祉サービスについて、利用者等からの苦情の適切な解決に努めなければならない」と社会福祉事業経営者の苦情解決の責務が規定されている。

2　苦情解決の仕組み

　福祉サービス全般の苦情解決を行う仕組みは、図9－3のとおり、サービス事業者による苦情解決と運営適正化委員会による苦情解決の2段階に分けることができる。

　まず、事業者段階では、苦情受付担当者や苦情解決責任者が、苦情を受け付け、当事者同士の話し合いによって、苦情を適切に解決する。また、苦情解決に社会性や客観性を確保し、利用者の立場や特性に配慮した適切な対応を推進するため、「第三者委員」を設置し、苦情解決を図る。「第三者委員」は、苦情解決を行っていくうえで、苦情申出人が事業者に対して苦情をいいにくい場合に、解決に向けての支援および助言を行ったり、事業者と利用者との話し合いで利用者側でも事業者側でもない中立的（第三者的）な立場で話し合いに参加し、苦情申出人と事業者双方の言い分を聞き、客観的な判断のもと苦情解決に向けたアドバイスを提供する役割をもっている。

　事業者段階で解決ができず、当事者から申出のあった場合や、権利侵害にかかわる案件等については、都道府県社会福祉協議会に設置されている「運営適正化委員会」が、苦情の解決に必要な調査・助言・あっせんを行い、双方の話し合いによる解決の促進を図る。

　苦情の申し立ては、事業者段階・都道府県段階のいずれにでも行え、優先順位

は定められていない。

　なお、運営適正化委員会が苦情の解決にあたり、利用者に対して虐待等の不当な処遇が行われているおそれがあると認めるときには、都道府県知事に速やかに通知し、行政機関による解決を促すこととされている。

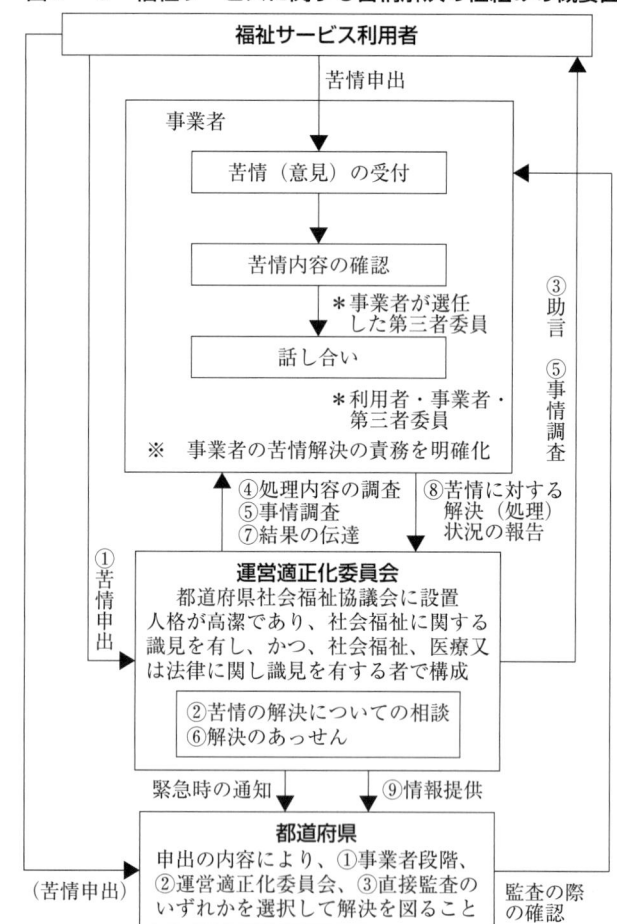

図9－3　福祉サービスに関する苦情解決の仕組みの概要図

出典：「社会福祉の増進のための社会福祉事業法等の一部を改正する等の法律の概要」厚生省　2000年6月　別紙3を一部修正

3 福祉サービスにおけるリスクマネジメント

1．経営環境の変化とリスクマネジメント

近年、薬剤の誤薬や輸血ミス、人工呼吸器の誤操作など、さまざまな医療事故が報じられている。最高裁の調べによると、地裁・簡裁の第一審裁判所が新規に受理した医療訴訟件数は、1999（平成11）年が663件、2000（同12）年が775件、2001（同13）年が805件で、地裁・簡裁、高裁並びに最高裁を含む全国の裁判所で係争中の医療訴訟件数は、2001（同13）年12月末現在、1968件にものぼるという[9]。

一方、福祉サービスは、これまで介護事故を巡るトラブルが紛争や訴訟に発展することはあまりなかったといえる。その理由として、福祉サービスは、行政主導の「措置」によってサービスが提供されてきたため、サービス提供事業者が直接責任を問われることが少なかったこと、また、サービスの基盤整備が十分でなかったため、たとえ不満があっても、本人の意思で自由に他の施設を再選択することが難しく、入所中の施設に依存せざるを得なかったこと、さらに、経済的に困窮している利用者は、訴訟を起こすための訴訟費用や弁護士費用が準備できず、訴訟に踏み切れなかったことなどがあげられる。

しかしながら、2000（平成12）年の介護保険制度の施行等により、利用者・事業者双方において、互いの権利・義務関係が明確となり、これまで顕在化しにくかった介護事故の問題が大きく取り上げられるようになってきている。そのため、福祉サービス事業者においては、インシデントレポートシステムの導入やリスクマネジメント委員会★3の設置など、事故防止策を中心とした危機管理体制の確立が急務の課題となっている。

★3 リスクマネジメント委員会
リスクマネジメントを推進するために設置されるもので、リスクの洗い出しや事故要因分析、事故防止策の検討、事故防止マニュアルの作成、職員教育、訴訟への対応などを行う。委員長はチーフリスクオフィサーとして、事業者全体のリスクマネジメントを統括する。

2．福祉サービス事業者を取り巻くリスク

近年、医療分野のみならず福祉分野においてもリスクマネジメントの重要性が指摘されているが、リスクを適切に管理するためには、まず、事業経営に影響を与えるリスクを洗い出し、把握する必要がある。

福祉サービス事業者を取り巻くリスクのうち、最も発生頻度の高いリスクは、転倒、転落、誤飲・誤嚥、感染症等、介護・介助行為に起因するリスクである。こうしたリスクは、利用者の生命や身体に直接影響を与えるリスクであるため、適切なリスク管理ができず、利用者の生命や身体に損害を与えた場合には、事業者の社会的信用を大きく低下させるだけでなく、業務上過失致死傷罪等の刑事責任や債務不履行責任、不法行為責任、使用者責任等の民事責任、場合によっては

免許取消や業務停止処分、名称使用停止処分等の行政上の責任が発生しえる。そのため、福祉サービス事業者においては、事故発生を未然に防ぐための予防対策を講じ、リスクをできる限り軽減・回避していくことが求められる。

福祉サービス事業者を取り巻くリスクは、こうした介護・介助行為に起因するリスク以外にも、介護報酬改定による収益の変動や他事業者との競争激化、労働災害、人事労務管理の失敗、メンタルヘルス不全による労働損失、個人情報の漏洩など、多岐にわたる。とりわけ、介護サービス費の不正請求や指定基準（人員基準、運営基準、設備基準）の重大な違反、人権侵害など、コンプライアンス[★4]違反を行えば、もはや組織の存続そのものを脅かしかねない事態に発展する可能性がある。そのため、コンプライアンス実践を経営の最重要課題の一つとして位置づけ、経営活動上求められるあらゆる法令・規則を遵守することが必要である。

★4 コンプライアンス
法令遵守のこと

3．福祉サービスの事故の状況

福祉サービスの事故は利用者、サービス提供者、環境の相互作用により発生する。そのため、事故の危険性は利用者の心身の状況やサービスの提供が行われる個々の環境によって異なる。また、事故は職員の過失による事故だけではなく、利用者単独による事故も多く発生している。

全国1,384施設、6,400名余の介護職員から寄せられた『福祉サービス事故事例集』から、事故の発生状況についてみると、表9－2が示すように、いずれの施設においても「転倒」「転落」事故が多くなっていることがわかる。こうした発生頻度の高い事故については、事故が発生する直接の原因やその誘因・素因の解明をおこない、発生頻度を引き下げる取り組みが必要である。

表9－2　各施設において多く発生している上位3つの事故類型

単位：件（％）

施設種別	1	2	3
特別養護老人ホーム	転倒 198件（50.0%）	誤嚥 37件（9.3%）	転落 37件（9.3%）
身体障害者療護施設	転倒 225（40.3）	転落 62（11.1）	打ち付け 62（11.1）
知的障害者更生施設（入所）	転倒 86（34.8）	利用者の行為 59（23.9）	転落 16（6.5）
保育所	転倒 36（30.0）	打ち付け 36（30.0）	転落 27（22.5）
重症心身障害児施設	転倒 34（24.8）	転落 17（12.4）	利用者の行為 19（13.9）

出典：全国社会福祉協議会編　『福祉サービス事故事例集』　2001年

4．リスクマネジメント・プロセス

リスクマネジメントを組織内部に浸透させていくには、経営者のみならず、すべての職員がリスクの存在やリスクマネジメントの重要性を認識したうえで、日々の業務に取り組むことが重要である。ここでは、インターリスク総研編『実践リスクマネジメント』[10]を参考にしながら、リスクマネジメントの手順について整理する。

1　リスクの発見・確認－リスクの洗い出し－

一つの重大事故の背景には、重大事故に至らない29の事故があり、さらにその背後には事故にならないニアミスが300あるという。これを「ハインリッヒの法則」というが、事故防止策を検討するためには、サービス提供上のリスクを洗い出し、的確に把握することが重要である。そのためには、サービス提供上発生した事故を把握するほか、事故につながりそうになった事例（ヒヤリ・ハット事例）を収集することが求められる。

また、業務日誌やサービス業務マニュアル等をチェックし、サービス提供過程におけるリスクの洗い出しを行うことも重要である。

事故事例やヒヤリ・ハット事例を収集する際には、サービス提供者が個人的不利益を被ることのないよう配慮し、報告しやすい環境を整備することが非常に重要である。また、事故の原因を個々の職員の資質の問題としてとらえるのではなく、業務プロセスのなかの「システム上の欠陥」に原因があると考え、システムの欠陥を補完する新たなシステムをデザインすることも重要である[11]。

2　リスクの評価・分析

リスクの評価・分析とは、発見・確認されたリスクについて、そのリスクによる損害の発生頻度と強度を推定することである。一般的な手法では、図9－4のように、損害の発生頻度および発生強度を2段階に格付けして、リスクの影響度を評価する。また、すべてのリスクに対して対応することは現実的でないため、リスクが現実化する発生頻度、その場合の損害の規模の2つの観点から相対的な評価を実施し、事業者として対応すべき優先順位を明確にする。

次に、インシデントレポート★5や事故報告書によって収集されたインシデント・アクシデントデータをミクロ・マクロ両面から分析し、リスクが顕在化したり規模が拡大する直接の原因とその誘因・素因を解明する作業を行う。

マクロ的分析（定量分析）では、組織内の事故・未遂事故の件数を利用者の心身の特性や発生曜日、発生時間、行為者の経験年数などで集計し、その組織にお

★5　インシデントレポート
インシデントレポートとは、「ヒヤリ・ハット報告書」とも呼ばれ、サービス提供現場において発生したインシデント（事故には至らなかったが、事故につながりそうになった事例等）をスタッフが自主的に報告するものである。

★6 SHELモデル
SHELモデルは航空機事故の分析に使用されるモデルであり、中心のL（本人）の問題とあわせ、L－S（本人とソフト）、L－H（本人とハード）、L－E（本人と環境）およびL－L（本人と他の関係者）のインターフェイスに問題があるかどうかを分析するものである。

★7 4M－4Eマトリックス
4M－4Eマトリックスは、アメリカの国家航空宇宙局において事故の分析に用いられているもので、事故の要因として、人間（Man）、機器（Machine）、情報・環境（Media）、管理（Management）の4つをあげ、各々に対して、教育（Education）、技術（Engineering）、強化（Enforcement）、事例（Example）の4つの視点から対応策を考えるモデルである。

ける事故の傾向を把握する。ミクロ的分析（定性分析）では、SHELモデル★6や4M－4Eマトリックス★7などを導入し、事故の背景や発生要因について多面的に検討する。事故の背景や発生要因について検討することにより、どの部分のエラーやミスを修正すれば、効果的に事故を防止できるかが明らかとなる。

3 リスクの処理

リスク処理の手段は、リスク・コントロールとリスク・ファイナンシングに分類されるが、双方の手法を有効に組み合わせることが重要である。

❶リスク・コントロール

リスクコントロールとは、損失の発生を事前に防止し、また、仮に損失が発生したとしてもその拡大を抑えて、損失の規模を最小限にするための重要なリスクマネジメント手法として位置づけられる。リスクコントロールは、以下のような手法に分類することができる。

●リスクの回避

リスクの発生そのものを回避する手法であり、この手法を用いれば完全にリスクを遮断することができる。しかしながら、介護上の事故を恐れて完全にリスクを回避すると、サービス提供そのものが行えなくなってしまうため、この方法は現実的ではない。

●損害の予防・低減

「損害の予防」とはリスクの発生頻度を低減する手法である。たとえば、入浴中の転倒事故を防止するために、手すりや滑り止めマット等を設置することや、段

図9－4　リスクの評価例

	損害の発生頻度	
	高	低
損害の程度　大	A	B
損害の程度　小	C	D

A評価のリスク：
リスクコントロールを徹底的に実施し、BまたはC評価へ転換する。

B評価のリスク：
リスク強度の軽減をはかりD評価への転換をはかるとともに、保険を中心としたリスク処理を実施する。

C評価のリスク：
リスク頻度の軽減をはかりD評価への転換をはかるとともに、リスクの保有を基本的な処理手法としつつ、必要に応じ保険との組み合わせを検討する。

D評価のリスク：
基本的にはリスクを保有する。

出典：インターリスク総研編著『実践リスクマネジメント』経済法令研究会　2002年　p.9

差によるつまずきを防止するために、住宅改修等で段差をなくすことなどがあげられる。事故の危険性は利用者の特性によって異なるため、損害の予防を行うためには、利用者一人ひとりに対してリスクアセスメント・スコアシートを作成し、事故発生の危険度を評点化することが求められる。

「損害の低減」はリスクの強度を低減する手法をいう。事故発生を未然に防ぐための予防対策を講じていても、事故のリスクをゼロにすることは難しく、万が一事故が発生した場合には、被害の拡大を防止し、損害を最小限に抑えることが重要である。具体的な損害の低減方法としては、転倒した際のダメージを軽減するためにクッション性の高い床材を使用することや、事故発生時における適切な救急処置、家族に対する緊急連絡等があげられる。

●リスクの分離

リスクの分離は、リスクの発生単位を分割し、事故が発生しても事業全体に影響が及ばないようにすることである。リスクの分離は、大きく、「リスクの区分」と「バックアップ」に分けることができるが、前者の例としては、倉庫に保管している備品が火災ですべて消失するのを避けるため、2か所以上の倉庫に分けて保管することなどが該当する。後者の例としては、介護給付データや利用者情報をコンピュータウイルスの感染の被害を防ぐために、別のハードディスクや機器にバックアップしておくことや、介護スタッフの体調不良に備え、代替のスタッフを事前に準備しておくことなどが該当する。

●リスクの移転

契約を通じてリスクを他者に移転する手法のことをいう。たとえば、医療機関や福祉施設における給食や清掃、移送サービスのアウトソーシング[8]、大型コンピュータ設備のリース契約（賃貸借契約）などがこれに該当する。アウトソーシングやリース契約の場合においては、一般的に補修リスクは所有者が負うことになっており、リース契約を通じて補修リスクを「移転」することができる。ここで移転されるリスクは、財務的損失だけではなく、行為そのものの法的責任まで含まれる。

[8] 外部委託のこと。

❷リスク・ファイナンシング

リスク・ファイナンシングとは、危険が発生し、損害が生じてしまう場合に必要な資金繰り等をあらかじめ計画して準備しておくことであり、リスク・ファイナンシングは「リスクの保有」と「リスクの転嫁」に大別される。

●リスクの保有

リスクが事故として顕在化したときに発生する損失を、事業所自体の財務力で負担する方法をいう。

●リスクの転嫁

　リスクの転嫁とは、リスクが発生した場合の損害を第三者に転嫁する手段のことであり、主に、保険の活用などが該当する。損害賠償保険等を活用することにより、予算編成上、不確定であるコストを確定コストに変え経常費化できる。

4　結果の検証

　リスクマネジメント・プロセスは、前述したように、❶リスクの発見・確認、❷リスクの評価、❸リスクの処理へと段階的にリスクの処理を実施するが、最後に、実際に選択実施した手法が十分な効果をもたらし、リスクマネジメントの目的が果たされているのかどうかをモニタリングする必要がある。モニタリングにあたって着目するポイントとしては、❶予定したリスクマネジメント手法を実施できたか、❷期待通りのリスクマネジメント効果が得られたか、❸リスクの処理基準を見直すべきなような状況の変化は発生していないか、❹リスクコストを削減できたか、などがあげられる。

【引用文献】

1）Donabedian, A. "Some Issues in Evaluating the Quality of Nursing Care" American Journal of Public Health　59：1833－1866, 1969.
2）冷水豊「福祉計画におけるサービス評価」定藤丈弘他編『社会福祉計画』有斐閣　1996年　p.183
3）医療経済研究機構「介護保険による効果の評価手法に関する研究」（報告書）2001年
4）及川尚孝「在宅介護モデル施設における要介護者に対するデイサービス事業の効果測定等に関する調査について」『共済総合研究』32　1999年　pp.36－49
5）三田寺裕治・早坂聡久「家族介護者による在宅福祉サービスの評価」『厚生の指標』50（10）　2003年　pp.1－7
6）早坂聡久・三田寺裕治「高齢者本人による在宅福祉サービスの評価」『厚生の指標』50（10）　2003年　pp.8－16
7）冷水豊　前掲書
8）山口光治「権利擁護と利用者支援」石田一紀編『改訂　エッセンシャル老人福祉論』みらい　2003年　p.178
9）深谷翼「高齢者精神科医療の事故と法的諸問題」『老年精神医学雑誌』第14巻第6号　2003年6月　p.748
10）インターリスク総研編著『実践リスクマネジメント　事例に学ぶ企業リスクのすべて』経済法令研究会　2002年
11）香取幹「民間居宅サービス事業者におけるリスクマネジメント」増田雅暢・菊池馨実編『介護リスクマネジメント』旬報社　2003年　p.141

【参考文献】

東京都福祉サービス評価推進機構編『福祉サービス第三者評価の手引き』東京都高齢者研究・福祉振興財団　2003年

大國美智子他編『福祉サービスにおける第三者委員苦情解決ハンドブック』中央法規出版　2001年

平田厚『社会福祉法人・福祉施設のための実践リスクマネジメント』全国社会福祉協議会　2003年

古川孝順『社会福祉の運営』有斐閣　2001年

原英樹『医療事故要因分析マニュアル』日総研　2001年

中間浩一・松田修『転倒・転落事故防止リスクアセスメント』日総研　2003年

岸田宏司他『評価が変える介護サービス』法研　2003年

品田充儀『人事・労務管理革命と社会福祉施設経営』筒井書房　1998年

清水克彦『社会的責任マネジメント－CSR企業の持続可能な発展と安全確保－』共立出版　2004年

水尾順一・田中宏司『CSRマネジメント－ステークホルダーとの共生と企業の社会的責任－』生産性出版　2004年

日本福祉施設士会・福祉QC全国推進員会編『福祉QC活動ガイドブック』全国社会福祉協議会　1997年

亀井利明編『保険とリスクマネジメントの理論』法律文化社　1992年

亀井利明『危機管理と保険理論』法律文化社　1995年

神奈川福祉サービス振興会編『介護保険と福祉ビジネス』中央法規出版　2000年

生涯職業能力開発促進センター　能力開発セミナー資料「介護サービス業におけるリスクマネジメント」2003年

第10章

国際社会福祉の概念と問題
―― 地球的視野で考える福祉課題とは何か

● **本章のねらい**

　20世紀に人類が手に入れた科学技術の進歩は、21世紀に入りますます広がりや深さをみせ、それとともに私たちを取り巻く社会は急速に変化している。特に、情報技術の発展はめざましく、地球の裏側の出来事も瞬時に分かち合える時代になった。ボーダレスやグローバリゼーションといった言葉や概念も定着し、一つの国での出来事は、国境を越え、他の国や地域に大きな影響を及ぼすようになってきた。見回せば、われわれの日常生活のあらゆる部分にも「他国」が深く浸透してきている。こうした時代の流れのなかで、多種多様な地球規模の社会問題がもたらす福祉的な問題をみつめていく必要性が、今求められている。さらに、国際的あるいは地球的な視野で福祉を考えながら、われわれの足元で発生している社会福祉的な問題との接点を見出す力を養うことも大切である。

1　「国際社会福祉」の概念と理解

1．「国際社会福祉」とは何か

1　国際社会福祉の概念

　社会福祉という学問領域のなかで、「国際社会福祉」という学問の歴史は非常に浅い。1930年代頃に International social case work という言葉が登場する。当時は主に民族の坩堝(るつぼ)といわれるアメリカを中心にして、移民の人々が直面する生活問題を実践的に取り扱っていた。1950年頃から、「国際社会福祉」と訳される International social welfare という表現が使用されるようになる。1973年になると、「国際社会福祉」教育の実践がイギリスを中心にして開始され、1980年以降には、日本の大学でも社会福祉関連科目のなかに含まれはじめる。しかし、教育現場でも「国際社会福祉」の概念、科目の名称、その目的や教育内容、研究の対象範囲やアプローチの方法などは統一されておらず、学問としての体系整備とともに、今後の課題となっている[1]。

[1] 「国際福祉」の概念等を総括的に論じた文献は日本では少ないが、ここではその枠組みとして、谷勝英編集の『現代の国際福祉』を参考にする。

日本では、国際化、国際人、国際感覚など「国際」のつく言葉が、1980年代半ばころから盛んに使われるようになってきた。しかし、この「国際」には正確にいえば異なった2つの意味がある。すなわち、国と国の関係をあらわす狭義の「国際」と、国家の枠を越えた「地球規模」という意味であるが、実際には混在して使用されることが多い。「国際社会福祉」も、「国際」のとらえ方によっては、異なった見方や研究方法が考えられる。ここでは、「国際社会福祉」を広義の「国際」の定義に基づき考えてみる。すなわち、国境という枠を越えた地球規模、あるいは多くの国や地域が共通して抱える「福祉」、あるいは「社会福祉」問題を対象にする学問というとらえ方である。

　ここで「福祉」、または「社会福祉」と分けて表現した理由は、学問の研究対象や研究のもつ性格の違いによる。「福祉」といった場合は、「国際社会」あるいは地球全体のすべての人を対象に考え、総括的に「社会福祉」をとらえる。人類すべてが幸せに満足した生活を保障される条件を考察する、言い換えると、"国際社会・福祉"というアプローチである。

　一方、「社会福祉」という表現は、対象が特に支援を必要とする人々に限定され、彼らの生活問題を課題とすることを意味する。「国際」的な広がりをもつ問題のなかでの「社会福祉」であり、すなわち、"国際・社会福祉"を研究することである。「国際社会福祉」は"international social welfare"という英語表現が一般的だが、地球規模の世界空間を研究の枠組みと想定するために、「国際」の部分を、地球を意味する"globe"と、個々の人間の健全で豊かな発展を意味する、well-beingを組み合わせて、前者の"国際社会・福祉"を"global well-being"、後者の"国際・社会福祉"を、限りなく"well-being"に近い、"global social welfare"と表現したほうが、学問の内容をより明確に示しているのではと考える[★2]。

2　国際社会福祉の目的と領域

　「国際社会福祉」の目的を整理してみると、国家の枠を越え、世界的な規模で起こっている、あるいは起こる可能性が予測される社会問題の影響を受ける、全体あるいは選択された人々が対象となること、そして、自由や平等、基本的人権などの保障を念頭に置きながら、それぞれの抱える生活問題を研究し、その質の向上に向けた実践的、政策的プロセスなどにも関与することといえよう。援助の対象が、いわゆる「社会的弱者」といわれる特定の集団であっても、根本的には、人種、階級や階層、年齢や性別などを超えた、すべての人々の幸福やよりよい生活、すなわち「福祉」をめざすものでなくてはならない。この学問領域では、地球規模の社会問題に対する知識や情報を身につけるだけ、あるいは社会福祉問題を、科学的に研究分析するのみにとどまらない。研究過程を通して、情報収集能

★2
谷勝英は前者を「国際福祉」と称し、後者を「国際社会福祉」と区別している。前者は形而上学的な性格をもち、後者は前者の研究をもとに、具体的な実践的な側面をもつものと位置づけている。

力、批判的な思考力、分析力はもちろんのこと、判断力、そして問題解決能力などを自己のなかに育てていくといった、研究者の資質向上も期待される。というのも、世界の至る所に存在する、人権侵害やさまざまな差別、不平等、貧困、社会における不正義といった、理不尽な諸問題に翻弄される人々はもちろんのこと、それらを生み出す社会構造などに、真正面から向き合わなくてはならない学問分野だからである。遠い他国の特殊な出来事としてとらえるのではなく、身近に起こっている社会問題や福祉的課題とのかかわり、類似性などに気づき向かい合う能力を養うことも、重要な目的のひとつである。

2．研究基盤としての『世界人権宣言』
—人類が求める「普遍的」な価値をめざして—

「国際社会福祉」を学ぶ方法は多種多様である。ここでは、その一つのより所として、「すべての人間は、生まれながらにして自由であり、かつ、尊厳と権利とについて平等である……」（第1条）で始まる『世界人権宣言』[★3]を取り上げる。

現在広く使われている「人権」の辞典的定義は、「人間が人間らしく生きるために、生まれながらもっている、欠くことのできない権利」に代表される。制度として確立した「人権」は、『世界人権宣言』以降であるが、歴史をたどれば、「人権」の概念は18世紀以降「近代国家」の出現とともに確立されていった。もともとは、個人の「国家からの自由」を保障するという、いわゆる「自由権」が主体であったが、資本主義経済の発展する19世紀になると、よりよい生活の保障を求め、生存権や労働権を内容とする「社会権」を求める動きが出てくる。しかし、『フランス人権宣言』[★4]がよい例であるように、当時の権利主体は限られた成人男性であり、「人権」が、性、人種、宗教、階級、貧富の差等を超え、「すべての人」を意味するようになるのは、『世界人権宣言』以降である。この人権宣言に法的な拘束力をもたせるために、通称『社会権規約』と『自由権規約』と呼ばれる国際人権規約[★5]が1966年に採択される。

『世界人権宣言』を受け入れ、「人権規約」を批准した「国家」は、自国内にいるすべての人の権利を等しく保護・促進することを義務づけられるようになった。ともすれば国益優先になりがちな「国家」の役割が、大きく転換したといっても過言ではない。しかし、人権の尊重や対応の仕方、解釈は国や地域によってさまざまである。「人権」という概念が、西欧的、キリスト教的世界の産物と考える人も多い。「普遍性」に関しての疑問もきかれ、「人権」を無条件に絶対的なものと考える傾向を危ぶむ専門家もいる[★6]。「人権」概念が、こうしたさまざまな矛盾や問題点、相反する考えを内包するものであるということをも認識しつつ、基本的人権が保障されるために必要な条件や、人権侵害などの原因を考察し、福祉的課

★3 世界人権宣言
『世界人権宣言』は（Universal Declaration of Human Rights）は前文と30条から成り、いわば人権に関する国際的な憲法として1948年12月10日、第3回国連総会で採択された。1945年国際連合の設立と同年に発効した「国連憲章」のなかでは、すべての人を考慮した「人権」という概念が初めて出現し、国際社会が守り促進するものと謳われる。その共通基準の確立をめざしてつくられたのが、この『世界人権宣言』である。Universalとは「普遍的な」という意味であり、日本語訳とニュアンスの違いがある。

★4 フランス人権宣言
1789年、フランスでは、市民革命を経て「人及び人民の権利宣言」が制定された。これは、「自由権」を中心に謳っている。仏語では今でも「人権」という言葉は"男の権利"を意味する。人権が普遍的なものではなかった名残といえよう。

★5 国際人権規約
『社会権規約』は、「経済的、社会的及び文化的権利に関する国際規約」といい、労働、医療、教育、食糧など、社会保障に対する権利。一方、『自由権規約』は、「市民的及び政治的権利に関する国際規約」といい、国籍、言論、思想、宗教などの自由を謳ったもの。

★6
大沼保昭『人権、国家、文明』筑摩書房 1998年を参考。

題を追求していく一つの手段として、『世界人権宣言』は意義のあるものである。

次からは、国際社会が普遍的な価値として求める努力をしている「人権」が、いかにもろく簡単に剥奪される状況が生まれてしまうのかをみてみよう。現実に地球上で起こっている多くの社会問題のうち、❶戦争や内戦、❷貧困、❸環境問題の3つを取り上げ、その影響を受けながら生きる人間の生活や、諸権利を守ることの意義を考えていく。

2　戦　争
―「安全」に生きる権利を奪われる人々―

1．戦争・民族紛争
―人間によるおろかな行為―

有史以来3,500年、この長い人類の歴史を振り返ってみると、戦争がなかったのはほんの250年しかないといわれる。人間が過去の過ちから学ぶことなく、同じ愚行を繰り返す実におろかな存在であるということをよく示したデータである。20世紀以降を振り返ってみても、1億8,000万人の戦死者が出ている。第1次、第2次世界大戦など世界の多数の国を巻き込み、6,000人以上が死亡した大きな規模の戦争は165件もあった。まさに「殺戮（りく）の世紀」「難民の世紀」などといわれる所以である。

1980年代の後半から1990年にかけて、ソ連をはじめ、東欧諸国が次々と崩壊していく。いわゆる東西冷戦の終結である。これを機に、国家間の争いが減少していく一方で、戦争はその形態を変え広がっていく。一つの国内や地域で、その土地に住む異なった民族同士が争う、いわゆる民族紛争などの増加である。その原因は、それぞれの国や地域によって異なる。解決したものもあるが、長期化、泥沼化するものも多く、現在も世界の3分の1以上にあたる国や地域を巻き込んで多くの紛争が継続している。

民族紛争の特長の一つは、一般市民の日常生活の場が戦場となり、庶民がターゲットとなることである。そのため、彼らが犠牲となる確率は、第2次世界大戦の50％に比べ90％へと激増しており、うち女性・子ども・老人などが約3分の2を占める。こうした戦争や民族紛争は、過去に多くの難民を生み出してきた。次に、その難民や、戦闘員として狩り出される子ども兵の様子を例にあげて、彼らが直面する問題を考えてみよう。

2．祖国を追われる人々
―難民―

「難民」★7の歴史は古い。しかし20世紀ほど、その数が増加した世紀はかつてなかった。2003年12月現在、国連難民高等弁務官事務所★8によると、世界の難民・国内避難民は約2,110万人であるという。難民が発生する原因は、内戦や戦争、政治的理由による迫害、抑圧、差別、環境や経済の悪化などさまざまである。

1989年にベルリンの壁が崩壊し、いわゆる東西冷戦の終焉以降、それまで資本主義と社会主義・共産主義といったイデオロギーの世界観によって統一を保っていた個々の国が、それまで表面化しなかった自国内の民族的、宗教的、社会的、政治的な問題に目を向けはじめる。その結果、長年の不満が一挙に吹き出し、国内紛争として次々に広がっていく。そして1990年代の大量難民発生へとつながっていくのである。

こうした難民のほとんどは、それまでの生活で築き上げたすべてを捨て、身ひとつで、さまざまな命の危険を冒しながら逃げてくる。一度に大量の人的移動は、隣接する国々にも大きな影響や負担を強いることになる。国際的な緊急支援も、急激に膨れ上がる人数に十分対応できない。たとえキャンプにたどり着いても、彼らの命を守るための最も基本的な物資が与えられる保障はない。環境は不衛生になりがちで、病気やけがに対しても、十分な薬や医療が与えられず、衰弱して死亡する難民は多い。世界保健機関（WHO）は、世界の難民の5割以上が、劣悪な過密状態のキャンプ生活で、結核に感染していると報告している。さらに、難民の多くが不安や恐怖、将来への絶望など、さまざまな心理的・精神的な問題を抱えていることも見逃してはならない。

戦争が終結し、たとえ自国に戻ることが可能になっても、さらに厳しい状況が待ち受けている。破壊し尽くされたふるさとの村や町、元「敵」とともに同じ地域で生活する不安や憎しみ、そして、特に仕事がないことは、生活の立て直しにめどが立たないことを意味する。さらに、多くの国では、至るところに無計画に埋められ、放置された地雷★9や不発弾が、復興や人々の自立を妨げ続ける。現在世界中に埋められた対人地雷は1億1,000万個といわれ、現在も20分ごとに1人の割合で人々の命を奪い、重傷を負わせる。地雷は、人々に致命的な傷害を与えることで、その国の経済活動を制限し将来を奪うという目的を確実に果たす、「最も忠実で効果的な兵士」といわれている。

★7 難民
「難民」の定義は、1951年の『難民の地位に関する条約』と1966年の『難民に関する議定書』による。人種、宗教、国籍もしくは特定の社会的集団の構成員であることや、政治的信条などを理由に、自国内にいると迫害を受け、命の危険にさらされる恐れがある場合で、自国の"外"にいることという条件を満たす者とされている。1991年ころから、「難民」以外にも、「国内避難民」「帰還民」などを、拡大された「難民」の範疇に入れて、保護や支援の対象とするようになってきた。

★8 国連難民高等弁務官事務所
1951年、難民保護を目的に設立された国際機関。正式名称は、United Nations High Commissioners for Refugees（UNHCR）。1991〜2000年には、緒方貞子氏（現国際協力機構理事長）が、高等弁務官を務めた。

★9
地雷は、対車両地雷と対人地雷とに分類される。安価で、貧しい人たちの兵器といわれ、種類や形もさまざまである。除去に対する国際的な取り組みも始まり、地道な努力が進行する一方で、現在も持続する紛争で埋められる地雷の数の方がはるかに多く、絶望的ないたちごっこが続く。地雷を含むさまざまな武器は、皮肉なことに世界最大級の経済的な利益を生み出しており、「人権」意識の発達しているはずのアメリカを筆頭に、多くの国々で製造され続けている。たとえ、新たに埋められなくなったとしても、現在の除去作業のペースでは、除去に1000年かかるといわれる。

3．戦争で傷つく子どもたち
―子ども兵士―

　さて、地雷等で傷つく者を含め、戦争や紛争での最も深刻な犠牲者は、いうまでもなく子どもである。1996年に国連総会に提出された報告書★10によると、1990年からの10年間に、200万人の子どもが紛争で死亡し、600万人が傷害を負っているという。目の前で親や兄弟姉妹を残虐な方法で殺害されたり、自らも死に直面するような経験をし、数々の暴力的な状況にさらされた子どもたちは、心に深い傷を負う。その数は少なく見積もっても1,000万人以上である。さらに家を失った者は1,200万人、家族を失ったり生き別れとなった子どもの数は、100万人以上と見積もっている。

　戦争や紛争にかかわる「子ども兵士」の問題も深刻である。現在、政府軍や反政府軍武装勢力にかかわる18歳未満の子ども兵士は、世界30か国で約30万人以上と推定される。『子どもの権利条約（児童の権利に関する条約）』第38条が禁止している15歳未満の兵士も多い。「子ども兵士」が広がる背景には、安価で、軽量で、扱いやすい武器が次々と開発され、アメリカやロシアなどから容易に入手できることと無関係ではない★11。

　子どもが兵士になっていく理由として、自分の家族を殺害された怨みや生活苦など、自ら徴兵に応じた者もいるが、多くは誘拐されたり、人身売買のルートを介して強制的に狩り出された子どもである。彼らは、さまざまな理由、たとえば脅し・暴力・薬物などで容易に命令に従い、管理しやすいこと、地雷原などの危険な場所で、先遣隊や前線での盾などに安易に使用できることなどで重宝がられている。「子ども兵士」は、軍隊という階級組織のなかでは、「人間」としての尊厳のかけらも持ち合わせていない捨石であり、単なる道具である。したがって、彼らは、「基本的人権」の有無を論じる以前の状態に置かれているといっても過言ではない。少女兵士の場合は、兵士たちの性の奴隷としての役割を強要される。

　敵との激しい戦闘に加え、虐待や拷問などの暴力は日常茶飯事であり、常に恐怖と向き合わなくてはならない。劣悪な環境下での不規則な生活のなかで、心身の健康を蝕まれていく子どもは多い。脱走を試みる者もいるが、失敗することが多く、見せしめの拷問の末、殺害される運命にある。しかも、絶対的命令に抵抗できない仲間の子どもたちによってである。「殺さなければ、僕らが殺されていた……少しでも（刀で突き刺す）手を緩めると、（僕の）耳を少しずつ切り落とされた……」と告白する、リベリアの元少年兵は、救助されリハビリの訓練を受けているが、立ち直れないでいる。

★10
子どもの権利委員会の勧告に基づいて、国連事務総長が任命したグラサ・マシェル（元モザンビーク教育相）は、『武力紛争が子どもに及ぼす影響』と題する報告書を1996年国連総会に提出した。

★11
2000年の世界における武器の輸出総額は153億ドル、うち約4割をアメリカが、3割をロシアが占めている。輸出先は、国家予算の高い割合を軍事費に費やす開発途上国が多く、そのほとんどが紛争状態にあるか、その可能性をもつ国である。

4．戦争・紛争の終結後の問題

　国際社会の仲介などで内戦などの終結や停戦が実現すると、こうした兵士たちが保護されることも多くなった。しかし、つらい経験や暴力に日常的にさらされてきた子どもたちの将来は、決して明るいものではない。彼らには帰るべき家族や故郷がない場合もある。家族や親戚、地域から疎んじられ、受け入れを拒否されることも多い。一時収容施設で、職業訓練や平和教育、精神的なケアなど受けたりする場合もあるが、人間らしい感情を取り戻し、一人の人間として前向きに生きていくことが困難な子どもは跡を絶たない。

　戦争や紛争を経験した人々、特に子どもたちに人間としての尊厳を取り戻す機会を与え、生活や教育などの基本的な人権を保障するためには、多くの支援が必要になる。しかし、国家全体の政治的・経済的な復興や社会開発など、最優先課題が山積みの状態のなかで、当事国政府には、国民の福祉的な問題などに時間や費用を費やす余裕がないのが実情である。国家にそれを期待できないなかで、実際には国内の民間団体や宗教団体が、海外からの経済的・人的な支援を受け、細々と対応している場合が多い。

　社会復帰を支える専門家が少ないことも悩みの種である。戦争がいったん終結すると、マスコミなどからの情報がなくなり、国際社会の関心は急速に薄らぐのが常である。国や地域の復興の様子、人々の「生活確保の戦い」などは、目に触れられることなく、やがて忘れ去られてしまう。幸運にも国際的な支援が得られた場合でも、国内の都市部に援助が集中し、こうした支援の格差が、さらなる貧困や政情不安などの社会問題を引き起こす火種になる可能性もある。

3 構造的な貧困
―「安心して生きる権利」★12 を奪われる人々―

1．貧困
―暴力の最悪の形態★13―

　戦争や内戦がなくなっても、それだけでは真の意味での「平和」★14 な世界が実現したとはいえない。不平等や不公正を克服して初めて安心し安定した暮らしが可能になる。そのためにも、今世界中に蔓延している「貧困」を撲滅する努力が、21世紀の大きな課題である。

　今や最貧層に属する人は13億人以上に達するといわれる。世界人口63億人の3割は、1日1米ドル以下の生活を余儀なくされており、飢餓や病気に苦しんでい

★12
『世界人権宣言』では、社会保障を受ける権利を謳っている。

★13
マハトマ・ガンディーが「貧困」について述べた言葉。本名モハンダス・カラムチャンド・ガンディー（1869-1948）は、非暴力、寛容、平等などを自己の信条とし、インドがイギリスからの独立を勝ち取るために最大の貢献をした、大衆運動の指導者。ガンディーは、発展とは、経済が豊かになることと同義ではなく、社会正義や平等などが育まれるべく、民衆を含む社会全体が責任をもち、努力することができて初めていえることと主張している。

★14
「平和」とは何かの議論には、「消極的平和」（戦争がない状態）と「積極的平和」（単に戦争がないだけでなく、自由・平等が実現され、貧困や差別や偏見などがない状態）があり、現在では後者の考え方が主流になりつつある。

★15
それらの子どもたちの主な死亡原因は、複数の要素によることが多く特定しがたいが、下痢性の病気による脱水症、急性呼吸器感染症、全死亡の5割以上にかかわりをもつといわれる栄養不良などである。

★16
ユニセフの『世界子ども白書2003』によると、南アジア34％、東アジア・太平洋諸国13％、アフリカ40％という割合になっている。

る。2米ドル未満での生活者は5割にもなるという。慢性的な栄養失調状態にある人が約8億人、そのうち2億人は子どもである。毎年満5歳の誕生日を迎えることなく1,300万人の子どもが死んでいく★15。そのほとんどがサハラ砂漠以南のアフリカと南アジアの子どもたちである★16。乳幼児の死亡率の高い国は、紛争などにかかわっている場合が多い。それらの国の軍事費は膨大な国家予算を奪い、保健医療費を激減させる。

　貧困が社会問題として蔓延している国では、医療・衛生、教育、安全な飲み水の供給など、社会開発に関する分野を中心に、複合的な連携プレーが、「持続可能な発展」を可能にする。そして、その過程で人的資源の育成や技術の向上も徐々に達成されていくものである。貧困に苦しむ国家でも、たとえば自国の財源の配分を軍事予算から福祉関連に些少でも移すことは可能である。それぞれの国で鍵を握る指導者たちのリーダーシップの質が、事態を変えるきっかけになる。

　絶対的貧困層の7割を占めているのが、子どもの生存や健全な発達にとって鍵となる女性である。彼女たちの多くは幼いときから差別され、学校にも行けずに育った非識字者である。彼女たちに、読み・書きといった伝統的な教育はもちろんのこと、衛生教育やサバイバルのための実践的な知識を与えることで、子どもの病気の予防や早期の対処が可能になり、彼らを取り巻く状況は随分改善されると考えられる。

　さて「貧困」がもたらす負の側面は多岐にわたるが、次に、世界の多くの子どもたちに必要以上の重荷と責任を強いている「児童労働」について考えてみたい。

2．児童搾取労働
―劣悪な環境下で働く子ども―

1　児童搾取労働の現実

★17
①幼い子ども、②長時間、③不当な身体的、社会的、心理的ストレスを引き起こす、④路上での労働や暮らし、⑤不十分な賃金、⑥重い責任、⑦教育の機会を奪う、⑧債務奴隷労働、性的搾取など、子どもの尊厳や自尊心を傷つける、⑨完全な社会的、心理的発達を損なう（UNICEF 'Exploitation of working children and street children' E／ICEF／1986／CPR. 3 14 March 1986, pp.3－4 と、『世界子ども白書』1997年参照）

　アジアやアフリカ、中南米の主に開発途上国に広がる「児童労働」は、1990年代後半ころからようやく国際社会における社会問題として注目を浴びるようになってきた。社会問題とされるのは、これが文字通りの「子どもたちによる単なる労働」の意味ではないからである。『子どもの権利条約』の第32条に謳われている「……教育の妨げとなり又は……健康若しくは身体的、精神的、道徳的若しくは社会的な発達に有害となるおそれのある労働」に従事しているからである。正確に表現するならば、「児童搾取労働」である。

　ユニセフは1980年代の後半に、「搾取」の基準★17を示し、容認できる労働とできないものに区別することを提言した。それらの基準に明白に違反する労働はもちろんのこと、挟間の、いわゆる灰色の領域にある労働の存在や問題点を浮きぼりにすることをも目的としたのである。そのうえで、子どもによる労働を、次の

図10-1　14時間労働の子どもの日課（例）

時　　間	日　　課
6：00～6：30	起床・洗面・朝食
6：30	職場へ出発
7：00～12：00	5時間労働
12：00～13：00	昼食・トイレ・休憩
13：00～18：00	5時間労働
18：00～19：00	夕食・トイレ・休憩
19：00～23：00	4時間労働
23：30	帰宅
23：30～24：00	シャワー・洗面・トイレ・洗濯など
24：00	就寝

8つのタイプに分類して、それぞれのグループが抱える独自の問題を明らかにしつつ、解決のための対策の提言や実践を試みている。

❶家事労働、❷債務奴隷労働、❸商業的な性搾取労働、❹農業・プランテーション労働、❺産業（工場）労働、❻路上での労働、❼家族のための仕事、❽少女による労働。

たとえば、搾取基準の労働時間を例にとってみよう。10～14歳の子どものうち、2人に1人が平均9時間、4人のうち3人が、6日間以上という国際労働機関（ILO）による推定データがある。個別にみると、1日16時間というケースも南アジアなどで報告されている。多くは、食事休憩も短く、体調が悪くてもトイレなどに行くことを許されなかったり、休憩した分を、少ない給料から差し引かれたりする。図10-1は、たとえば、もし労働時間を"14"時間としたとき、それがどのようなものになるか、仮の時間割を作成してみたものである。

具体的な時間割をつくってみると、14時間という時間が単なる数字の単位としてではなく、実生活と結びついてみえやすくなる。つまり、自由時間はおろか、食事、睡眠、入浴、トイレなどの必要最低限の生活時間もほとんどないことに容易に気づくであろう。この日課が、もし休日もなく365日、そして何年も続くと考えてみれば、子どもたちにのしかかる苛酷さの一端をより明確に感じ取ることができる。

2　劣悪な環境下で働く子どもたち

労働環境の劣悪さは目に余るほどである。暑さが厳しく湿気の高い自然環境にさらされることの多い開発途上国であるが、冷房や扇風機などの快適な設備が整

備されることは、ほとんどない。工場の多くは、窓や換気、灯りの設備すらない。放置された猛毒の化学物質、垂れ流しの汚染された水、錆びたくぎ、割れたガラスの破片など危険なものが散乱し、そこを十分な装備もなしで、素足や皮膚を露出した姿の子どもたちが歩き回る。危険な道具や機械を取り扱う訓練や注意などを受けることも少ない。こうして製造された物は、自国の経済的に豊かな人々や先進国に売られていく。

　家事労働者として富裕層に雇われる子ども、特に女児の実態も悲惨なことが多い。しかし家という密室状態のなかでの労働は、その全貌がつかめないという問題を抱えている。雇い主の家族の誰かから仕事の要求があれば、24時間いつでも働かざるを得ない。家人からの虐待や性的な要求に黙って耐え忍ぶ生活が続く。しかし、雇い主による人権侵害行為を立証することは困難であり、それどころか、解雇されるのが落ちである。しかも一度解雇されると、雇い主たちがもつ密なネットワークが邪魔をし、再就職は至難の業となる。子どもの家族にも嫌がらせが及ぶこともあり、どのような理不尽な仕打ちに対しても泣き寝入りせざるを得ない。こうした沈黙が、さらに悪循環を招くのである。

3　「債務奴隷労働」と「性の搾取労働」

　搾取労働の最も酷い形が「債務奴隷労働」と商業的な「性の搾取労働」といわれるものであろう。「債務奴隷労働」は、親の借金の肩代わりや、多額の融資の担保として働かされる子どもたちである。親に売られたり、債務や融資額が大きいため、二度と家に帰ることができない子どもたちの生活は悲惨である。まさに現代の奴隷さながらの生活を余儀なくされるこうした子どもたちには、死ぬまで働き続ける以外、選択の余地はほとんど残されていない。

　一方、性産業があふれる大都会や街で性の奴隷のように働かされる子ども、すなわち、「性の搾取労働」に従事する子どもの多くも、貧しい農村や他国からだまされ、誘拐され、売られたりして連れてこられる。親の債務の肩代わりなどにもされるため、「債務奴隷労働」と重複する部分がある。「性の搾取労働」に従事させられる子どもの実態も、実に苛酷である。一晩何十人という客が、未発達の子どもの身体や心を、性のはけ口として間断なく容赦せず傷つける。ノルマを果たせない子どもは、店の取り締まりの大人たちに殴られ、食事を与えられなかったりする。稼ぎのほとんどは店の収益となり、子どもたちに還元されることはない。さらに子どもたちを待ち受けているのは、エイズやその他の性病である。感染しても適切な治療が受けられず、たとえ体力が弱っていても働かされ続け、やがて死を迎える子どもが、アジア諸国を中心に増加している。

4　ストリートチルドレン

　街路を仕事場にして生計を立てたり、すべての生活の場にしたりする子ども、いわゆるストリートチルドレンは、大都市を抱える多くの開発途上国では当たり前のようになっている。ストリートチルドレンは、必ずしも貧困だけが原因ではなく、急激な都市化、家族や地域の崩壊、子ども観などが背景にあるということで、児童労働とは切り離して研究対象とする場合もある★18。その数は、推定1億人ともいわれ、アジアや南米に多い。彼らの生計を支えるのは、「ストリート」でのさまざまな仕事である。新聞、水やジュース、観光土産、花、果物、タバコなどを売る、信号待ちをしている車などの窓磨き、道路で靴みがきなどのサービス、車などの見張り、荷物運び、ごみ拾い、そして物乞いなど多様な職種に従事する。なかには、子どもの腕や足をその付け根から故意に切断して、物乞い専用に子どもを「改造」してしまう親もいる。より多くの同情を得るためという単純な理由からである。

　帰る家のない子、家はあるが、複雑な理由で帰れない、帰りたくない子、こうした子どもたちが、時には小さなグループで生活する。橋の下、ビルの隙間、マンホールなど、あらゆる場所がねぐらとなる。不十分な食事、不規則で不健康な生活は、子どもたちの身体には負担である。けがや病気、栄養失調などで命の危険にさらされる子も多い。また大人にだまされ、稼ぎをピンはねされたり、縄張り争いで暴力を受けたりもする。

　多くの国では、こうした道路で寝泊まりする子どもを厄介者、忌むべき存在とみなす傾向が強く、『子どもの権利条約』を批准している国においてさえも、国家権力である警察官や市民による自警組織などに殺害される例が跡を絶たない。

　「児童労働」は貧困や親の失業といった経済的な理由のほかにも、子どもは親に従う存在といった子ども観や、子どもは愛情の結晶というよりは経済的な安全弁といった考え、多い家族数や狭い家、虐待などを含む家族問題や家族崩壊、親の低い教育レベルなどさまざまな原因が背景にある。『子どもの権利条約』に一つずつ照らし合わせながらみてみると、およそ人間としての尊厳・自由・平等などの高邁な理念とは程遠いことに気がつく。

5　児童労働問題の解決に向けて

　「児童労働」に対する取り組みは、NGO★19などを中心に徐々に始まっているが、世界的にみるとまだ試行錯誤の段階の域を出ていない。法律や罰則の強化だけをむやみに急ぎすぎると、問題が水面下に隠されてしまうことが懸念される。かつて先進国では、「児童労働」が関与した製品の不買運動を実行したことがある。しかし、その結果一番打撃を受けたのは、仕事を失った子どもたちであった。失業

★18
ストリートチルドレンを、さまざまなカテゴリーに分けて対応する方法もある。たとえば、"ON" the streetは、路上を生活の糧を得る仕事場とする場合、"IN" は、帰ろうと思えば帰る家や家族があるが、路上を生活のすべての場にしている場合、"OF" は文字通り、路上しか生活の場がない場合（孤児や遺棄された子ども等）など。分類することで、それぞれに特有の問題発見や、それに対する対策が可能という見方もある。しかしほとんどの場合、問題は複合的、複層的で複雑なのが現状であり、試行錯誤の努力が続いている。

★19　NGO
政府代表による国連が、市民の代表によるグループに対して使用した言葉で、非政府組織（Non-Governmental Organization）と訳されている。その活動分野は、人権、開発、環境、緊急人道支援、平和などの多岐にわたっている。「非営利組織」と訳されるNPO（Non-Profit Organization）も市民による組織であり、NGOはNPOの範疇で考えるのが一般的。NGOやNPOで活動する人々を支えるのは、ボランタリー精神である。

した彼らを待ち受けているのは、さらに危険で厳しい、低賃金の仕事である。したがって、短・中期的取り組みの形としては、彼らの労働環境や条件の改善に努力し、子どもでも一人の正当な労働者としての評価を受けられる環境を整備する支援も必要であろう。インドやコロンビアでは子どもたちによる労働組合[20]が、一つの方法として注目されている。自分たちの権利は自分たちで守り勝ち取っていくといった、子ども自身を主体としたたくましい動きは、子どもが、単に保護され守られる対象ではないことを、私たちに教えてくれるものである。

4 環境と人間

1.『世界人権宣言』が見落とした環境問題

さて、再び人類の「安全」に関する問題に戻ってみよう。私たちが、胸を張って、「すべての人は、生命、自由及び身体の安全に対する権利」(『世界人権宣言』第3条)を主張できるのは、私たちが住んでいるこの地球という生命体が、まだ息づいているからである。"まだ"という表現をしたのは、いったいこれから先、どれほど私たちの大切な生命体はもちこたえられるのだろうか、という危機感が毎年強くなってくるからである。

半世紀ほど前に、レイチェル・カーソン[21]が早々と警告したように、地球がすべての生物を失い、沈黙してしまうときがすぐそこに来ているかもしれないと考える人は多いだろう。環境汚染や環境破壊は、この生命体が内包する自浄能力を超え、もう後戻りができないほどにまで深刻化している。確かに、20世紀における科学技術や経済のめざましい発展は、人間に経済的な豊かさをもたらした。しかし一方で、さまざまな負の遺産をも地球上に生み出してきたのも事実である。先にみてきた構造的貧困や拡大する格差も、エスカレートする軍需産業や核開発と連動する戦争や紛争も、すべてその負の代表である。しかし、特に先進工業国における大量生産・消費・廃棄がもたらし続けるさまざまな環境汚染や破壊は、地球全体にかかわるという点で、最も関心を向けねばならない問題である。ところが、『世界人権宣言』はこうした問題に全く言及していない。第28条には、「この宣言に掲げる権利及び自由が完全に実現される社会……」を謳っているが、その可能性を根本から崩し得る環境問題は、当時は想定外のことであった。

深刻になる環境問題の事態を重くみた国際社会は、1972年に『国連人間環境会議』を開催し、『ストックホルム人間環境宣言』を採択するのである。その後、幾多の国際会議での議論や取り決めの過程で、各国の思惑、異論や不満が露わになっ

[20] インドのデリーのNGO「バタフライズ」、会員のストリートチルドレンたちは、自分たちの権利擁護に積極的に取り組んだり、識字教育にも参加している。コロンビアでは、もと炭鉱労働に従事していた子どもたちによる組合が結成された。UNICEFやコロンビア政府のサポートで、職業訓練学校で学びながら、炭の加工品などを製作し観光土産として販売するなど新しい事業を始めた。新製品開拓の準備・計画も進行中。

[21] レイチェル・カーソン
レイチェル・カーソン(Carson, Rachel)はアメリカの動物学者、海洋生物学者(1907～1964)。彼女の主著『沈黙の春』(1962年に原書の出版)は、人間による農薬を含む化学薬品の乱用が、すべての生き物を死滅させるというテーマ。膨大なデータや資料・聞き取り調査を使い世界に警告する。

ており、緊急な対応が迫られているにもかかわらず、環境問題取り組みの前途は多難である。さて、こうしたさまざまな環境を取り巻く情勢のなかから、ここでは「チェルノブイリの原発事故」を「国際社会福祉」的な視点で考えてみたい。

2．チェルノブイリ原発事故
―「国家」の利益が人間の命に優先するとき―

1　チェルノブイリ原発事故

1986年4月26日、午前1時23分、当時はまだソビエト連邦であった、現ウクライナ共和国の原子力発電都市、チェルノブイリで、4号炉が轟音とともに何度も爆発し、1,000トンもある炉の屋根はもちろん、炉が設置してあった建物ともに吹き飛んだ。後に「地球規模の環境汚染」とか、「地球被曝」といわれるこの事故は、ほぼ北半球全体に、広島の原爆の約800倍にものぼる量の放射性物質をまき散らしたのである。国際原子力機関の報告によると、被害者総数は約900万人にのぼるといわれている。これほど大規模の事故にもかかわらず、その情報は当初秘密裏に扱われた。ヨーロッパ諸国政府からの問い合わせに対して初めて、当時のソビエト政府は事故について公にしたという経緯があった。放射能は8,000km離れた日本にも到達し、野菜や草を食べた牛を介して、牛乳が汚染された。緊急事態であったのに、この事故に関連した正確な情報は、チェルノブイリの住人に対しても伝えられなかったことが、後のさまざまな証言からみえてくる。「政府が何もいわないのだから、安全にちがいない」というある老人は、「死に場所を選ぶ自由」を主張して、汚染された村に住み続ける。避難勧告は遅れた。結局、半径30キロメートル以内の住民13万5,000人が避難したが、実際の汚染地域はもっと広範囲に及んでいる。この老人のように、汚染地域に住み続ける住民の数は800万人以上と推定される。

事故の原因は、ずさんな安全管理、安全意識や知識の欠如、利潤や効率優先の考え、核分裂を止める機能をもった制御棒の設計ミスなど、さまざまな要素の連動の結果によるものであった。政府関係者は、設計ミスを以前から認知していたというが、直接事故にかかわった個人に責任を転化してうやむやにしたようである。崩壊した原子炉は、その後コンクリートで覆われたが、この「石棺」は劣化が進行し、ひび割れができたまま長い間放置され、崩壊の危機にある。年月が経過しても、事故の跡地には非常に高い放射性物質がひび割れから放出され充満している。

そのような状態のなかで、1号機から3号機までは、隣接する大都市キエフへのエネルギー確保のために稼動しつづけたが、2000年12月、全施設が閉鎖された。しかし、閉鎖によって職を失うことになった約5,000人の労働者たちの心境は複雑

であった。首都キエフでも、電力不足が住民を不安にする。原発の解体のめどは立たず、もし「石棺」の崩壊が起これば、もっと深刻な放射能汚染が起こることも考えられる。

　事故から20年近くの年月が流れた。その間、国際社会は、事故のことをほとんど思い出すこともなく、その後のそこに住んでいた人々が、どのような苦しみを背負いながら生き、あるいは亡くなったかを考えることもない。実は、1995年に国際原子力機関が調査に入り、放射線被曝による住民の健康被害はみられない、甲状腺ガンや白血病なども将来発生する可能性はない、食物も安全である、などの報告書を出した。国際機関による実質的な「安全宣言」によって、マスコミをはじめ、世界の関心は消滅していったのである。しかし個人や民間団体、医療に携わる人々は、独自のデータを収集したり分析しつづけており、事故から10年を経過したころから、特に当時の子どもたちの身体にさまざまな放射線の影響と推定される、たとえば白血病や甲状腺ガンが、汚染地域全域で非常な増加をみせていると警告を発信している。

2　国際社会福祉の視点でみるチェルノブイリ原発事故

　さて、「国際社会福祉」の課題としてこの事故を考える際のポイントを幾つかあげてみたい。

　1番目に、「国益」が国民の命に優先されたという点が注目されよう。これは、『世界人権宣言』の真髄を流れる人権に対する考えと真っ向から対立するものである。

　しかし、この場合、この「国益」を支えたのは、「原子力は、国家にとって絶対的なもの」という信念である。これが2番目のポイントである。すなわち、原子力は、「原子力爆弾」という武器として、国家の安全を守るためには絶対的なもの、さらに、国家の経済発展や、国民の生活に必要な「エネルギー源」としても、国家存続にとっては不可欠のものといった「神話」ともいえる強い思いである。

　3番目は、国家が、国民の生命に直接かかわる重要な情報を、正確に伝えなかったという点である。人々に、知る権利、特に自分の命や健康、生活に影響を及ぼすような正しい情報にアクセスする権利を、「国家」が管理・操作し、結果として奪ったという点である。事故原因に政府が絡んでいた場合には、なおさら国家の威信をかけて隠すことは十分考えられる。とすれば、罪を全部背負わされた個人や、その他の国民の命は、国家の名誉や威信に比べ軽いものということになる。

　4番目に、事故後、状況からみても、明らかに事故が原因と考えられる人々の死や健康被害に対して、医療保障などを含めた生活援助を行っていないという点である。

5番目に、経済的にも貧しい現在のウクライナ共和国が、事後処理のために、1割以上の高い予算配分をして、汚染された村や町を埋め立てる等の努力をしているが、経済的にも貧しいこの国だけでは、処理しきれないほどの問題があるという側面である。たとえば、土壌は深くまで汚染されているが、その土地で今も農作物は作り続けられ、草を食む牛からはミルクが搾られ、食物連鎖を通して人間に放射性物質は蓄積されつづける。土壌から水にどれほど溶け込んで、どのような悪影響を人々の健康に及ぼしているか、その規模などの調査に時間や労力、そして財政をかける余裕はない。貧困と環境問題の深い関連がみえてくる。

　6番目には、国際社会の関心の薄さである[22]。マスコミのあり方、調査を行った国際機関の思惑にも、疑いの余地が十分にある。

　最後の7番目に、原子力問題は、「国益」に大きくかかわる分野であるという認識である。こうした問題に対して、当事者の政府はもちろん、政府の集合体である国際機関も、「原子力」を否定する立場に立つことは非常にまれである。6番目で、国際機関の「思惑」と表現したが、国際原子力機関は、原子力産業の推進に力を注ぐためにある機関であるから、調査の方法や結果が住民の立場に立ったものでないことは、十分予測されたことである。だからこそ、こうした問題対処には、市民の力が必要不可欠になるのである。被害を受けた人々の視点で問題提起し、声をあげていくことがいかに大切かということであり、「国際社会福祉」が、力を発揮する場でもある。

★22
2001年には、閉鎖後の原発解体などに向けての国際支援がG7を中心に始まったことは、高く評価できる。日本政府も、約40億円（1ドル＝110円）の資金分担を約束した。

5 「国際社会福祉」の実践に向けて

1．地球規模の問題に立ち向かう力の源泉としての教育

1　切り捨てられる教育

　「国際社会福祉」は、単なる理論研究に終わらない実践の学問でもある。ここでは、これまでみてきたような地球規模で存在し、また拡大する可能性のある国際社会問題に根をもった、さまざまな福祉問題にどのような姿勢で向き合うのかを、教育という視点で考えてみたい。

　「すべて人は、教育を受ける権利を有する」[23]、そして教育は、人が豊かに生活し尊厳をもって生きていける能力を育て、あるいは最大限引き出す大切な手段である。開発途上国においては、教育はもちろん平和、人権、平等、貧困撲滅、経済発展を実現していくための機会を与えてくれる重要な鍵であり、社会の発展にとって価値のある資本である。同じように、いわゆる先進国の人々にとっても、

★23
『世界人権宣言』第26条

教育は、地球規模の社会問題や、そのなかで生きるさまざまな人の福祉的な問題を理解し実践に参加するためにも大切なものである。

しかし、現実には、戦争や紛争、貧困や自然災害などに苦しむ多くの開発途上国では、教育どころではない。初等教育も受けられない子どもの数は1億2,000万人もおり、うち53%は女子である。基本的な読み書きができない非識字者は、15歳以上で9億人を超え、その数は人口増加とともに増加傾向にある。その大多数が開発途上国の貧しい国、しかも南アジア（47%）と東アジア・太平洋諸国（21%）に集中している。そうした国々における初等教育の就学率は低く、退学の割合は高い。さらに問題なのは、開発途上国で出生登録をされない子どもたちの多さである★24。出生登録がされなければ、公認された名前や国籍がない訳で、当然のことながら、就学する可能性も絶たれるのである。

就学率の低さ、退学率の高さの原因はさまざまであるが★25、その背景にも「貧困」の問題が大きくみえてくる。戦争や紛争を経験した国、また、多くの開発途上国では、人々の生活改善に関連する教育や社会福祉的な側面は後回しになることが多い。しかし教育は、長期的な発展のためには不可欠な投資であり、資本である。教育を通して、人は人間にとって最も大切な尊厳や自尊心、そして自己の価値を見出し成長するものである。地道なことかもしれないが、エンパワーされた人々による地域での開発活動が、いかに重要で、持続的で、成功の鍵を握っているかを示す例は、開発途上国のさまざまな場でみることができる。

開発途上国が、試行錯誤を繰り返しながら、教育を通して自立への道を勝ち取ろうと努力している一方、先進諸国でも、教育の理念やその方向をめぐってのさまざまな議論がなされている。教育に関する国際機関ユネスコは、1974年の18回ユネスコ総会で、国際理解、協力、平和をこれからの時代の重要な教育理念として掲げ★26、「国際的側面とグローバルな視点（global perspective）」を教育のなかに盛り込むことを、教育指導にあたっての原則と謳っている。こうした指針を受けとめ、教育の専門家や現場の教師たちは、具体的に何をどのように教え、子どもたちに何を期待するのかなどに関して熱い議論を戦わせ、多様な実践を試みている。

2　ユニセフの「開発のための教育」の取り組み

ここでは、特に幼児教育に力を注ぎ、18歳未満の子ども全体の福祉に長年かかわってきたユニセフが、1990年ころから普及・開発努力を続けてきた「開発★27のための教育★28」をもとに、グローバルな視点を取り入れた教育を紹介しておこう。

「開発のための教育」の目的は、地球市民として、よりよい未来の開発、地域や社会の変革に必要な価値観や行動姿勢、たとえば、地球規模の連帯、平和、寛容

★24
ユニセフの『子ども白書』によると、2000年には世界の全出生数の4割にあたる、5,000万人以上の赤ん坊が登録されていない。国民に関する統計をとるということが、制度として十分に整っていない国もある。

★25
たとえば、学校への距離が遠い場合、バスなどの運賃が払えない子がいる。十分な食事をとっていない子どもにとって、徒歩で通う体力がない。教育の必要性を理解しない親も多く、大事な働き手としての子どもが学校に費やす時間、収入が減ることを不満に感じる。学校の設備も整っていない。灯りのない教室は、子どもたちであふれかえり、机も椅子も教科書も足りない。特に女の子にとっては、専用トイレの設備の有無も深刻である。

★26
『国際理解、国際協力及び国際平和のための教育並びに人権及び基本的自由についての教育（略称「国際教育」）』勧告

★27
「開発」とは、1990年ころまでは経済指標で測られる進展具合を意味する言葉であった。1990年以降、経済指標に加え、福祉、健康、栄養、教育、女性などの地位や機会など、人間の基本的権利についての指標も含んで考えられるようになる。

★28
原版は、"Education for Development"。日本語版は、1994年に、[財]日本ユニセフ協会によって出版された。この教育は、「開発教育」（Development Education）とは異なるものである。「開発教育」は、1960年代に、

の心、社会正義、環境意識などに関しての知識や能力を養うことである。その指導内容を構成しているのは図10－2の5つの概念である。

これらの概念は、それぞれがつながりをもっており、地球規模で起こっているさまざまな現実的課題に取り組む際に、必要となる能力や考え方の指針としての役割を担っている。

❶「相互依存」は、人間関係、家族、学校や会社組織などの身近なことから、生態系や地球上の問題に至るまで、すべての事象はつながりをもち、依存し合いながら微妙なバランスを維持していることを認識する。

❷「イメージと認識」は、差別や偏見が生まれるメカニズムに気づき、無意識のうちに、限られたあるいは不正確かもしれない情報をもとに、いつの間にか形成される既成概念や固定観念を検証し、打破することを目的とする。

❸「社会正義」は、人権、公正、正義といった概念を理解し、さらに何らかの体験を通して、実感することを目的としている。

❹「対立とその解決」は、身近な意見や価値観の対立から、戦争などの地球レベルのものまで、その解決方法をさまざまな角度から議論し、平和的な解決方法を考える能力を養う。さらに、多様な意見をもった人とのコミュニケーションの大切さを学ぶ。

❺「変革と未来」は、変革の主体は自分自身であることを認識し、よりよい社会構築に向けての積極的な行動を重視する。

「開発のための教育」の重要なポイントは、教育理念をただ知識として習得するものではなく、学ぶ方法を学ぶということである。さらに、主体的に行動し、学んだことを実践することも強調している。そのために必要な能力を養い、学んだ結果ではなく、そのプロセスに価値を置いている。教育指導環境に関しても、教える側と教えられる側といった、権威に基づいた縦関係ではなく、自由で正直に

> 国際協力活動にかかわるなかでみえてきた南北問題や、それを生み出す構造などの考察を主目的とした教育。

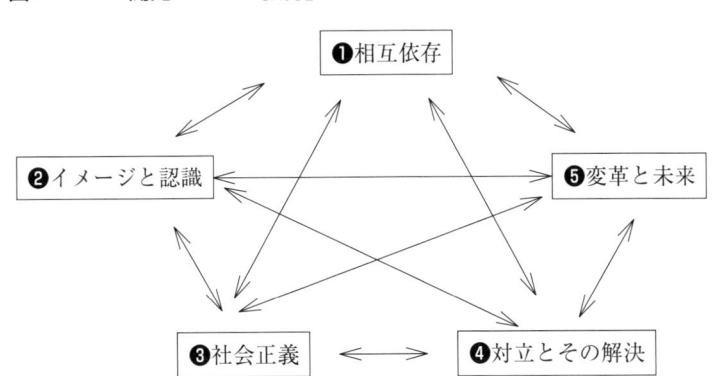

図10－2　「開発のための教育」5つの概念

```
              ❶相互依存
         ↗ ↖   ↑   ↗ ↖
        ↙   ↘  ↓  ↙   ↘
❷イメージと認識 ←――――――→ ❺変革と未来
        ↖   ↗  ↑  ↖   ↗
         ↘ ↙   ↓   ↘ ↙
      ❸社会正義 ←――→ ❹対立とその解決
```

議論できる、水平関係に根ざした関係の重視を求めている。しかも内容も教授法も創意工夫を凝らし、統一することより独自性をもたせることが必要であると考えている。この教育が示しているこうした枠組みや概念は、学校教育のみならず、家庭においても、地域や、職場でも、さまざまな場面で参考になり、人とどのように向き合うかといった方法論としても利用できる。これから「国際社会福祉」を実践していくうえで意義があるのは、いうまでもない。

2．ボランタリー精神で築く「水平的」な関係

1　世界で活躍するNGO

さて、国際理解や、協力、世界平和や人権擁護などの重要な理念が重要視されるようになってきたなかで、国家の枠を超越して、世界のあらゆる国や地域で実践を行っている民間団体は数多い。海外では、たとえば、NGO（非政府組織）という言葉が生まれる1世紀半も前から、国際赤十字社をはじめ、大規模なNGOが世界を舞台に活躍している。主な団体は、イギリスのオックスファム(OXFAM)、アメリカのケアー（CARE)、フランスの国境なき医師団（MSF）やそのアジア版ともいえるアムダ（AMDA)、フォスタープラン、カナダのキューソ（CUSO)、イギリスのアムネスティー・インターナショナルなどである。

その活動分野は、開発途上国の開発援助、自然災害や戦争・紛争現場での、あるいは難民等に対する緊急援助、医療活動、人道支援をはじめ、環境問題、女性や子ども、少数民族、囚人などの人権問題や平和問題など、多種多様である。国際的な規模を誇るこれらの世界のNGOは、日本の場合と違い財政基盤がしっかりしているのが特長である。

もちろん日本でも1930年代には、海外での医療や貧困開発、難民救済等の分野に力を注ぐボランティア団体が、特にアジアの国々を中心に活動を開始している。1960年から70年代になり、市民組織としての活動もその内容を広げていく。特に大量のインドシナ難民が流出した1979年を境に、難民救援の目的で多くのNGOが設立され、その後の市民活動発展に大きな影響を及ぼした。宗教者、学生、青年、そして定年退職者や中高年など、年齢や職種、性別を越えて国際協力に、古い表現を使えば、「草の根的」な力を注いだ市民の存在があった。

主な団体は、現在の日本キリスト教海外医療協力会、オイスカ産業開発協力団、シャプラニール・市民による海外協力の会、日本シルバーボランティアズ、難民を助ける会、曹洞宗国際ボランティア会、日本国際ボランティアセンター、幼い難民を考える会などである。1980年代には、女性、特に子どもをもつ主婦が積極的にかかわりをもつようになる。先に述べた世界的なNGOがその支部を日本にも設置しはじめるのもこのころである。1990年代以降は、NGOに対する社会的評価

が徐々に高まりをみせ、政府機関からの補助金の支給が開始する。当時の郵政省による「国際ボランティア貯金制度」が始まったのもこの時期である。

2　専門分野で活動する国際機関

　NGOによる国際協力の主体が市民である一方で、さまざまな専門分野で活動する国際機関も、地球規模の問題に取り組む大切な役割を担っている。国際連合（国連）の活動は、各国政府との協力関係を大前提に、主に平和、人権、開発、環境、教育等にかかわる領域でのさまざまな国際的な問題に及ぶ。たとえば難民の保護や帰還などを専門とするのは、「国連難民高等弁務官事務所」（UNHCR）、子どもの人権を守るために骨を折るのは「国連児童基金」（UNICEF）、経済開発・人間開発など、その国の発展に関する領域にかかわるのは「国連開発計画」（UNDP）、教育科学などにかかわる「国連教育科学文化機関」（UNESCO）、健康や医療保健分野の責任は、「世界保健機関」（WHO）、労働関係が専門の、「国際労働機関」（ILO）などである。

　『国連憲章』第71条には、NGOが政府代表による国連組織と対等なパートナーとして活躍するように謳っている。しかし、国連組織と民間の代表であるNGOなどのボランティア団体は、力関係や活動領域や方法、活動資金の分配などをめぐり、反目や対立しがちな側面が過去には多々みられた。NGOはその機動力や即戦力、地元の住人との密な関係がもたらすさまざまな情報や人的ネットワークなどに優れ、国家主権の枠や官僚的な機構組織に縛られ、迅速かつ柔軟な活動が困難な国際機関にはないものを多く持ち合わせている。

　一方、国際機関は、資金力、国家レベルでの外交力、法や政治政策分野での影響力、そのネームバリューによる効果的な宣伝力などに優れている。したがって、お互いの利点を生かし合いながら協力することで、受益国や受益団体に対して、より質の高い支援が可能になるのはいうまでもない。NGOが積み上げてきた実績に対して社会的評価が上がるにつれ、特に1990年後半以降、さまざまな国際会議に政府代表とともに参加するNGOが増えている。前国連事務総長のガリ氏★29もNGOとの連携は、今後の世界における変革に必須であると公言したように、こうした市民の代表たちは、国際的な政策や議論に関与し、影響を及ぼしはじめている。公の代表と、まさに「水平的な関係」を実践している彼らの姿は、21世紀の社会参加のあり方を考える際の大切な指針になる。

★29
ブートロス・ブートロス・ガリ（エジプト）第6代国連事務総長（1992〜1996）

3　心のあり方としてのボランティア

　さて、世界のさまざまな国の現場で、社会問題に取り組んだり、開発事業に参加したり、住民とともに、人権や福祉、環境にかかわる問題にかかわっている人々

は、意識するしないを別にして、その真髄にボランタリー精神をもっていると考えられる。「ボランティア」は、「自発性」「自主性」を意味するラテン語の voluntus が語源である。すなわち、自発的に行う活動、というのが基本的な意味で、その後、見返りを期待せずに、社会に役立つ活動、すなわち「無償性」「社会性」といった、活動にあっての姿勢やその意義などがボランティアの特長として述べられるようになった。

　もともとボランティアは、個人の自立や人権意識の発達した市民社会が成熟した西欧社会で発展してきたものであり、日本ではなかなか根づかなかった。しかし人は、きっかけさえ与えられれば、自分の時間や労働力、能力、技術、金などを自発的に使う、すなわち、ボランティアを行う可能性をもっている存在であるといわれる。このことを明確に証明したのが1995年、日本を襲った未曾有の悲劇、阪神・淡路大震災である。それまでは、「家」意識や内輪意識が強く、他人には無関心といわれていた日本人が、見ず知らずの被災者たちに対して何かしたいという思いに突き動かされ、その思いを行動に移したのである。その数は、直接的にかかわった人だけでも延べ約140万人といわれる。後にこの1995年を「ボランティア元年」と称するようになり、これをきっかけにして、多くの若者や女性、中高年の人々がボランティア活動に関心を向け始めている。

　ボランティアや市民活動の受け皿としての法基盤を整備する動きが活発になり、1998（平成10）年には、特定非営利活動促進法（通称NPO法）が制定された。21世紀は『ボランティア国際年』で幕開けとなり、国際的にも、ボランティアの広がりを求めての啓発活動やネットワークによる連帯が呼びかけられている。個人や組織化された市民のボランティア団体による活動領域はますます広がりをみせている。

　ボランティアの真髄にある「自発性」あるいは「自主性」は、実は「自己の確立」を前提にした概念であり、日本の戦後の教育現場では、あまり育まれてはこなかったものである。ボランティア活動の「義務化」や入試、入社試験の判定に使うといった、本来意図する方向とは異なった動きは、子どもの自由な発想や独自性のある行動能力、思考能力、決断力などの発達にはあまりプラスになるとは思えない。ボランタリー精神はNGO、NPO、国際機関を問わず、すべてに共通する心のあり方である。日本においては、教育分野への関与も含め、いまだに根強い官主導傾向は今後の課題である。一人ひとりの自覚や認識、他人任せでなく自らの問題として社会の矛盾や困難に向き合い、できることから実践し変革していく姿勢、それらの地道な蓄積が、21世紀をすべての人がより豊かな生活を送れるような社会を創造する大切な鍵ではないだろうか。「国際社会福祉」は、その実現のための大切なかけ橋として大きな期待を担っているといえる。

【参考文献】

朝日新聞社論説委員会室編『地球人の世紀へ』風濤社　1997年
足利義弘「国際社会福祉序説」『ソーシャルワーク研究』Vol.11　No.3　相川書房　1985年
足利義弘「国際社会福祉序説」『ソーシャルワーク研究』Vol.17　No.3　相川書房　1991年
上田正昭編『国際化の中の人権問題』明石書店　1998年
大沼保昭『人権、国家、文明』筑摩書房　1998年
小島蓉子・岡田徹編著『世界の社会福祉』学苑社　1994年
世界人権宣言中央実行委員会編『わたしの世界人権宣言』部落解放・人権研究所　1993年
谷勝英編『現代の国際福祉』中央法規出版　1991年
田畑茂二郎編『21世紀　世界の人権』明石書店　1997年
中神洋子「国際社会福祉論：何をどの様に教えるか」『同朋福祉』第8号（通巻30号）　同朋大学　2002年
仲村優一・一番ヶ瀬康子編集委員会代表『世界の社会福祉』（全12巻）旬報社　1998～2000年
本田和子『子ども100年のエポック』フレーベル館　2000年
松本峰雄『人権と私たちの暮らし』明石書店　1997年
アムネスティー・インターナショナル日本『世界の人権　2001』現代人文社　2001年
ヒラリー・プール編（梅田徹訳）『ハンドブック世界の人権』明石書店　2001年
ウインストン・E.ラングリー『現代人権事典』明石書店　2003年
ジョン・ロールズ他『人権について』オックスフォード・アムネスティ・レクチャーズ　みすず書房　2003年
Think the Earth プロジェクト『百年の愚行』紀伊國屋書店　2002年
緒方貞子『私の仕事』草思社　2003年
高崎通浩『世界の民族地図』（改訂版）作品社　1999年
難民問題研究フォーラム編『難民と人権』現代人文社　2001年
西島建男『民族問題とは何か』朝日新聞社　1992年
21世紀研究会編『民族の世界地図』文春新書　2000年
広河隆一『チェルノブイリから広島へ』岩波書店　1995年
村上陽一郎『安全学』青土社　1998年
レイチェル・カーソン（青樹りょう一訳）『沈黙の春』新潮社　1974年
ジェレミー・シーブルック（宇佐美昌伸訳）『ケーススタディ　子ども買春と国外犯処罰法』明石書店　2001年
レイチェル・ブレット／マーガレット・マカリン（渡井理佐子訳）『世界の子ども兵』新評論　2002年
ステュウート・ヘンリ『民族幻想論』解放出版社　2002年
デイヴィッド・ワーナー／デイヴィッド・サンダース（池住義憲他監訳）『いのち・開発・NGO』新評論　1998年
UNDP『人間開発報告書』（2001～2003）国際協力出版会　2001～2003年
UNHCR『難民白書』（2000、2002）時事通信社　2001年　2003年
UNICEF『世界子ども白書』（1996～2004）UNICEF　1996～2004年
開発教育推進セミナー編『新しい開発教育の進め方』古今書院　1995年
武者小路公秀・鈴木美恵子・友永健三『国連と人権NGO』部落解放研究所　1994年
ジョージ・J・アンドレオポーロス／リチャード・ピエール・クロード編著（黒沢

惟昭監訳)『世界の人権教育』明石書店　1999年
　アンソニー・ギデンズ（佐和隆光訳）『暴走する世界』ダイヤモンド社　2001年
　デビット・コーテン（渡辺龍也訳）『NGOとボランティアの21世紀』学陽書房
1995年
　ジョン・フリードマン（斎藤千宏・雨森孝悦監訳）『市民・政府・NGO』新評論
1995年
　UNICEF『開発のための教育』財団法人日本ユニセフ協会　1998年

終章

社会福祉基礎構造改革の考え方と課題
―― 社会福祉はどこに向かっているのか

● **本章のねらい**

　これまでの各章において、わが国のこれからの社会福祉に求められている視点や課題について考えてきた。第1章では社会福祉の理念と概念の再検討、第2章では社会福祉の現在を理解するため、過去と対話する現在としての社会福祉の発達史の考察、第3章と第4章では、ソーシャルワーカーとして基本的にもっていなければならない、生活者としての利用者への視点と社会福祉援助技術への理解の視点の明確化を示した。

　第5章から第7章では、より実践的に社会福祉を理解するために、ソーシャルワーカーにとっての倫理と専門性、社会福祉援助の対象理解における「制度からの理解」の限界と「実践的理解」の必要性とその課題の検討、またさらに、これからの社会福祉実践のフィールドの基礎であり、同時に利用者の生活の場でもある「地域」における福祉実践の視点と課題の提起をした。

　そしてまた、第8章では社会福祉実践に不可欠な社会福祉の法制度とそこでの実施体制の現状と課題の指摘、第9章ではこれからの社会福祉サービスの提供における事業評価や権利擁護システム、リスクマネジメントなどの経営管理と利用者本位の福祉システム構築への展望と課題の考察、そして最後に、第10章では国際化時代の現代において、地球規模で問われている社会福祉における国際的視野への視点を提示した。

　これら各章のテーマと観点は、ともに今日のわが国の社会福祉の基礎構造改革における、その新たな「基礎構造」を改めて社会福祉原論としてどう本体化していくかという問題意識に基づくものであるといえよう。

　そこで、この終章では、これまでの各章での検討と考察をふまえて、わが国の社会福祉における基礎構造改革の意味とその考え方について、それを改めて文字通りその「基礎構造」そのものへの問いとして考えていきたい。そして、そのことは、社会福祉の基礎構造を支える人間と社会の関係の存在論的理解の視点を明らかにすることを意味するものでもあり、かつそれは、わが国における社会福祉のパラダイム転換の意味を問うことを意味するといえよう。

1 社会福祉における基礎構造改革の意味とその考え方

1．社会福祉の学びと実践における「本体構造」と「基礎構造」

　社会福祉の学びとして、さらにはそれを実践するにあたって、社会福祉の法制度に基づくその政策やサービス、そしてさらに、実践現場での援助活動とそれを支えている援助技術について学習することは、社会福祉の「本体構造」を理解するために不可欠であることはいうまでもない。とりわけ今日のわが国において、国民誰しもにとって社会福祉は医療や教育と同様、人間にふさわしい生活の実現に不可欠な制度として位置づけられ、そうした位置づけのもとで、今後そのサービス提供は「合理的権威」[*1]に支えられたより高度な専門性に基づくものとして求められてくる。したがって、そうした社会福祉の「本体」についての専門的な知識と技術を有した専門家の養成が、これまで以上に必要となってくることは、誰しも異論のないところであろう。

　しかしながら、今日のわが国における社会福祉の基礎構造改革の意味するものが、社会福祉というそれ自体の意味に関するパラダイム転換を意味するとするならば（序章を参照）、社会福祉の「本体構造」についての学びと実践は、その教育現場や実践現場の別を問わず、社会福祉の「基礎構造」に基づく学びと実践への視点を常に必要としているのだということをも意味しているといえよう。建築工事にたとえていうならば、建物を建てる場合、そこには必ず2つの工事が必要である。すなわち、建物の本体を建てる「本体工事」と、その本体の建物を支える基礎を打つ「基礎工事」の2つである。そして、建物の本体の工事に関しては、その時代や社会の状況のなかで、人々の住居や建物へのニーズや生活機能の必要性に即して、その設計やデザインは「現代化」という名のもとで新たな装いで構築されるものであろう。さらに、建物の本体が完成してしまえば、人は地上に建てられた目に見える本体にもっぱら注意と関心を向け、地中に打たれ、その本体を支えている基礎工事のありようには、しばしば無頓着になりやすいといってもよい。しかし、その本体の建物が見た目にはいくらすばらしく見えようとも、もし、その基礎工事がずさんなものでしかなかった場合、それは極端な場合、いわば砂上の楼閣でしかないといってもいい。したがって、いかなる建築物もそれが建ってからも、またすでに目には見えなくなってはいても、その基礎工事のありように常に注意と関心を向けていくことが求められるであろう。社会福祉の学びと実践への関心が、もしその「本体構造」にのみもっぱら向けられ、それを支える「基礎構造」の意味を問う姿勢が見失われたとき、上述のたとえにも似た事態、

★1　合理的権威
合理的権威というこの言葉は、エーリッヒ・フロム（Fromm, E）が専門家などの権威の分析のなかで、二つの良心、すなわち「権威主義的良心」と「人道主義的良心」の区別として提示している人道主義的良心としての権威を意味する。(Fromm, E. *MAN FOR HIMSELF*, 1947　邦訳：谷口隆之助・早坂泰次郎訳『人間における自由』東京創元新社　1963年)

すなわち、本体と基礎の乖離という事態が実践現場において生じないとも限らない。

その一例をあげてみよう。序章でもみたように、社会福祉基礎構造改革の基本的視点として、サービス提供者とサービス利用者との対等な関係の確立ということ、また、サービス利用者の権利擁護ということがあげられている。この視点の意味するところは、わが国のこれまでの措置制度のもとでの福祉サービスの提供が、福祉サービスはサービスの供給主体である行政機関がその対象者に対して文字通り「してあげる」ものであり、対象者は利用者というよりも「してもらう人」としての関係に基づくものであったことを省みると、これからのわが国の社会福祉の基礎構造にとって極めて大切な意味をもつことはいうまでもない。しかし、次に紹介する、筆者に寄せられたある現場からの声を耳にするとき、その声は、社会福祉の実践現場において、その基礎構造の意味を日々の実践において常に問う姿勢がいつのまにか見失われていることへの疑問と戸惑いの率直な声だといえるであろう。

「私はここ数年、特に介護保険制度発足前後より、援助者の利用者の方へのかかわり方に疑問を感じています。例えば、利用者の方から苦情や要望の電話であったにもかかわらず、それへのきちんとした対応も、インフォームド・コンセントへの姿勢も不十分なまま、ただひたすら下手に出て、最後は儀礼的に『お電話いただきありがとうございました』という対応で終わらせてしまうとか、また、ある高齢者施設での出来事ですが、利用者の方が食事中ごはんをこぼし、お箸を落としたとき、3、4人の職員が群がるごとく飛んでいき、〈お世話〉をしていました。その時、すぐ側にいた1人の職員は、その利用者がどこまで自分でできるかを見届けた上で対応しようと、少し待ったのですが、有無をいわせず他の職員がすべてやってしまったとのことでした。そして、その日の夕方のスタッフ・ミーティングの席上で、その利用者の側にいた当の職員に対して〈利用者への対応が遅い〉との苦言でのカンファレンスとなったそうです。私はこのことで、いったい何をもっての『ありがとうございます』なのか、本当のサービスとは何なのか、改めて考えさせられました」。

このエピソードは、一見ささいな事柄のようにみえるが、ここには実は、これまでのわが国の社会福祉の基礎構造である「してあげる・してもらう」という関係がそっくりそのまま裏返されたにすぎない現実があることをかいま見ることができるのではなかろうか。つまり、利用者は「利用〈してあげる〉人」として、提供者は「利用〈してもらう〉人」として、互いの立場を互換しただけで構造自体は変わっていないのである。しかし、「サービス提供者とサービス利用者との対等な関係の確立」ということが、わが国のこれからの社会福祉基礎構造の基本的視点としていわれる限り、その視点とは、福祉サービスにとって、その提供と利

用の関係の構造をその基礎構造において「してあげる・してもらう」という関係の次元から、序章でみたように相互主体的な「ともに生きる」という、「共生と自立支援」の次元へとパラダイム転換する視点であり、そのことの意味を社会福祉の本体構造の学びと実践そのもののなかで問うことが、強く求められているのだといえよう。

そこで次に、社会福祉における基礎構造のパラダイム転換の意味するところを、わが国の社会福祉におけるソーシャルワークの実践課題として考え、さらに、第2節においては、今日これからの社会福祉の「社会構造化」[*2]への歩みのなかで、社会福祉の基礎構造改革がめざす人間と社会の関係への存在論的視点（福祉の哲学）とは何かについて、その展望の素描的な考察を試みておきたい。

★2　社会構造化
ここでいう「社会構造化」とは、社会福祉の制度や政策が、当該社会の社会構造を構成する不可欠なシステムとして位置づけられることを意味している。

2．社会福祉基礎構造改革の基本的視点とソーシャルワークの課題

1　三十余年前の指摘

今筆者の手元に、今から三十余年前に出版された、社会福祉入門のテキストブックがある。それは当時のわが国の社会福祉の概説書であり、その限りでは内容に関してもごく普通のテキストブックである。その本は、大塚達雄、井垣章二、澤田健次郎の3氏による共著『社会福祉』[1]である。しかし、筆者が本書の出版時から三十余年経った今日までこのテキストブックに注目し、関心を寄せ続けてきた理由は次の点であった。このテキストブックは、社会福祉の概念、社会福祉の歴史、社会福祉の体系、社会福祉の専門技術や実践分野の解説が当然ながらその大半を占めてはいるが、本書の最後に第5章として、「これからの社会と社会福祉―ソーシャルワーカーの新しい役割―」と題する章が設けられていることである。大概に、当時も今もこうした社会福祉の入門書であるテキストブックに、独立した章としてこうしたテーマを設けているものは極めて珍しいといっても決して過言ではない（「あとがき」にこうしたテーマに触れているものはあっても）。本書のこの章は独立した文章としても、現時点においても十分に読みごたえがあると筆者は評価するものである。なぜなら、今から三十余年前に書かれたこのテーマについての記述は、今日のわが国の社会福祉の基礎構造改革と、それがめざすこれからの社会福祉におけるソーシャルワーカーの実践的役割への基本的視点をいわば先取りしたものだと筆者には思われるからである。

ここではまず、そこで述べられている当時の時点での社会福祉ということへの展望と、そこでの課題として提起されているソーシャルワークおよびソーシャルワーカーの役割についての指摘のポイントを改めて紹介し、その指摘のもつ現代性、すなわち今日の社会福祉の基礎構造改革につながる意味について確認しておきたい。

2 これからの社会福祉とソーシャルワーカーの実践的役割

　このテキストが出版された昭和40年代半ばは、わが国の社会と人々の生活状況についていえば、たとえば、大衆社会状況の進展と高度管理社会への歩み、核家族化の進行と高齢化社会の兆し、そして人々の地縁的紐帯としての地域社会の崩壊等が顕在化しはじめた時代であった。したがって、本テキストの第5章の上述のテーマは、そうした社会的状況に対する社会的応答として、これからの社会福祉を位置づける視点から、現代における個人の生活状況を、家族や地域、そして職場といったさまざまな生活の場において進行しつつある人々の「人間関係の希薄化、非人格化と個人の孤立化、無力化」[2]としてとらえ、そうした事態への積極的対応の実践として、これからのソーシャルワーク実践をとらえていこうという視点が明確に述べられている。

　すなわち、そこではこの「人間関係の希薄化、非人格化と個人の孤立化、無力化」が現代社会の特質的な側面であり、かつ不可避的な側面であるとしても、だからといって、「孤独に耐えることが現代人の資格なのであろうか」[3]と問い、そして現実には「現代社会において、そうした人間同志のつながりは失われ、個人ないし個々の家族は孤独な戦いをつづけている。しかも複雑化し流動しゆく社会—ストレスは強化蓄積され問題が悪化していく可能性は大きい（この文章が書かれて30年余を経た今、この可能性は今日の少子高齢化のますますの進展を契機に、私たち現代人の生活の諸側面においてもはや疑いなく現実化していることは誰しも否定しえないであろう——筆者)」[4]とし、しかし、「社会は人びとのつながりと協力によってなりたっている。個人はまったく一人の生活には耐えることができない。自分が他とのつながりの中にあること、心のかよう相手があり共に生きているという実感があってのみ、人は安定し希望をもって生きていくことができる。寝たきりの老人にとって、ときに訪れ世話をしてくれる近所の親しい人やホームヘルパーは、物質的身体的援助をこえて心のかよう人びとの中に自分が存在し、社会にしっかりとつながっているという安心感と生きる希望をあたえていることであろう」[5]と述べている。したがって、それゆえに、「個人が社会に接続されるその時々において、社会における一つの生活単位として個人の全体が把握され、その個人が内蔵する問題が明らかにされ、必要なときに適切な援助があたえられなければならない」[6]のであり、そのためにこそ、「個人が自己の生活を支配することが不可能な今日、生活防衛のための社会的制度は現代社会の不可欠な制度として、つまり他の制度を代替するとか補充するとかでなく（この文章の書かれた時点では、社会福祉は、国民の生活にかかわる一般的社会制度の網の目からこぼれ落ちた人々や問題を拾いあげていく、代替性と補充性にその性格と機能があるといまだとらえていた——筆者）、正常な社会の制度としてすべての人びとの日常

の利用に供するものとなっていくはずである」[7]と展望している。そして、こうした社会福祉の意味を具現化し、実践化するところにソーシャルワーカーの存在の必要性とその役割が求められているとしている。この指摘は、今日のわが国の社会福祉の基礎構造改革の基本的視点のなかに内在化され、かつ現実的実践性として求められているソーシャルワーカーの役割の明確化であるといっても過言ではない。したがって、以下少し長い引用となるが当テキストの原文をそのまま紹介しておきたい。

「公私さまざまの利用すべきサービスや事業があるとしても、真にそれを必要とする人びとに間違いなくもたらされて、はじめて社会福祉だということができる。多様なサービスや資源が必要とする人に必ずもたらされなければならない。どこかにそれがあるというのでは何もならない。複雑化し流動する現代社会において、それらはますます見えにくくなり人びとから遠のいていく。そこに人間の介入すなわち、案内者あるいは制度と個人とのつなぎ手が必要である。制度が個人をとらえるというのではなく、むしろ個人が必要においてそれを利用するという個人主体のサービスの個別化が必要である。施設、機関は、それぞれ特殊機能に位置づけられているとしても、無差別、画一的、一方的にサービスをあたえるのではなく、その個人の特殊性・独自性においてその機能の最大限が発揮され個人のニードが満たされるようにしなければならない。彼個人の問題がよく見極められ、その機関で応じきれない問題の部分があるならば、他の資源が紹介され何かとアドバイスがあたえられなければならない。こうした個人化を通じてのみ、人間のためにつくられた制度は真に人間のためのものになり得るのである」[8]。

この指摘は、これが書かれた時点では、ソーシャルワークの本来的機能と、そこでのソーシャルワーカーの役割のもつ原理的課題性についての指摘として述べられているが、私たちは現時点でこの指摘を目にするとき、これはもはや原理的課題性というよりも、今日の社会福祉の制度改革のなかで、現実的かつ実践的に問われ、求められているソーシャルワークの実践課題としてリアルに受けとめる必要があろう。

2 社会福祉の基礎構造を支える存在論と「福祉の哲学」

1. 人々の生活を支える価値の転換

わが国の社会は、戦後半世紀以上を経た今日まで、人々の生活の経済的基盤の確立とそのさらなる繁栄を追い求めてきたといっても決して過言でない。そうし

たなかで、分野の如何を問わず、人々の意識や生活のなかに知らず知らずのうちに浸透してきた価値観は、経済的な効率や能率に基づく生活の快適さを求める経済主義的価値観であったといえよう。そして、そうした価値観に基づいて、人々の生きる意味や生活のなかでの生きがいを支える基本的価値も、人間の社会的労働力としての心身の健康と、その機能の社会的有用性の有無に求められてきたといってもよかろう。したがって、すでに序章でもみたように、わが国のこれまでの社会福祉も、そうした意味での生活の基本的価値を実現しえない事態にある人々を保護・救済することに、その役割が求められてきたことはいうまでもない。その意味では、これまでの社会福祉の概念に内包されてきた人間の生きることや生活への価値観もまた、そうした人間の社会的有用性を支える能率や効率に基づく経済的・機能的価値に置かれてきたものともいえるのである。たとえば、これまでのわが国の社会福祉を特徴づけてきた「救済」や「保護」、行政処分としての「措置」、さらには「収容施設」「対象者」等の言葉は、これまでの社会福祉における経済的・機能的価値観の反映でもあるといってもよかろう。

戦後、わが国の人々の生活を支えてきたこうした価値観からみれば、私たち人間にとって、「老いること」や「病むこと」、また「障害をもつこと」、さらには「死に臨むこと」といった事態は、それが人間として生きていくうえで誰しも不可避な事態であるにもかかわらず、それは人間の文化的・社会的次元の生における社会的有用性や機能的価値の喪失を意味するが故、人間としてマイナスの意味をもった事態としてしか考えられてこなかったといってもよかろう。

しかしながら、現代社会の「高齢化」の急速な進行、ノーマライゼーションの考え方の社会的浸透の兆し、また現代医学における診断・治療の高度な進歩や医学的リハビリテーションの進展は、私たち人間の生きる意味や生活の意味をとらえる視点として、これまでのいわゆる「ADLの実現」への視点のみならず、それ以上に「QOLの実現」への視点のもつ重要性を求めてきているといえよう。すなわち、私たちの生の意味を生存の次元や文化的・社会的次元においてとらえるばかりではなく、その「存在としての次元」においてとらえる視点が、これからの福祉の視点、すなわち福祉の哲学として求められてきているといえよう。そして、そのことはこれからの社会福祉にとっての人間理解そのもののパラダイム転換を意味している。以下ではその点について考えてみたい。

2．人間理解における独我論から関係論への転換

重度障害児の福祉と教育にその生涯を終えた山浦俊治は、序章でも紹介したように、「生産関係を基盤とした能力主義、そこで生れた経済価値はもちろん、人格の生存の価値を問われても答えられない、深刻な重度障害者があるのを、私たち

は知っています。そこには有用性の有無を問う、価値基準では、成立しない世界があります。哲学的には〈価値論〉でなく、〈意味論〉でなければ、光のない世界です」[9]と問い、「しかし〈意味論〉もそれだけに留まるならば、理論的には、(中略)観念的にすぎて不毛だと思うのです。深刻な重度障害者の存在に意味があるのは、その障害者と、それをとりまく人々との〈関係〉が生きている時にこそ、正に意味があると思うのです。〈意味論〉の中味は、〈関係論〉だと考えます」[10]と述べているが、この山浦の指摘は、何も重度障害児・者のみに限定されるものではなく、認知症(痴呆)や重度の要介護状態にある高齢者、さらには死の床にある人々等、その対象の違いを超えて、私たち人間の生きる意味や生活の質をめぐる、人間理解における独我論から関係論への視点の転換を示してくれているといってもよかろう。特に山浦の「〈意味論〉もそれだけに留まるならば、観念的にすぎて不毛だと思うのです」という言葉には、その人間理解における独我論的個体主義を超えた、「関係を生きる人間」への存在論的視点が含まれているといっても過言ではない。

　また、ナチスのアウシュビッツの強制収容所をユダヤ人として体験し、その体験に基づいて、人間を「意味への意志」(Will to Meaning)に生きる存在として提示したフランクル(Frankl, V. E.)は、私たち人間は自らの生きる意味を、創造価値、体験価値、態度価値の3つの価値に開かれた価値可能性の実現において見出す存在であると指摘している。通常の健康な人間にとって生きる意味とは、創造価値の実現を通して、すなわち、仕事を通して何かの成果をあげる、結婚し家庭をもち、子どもを生み育てる、若い学生ならば将来をめざして勉学に励む、さらには、スポーツやレクリエーションに参加して、その活動を楽しむといった、自らの創造価値を日々の生活のなかで実現することによって見出されるものであるといえよう。しかし、さらにフランクルは、私たちは健康を失ったり、老いや病いの床に身を置いた場合でも、つまり、自らの活動による創造価値の実現が妨げられた場合でも、私たち人間はさらに体験価値の実現を通して、その生きる意味を実現していく存在であるという。たとえば、ベッドに寝たきりであろうともそこでいい音楽を聴いて楽しんだり、すばらしい書物を読んで感銘を受けたりして、創造価値がもはや実現できなくても、私たちはそうした体験価値の実現を通して生きる意味を実現することができるのである。

　しかしながら、私たち人間は、それら創造価値、体験価値をも実現しえなくなった事態に直面しようとも、なおかつ生きる意味を実現しうる存在であるとフランクルはいう。すなわち、重い障害や治らない病い、進行する老いや死といった、何もできなくなってしまった事態に身を置いても、私たち人間は、人との関係を生きるそのこと自体が無条件に生きる意味として実現される態度価値への価値可

能性を生きている存在であると指摘している★3。

このように、山浦が発見し、フランクルが指摘している「関係を生きる人間」の存在に、私たち現代人の多くは今日あまりにも無頓着であり、その日常経験における人とのかかわりをめぐっても、時には「人は一人では生きられない」という意識に駆られたり、また逆に「所詮人間なんてひとりぼっちだ」「結局、自分のことは自分が一番よくわかっている。他人なんかにわかりはしない」という独我論的他者不信に自らを帰結させ、その結果、「私たち人間は本来誰しも一人では生きてはいない」という人間の存在論的事実を忘却していることが多いといえよう。しかし、そうであればあるほど、これからの社会福祉が人々の「共生と自立」を支える実践としてとらえられていくならば、その実践の担い手であるソーシャルワーカーには、「関係を生きる人間」の存在論的事実への気づきと、その気づきに基づく関係論からの援助の視点が問われ、求められているといえるであろう。そこで最後に、ソーシャルワークにおける対人援助論に問われている関係論の視点の課題についてみておきたい。

3．ソーシャルワークにおける対人援助論の課題

現代の社会福祉学におけるソーシャルワークの「対人援助論」を理論的に構成している基本原理は、その各論的援助技術論の如何を問わず、次の三つに凝縮されるといえるであろう。すなわち、一つはその援助関係における利用者（クライエント）の「自己決定論」であり、二つはその援助関係における援助者の「自己覚知論」であり、さらに三つはその援助関係における利用者（クライエント）と援助者の「対人関係論」である。そして今日、社会福祉学における「対人援助論」の教育と研究の中心は、これら三つの基本原理になんらかの意味でかかわるものだといえよう。

しかしながら、たとえば医療や福祉の現場で、その「自己決定論」が大きな壁にぶつかるのは、患者や利用者がさまざまな要因で「自分というもの」を自分の意識や言葉で伝えられない事態に直面したときであり、また援助者の「自己覚知論」が、しばしば援助者をして、自己閉鎖的な「自己凝視」や自意識としての「自己反省」へと向かわしめ、「まず自分を知ることができなければ、相手（他者）を知ることはできない」「相手を援助しうるためには、まず自分はどうあればいいか」といった、そのかかわりにおける一方向的態度を逆に生み出しがちであり、それが対人援助場面における一つの臨床的な壁になることもしばしば起こりうる。さらにまた、利用者と援助者の「対人関係論」への視点が、どこかで、利用者、援助者それぞれの「個」を前提とした二次的関係論に陥りやすいこともしばしばみられる。その結果として、「第6章　社会福祉の実践的理解Ⅱ」でみた

★3
フランクル（Frankl, V. E.）の「意味への意志」（Will to Meaning）と3つの価値概念については、次の文献を参照されたい。V・E・フランクル（霜山徳爾訳）『死と愛－実存分析入門－』みすず書房1967年および淑徳大学エクステンションセンター編　長谷川匡俊編集代表『今を生きて老いと死を生きる』青娥書房　2004年

ように、その「対人関係論」は最初からもっぱら「対人技術論」として意識され、目の前の利用者の存在はその援助技術の「対象者」でしかなくなってしまいかねない。

　こうした今日の「対人援助論」における「自己決定論」や「自己覚知論」が、対人援助における基本原理それ自体としてはその原理的正当性をもちながら、しかし結果として、その援助実践やソーシャルワーク教育において、臨床的な壁にぶつかってしまうその壁とは、実は、「自己」の存在の理解をどこかで「自己意識」として理解してしまうことの壁であるといってもいいであろう。そうした「自己意識」としての「自己」理解とは、精神病理学者の木村敏の指摘を借りるならば、対人状況のなかの「〈コト〉としての自己」ではなく、状況を前にした「〈モノ〉としての自己」[11]理解である。そして、こうした「自己」理解は、その「対人関係論」における「関係性」の忘却と、その関係論における独我論的個体主義、すなわち、「私」と「あなた」が生まれる基盤としての「関係性」の欠如につながることはいうまでもない。そして、独我論的個体主義を「自己」理解の前提とした「対人援助論」に基づく援助実践やその教育は、「第5章　社会福祉の実践的理解Ⅰ」でもみたように、しばしば「良心的エゴイズム」という「関係性」に閉ざされた態度をその結果として生み出しやすい。「良心的エゴイズム」とは、

図終-1　社会福祉実践の基礎構造と本体構造

分野・領域 制度・政策　→ 組織・管理	社会福祉実践	（本体構造）
社会福祉援助技術　→	対 人 援 助 論	（土台構造）
	対 人 関 係 論	（基礎構造）
	関　係　性 （自　己） 〈存　在　論〉	

私たちがその対人関係の場でしばしば陥りやすい態度であり、それは次のように特徴づけられる態度である。

「何でもない日常の人間関係の場で、彼（女）らは申し分なく誠実で真面目で、しかもいつも優しい。自らを律するに厳しく、他人には寛容である。彼（女）らは真剣に〈もっと立派な自分になりたい〉と願い、いつも自分を見つめている」[12]が、しかし、いざ対人関係の場や対人援助の場に身を置くやいなや、目の前の「他者に関心を向けようとしている〈その自分だけ〉にしか意識や関心をむけていない」[13]という態度である。

これからの社会福祉実践にとって、その人間理解の存在論的視点としての独我論から関係論への転換は、ここでみたソーシャルワークにおける対人援助論が内包している独我論的個体主義に基づく「良心的エゴイズム」を、ソーシャルワーカーがどのように克服していくかという実践的課題として問われているのだといえよう。

【引用文献】
1）大塚達雄・井垣章二・澤田健次郎『社会福祉』ミネルヴァ書房　1972年
2）同上書　p.231
3）同上　p.232
4）同上　p.235
5）同上　p.232
6）同上　p.235
7）同上　p.233
8）同上　p.234
9）山浦俊治『この子らは光栄を異にす』地湧社　1987年　p.213
10）同上書　p.217
11）木村敏『自分ということ』第三文明社（レグルス文庫147）　1983年
12）早坂泰次郎編著『〈関係性〉の人間学－良心的エゴイズムの心理－』川島書店　1994年　p.2
13）同上書　p.20

【参考文献】
　大塚達雄・井垣章二・澤田健次郎『社会福祉』ミネルヴァ書房　1972年
　糸賀一雄『福祉の思想』日本放送出版会　1968年
　早坂泰次郎編著『〈関係性〉の人間学－良心的エゴイズムの心理－』川島書店　1994年
　山浦俊治『この子らは光栄を異にす』地湧社　1987年
　糸賀一雄『この子らを世の光に－自伝・近江学園二十年の願い－』柏樹社　1965年
　正村公宏『ダウン症の子をもって』新潮社　1983年

索 引

あ―お

アカウンタビリティ　80
安達憲忠　48
アダムス, J.　52
アドミニストレーション　16
アリストテレス　21
医学的・生理学的欠損　9
石井十次　49
石井亮一　49
一番ヶ瀬康子　31
糸賀一雄　4
岩田正美　62
インシデントレポート　183
インフォーマルケア　136
ウェルフェア・ミックス　162
ウェルマン　25
ヴォルフェンスベルガー　23
運営適正化委員会　177
ＡＤＡ→障害をもつアメリカ国民法
易林　20
NGO　199,206,208
NPO　156,199,208
エリザベス救貧法　45
エンパワー　204
エンパワメント　89
応益負担　165
応能負担　165
大橋謙策　34
岡村重夫　62
岡村社会福祉論　5
岡山孤児院　49

か―こ

ガーディン, S.　51
介護支援専門員　159
介護福祉士　157
介護保険制度　165

介護保険法　148
開発のための教育　204
カウンセリング　84
片山潜　52
家庭学校　48
貨幣的ニード　67
感化院　47
感化救済事業　47
韓詩外伝　20
間接援助技術　82
関連援助技術　83
機能的生　11
規範的ニード　66
基本的人権　22
基本的要求　60,62
客体的側面　6
QOL　61
救護法　54
行基　41
狭義概念　26
狭義の社会福祉　29
狭義のニード　61
共生　3
行政監査　172
行政との契約方式　166
共同募金会　155
業務独占　157
キングスレー館　52
苦情解決事業　179
グループワーク　82
ケアマネジメント　83
ケアマネジャー　159
経済開発・人間開発　207
契約締結審査会　177
ケースワーク　80
現金給付　159
顕在化したニード　65
現実性の原理　7
現物給付　159
権利　25

権利擁護　25
小石川療養所　43
コイト, S.　52
公益ユース法　44
広義概念　26
広義の社会福祉　29
広義のニード　61
厚生事業　54
厚生労働省　150
交通バリアフリー法　146
河野正輝　25
孝橋正一　31
合理的権威　212
国際社会福祉　189
国際障害分類　9
国際人権（Ａ）規約（社会権規約）　22,191
国際人権（Ｂ）規約（自由権規約）　23,191
国際生活機能分類　9
国際ソーシャルワーカー連盟　34
国際連合　207
国際労働機関　207
国民のニード　66
国連開発計画　207
国連教育科学文化機関→ユネスコ
国連児童基金　207
国連難民高等弁務官事務所　193,207
50年勧告→社会保障制度に関する勧告
個人的能力障害　9
子ども兵士　194
個別援助技術　80
コミュニティワーク　82
戸令　40
コンサルテーション　84
コンプライアンス　182

さーそ

済世顧問制度　53
在宅福祉の場　132
債務奴隷労働　198
真田是　31
GHQ　55
ジェネラリスト・アプローチ　88
支援費支給方式　166
四箇院　41
自己覚知　87
自己決定論　219
自己評価　172
施設福祉の場　133
慈善信託法　44
慈善組織協会　51
市町村　151
実体概念　27
実体概念的用法　26
児童搾取労働　196
児童相談所　152
児童福祉法　148
渋沢栄一　48
嶋田啓一郎　23
社会活動法　83
社会関係　6
社会救済に関する覚書　55
社会権規約（国際人権（A）規約）　22,191
社会構造化　214
社会性の原理　7
社会的障害　10
社会的生　11
社会福祉　20,75
　…のＬ字型構造　33
　…の固有の視点　5
　…の「本体構造」　212
　…の理念　22
社会福祉運営管理　82
社会福祉運動論　31
社会福祉援助　76
社会福祉援助活動の機能　84
社会福祉援助技術　77
　…の価値　77
　…の原則　78
　…の原理　78

社会福祉概念の用法　26
社会福祉技術論　31
社会福祉基礎構造改革　2,213
　…の基本的方向　170
社会福祉協議会　134,155
社会福祉経営論　31
社会福祉計画法　83
社会福祉固有論　31
社会福祉士　156
社会福祉主事　158
社会福祉政策論　31
社会福祉専門職制　34
社会福祉調査法　82
社会福祉法　29,149
社会福祉法人　153
社会保障給付費　162
　…の財源　163
社会保障制度審議会　28
社会保障制度に関する勧告　28
集団援助技術　82
自由権規約（国際人権（B）規約）　23,191
主体性の原理　7
主体の側面　6
主体的論理　14
手段的ニード　62
恤救規則　47
障害　8
障害者基本計画　131
障害者基本法　148
障害をもつアメリカ国民法　24
小規模多機能型施設　133
聖徳太子　41
浄土宗労働共済会　50
自立　61,105
新救貧法　45
人権　191
賑給　40
身体障害者更生相談所　153
スーパービジョン　84
救小屋　43
ストックホルム人間環境宣言　200
ストリートチルドレン　199
ストレングス視点　90
生活課題　60

生活支援員　177
生活保護法　55,147
精神科ソーシャルワーカー　157
精神保健福祉士　157
制度横断的・機能的社会福祉概念　29
性の搾取労働　198
生物的生　11
世界人権宣言　22,191
世界保健機関　207
説明責任　80
セツルメント　52
潜在的ニード　65
戦争　192
全体性の原理　7
専門員　177
ソーシャルアクション　83
ソーシャルインクルージョン　24,31
ソーシャル・ウェルフェア・アドミニストレーション　82
ソーシャル・ウェルフェア・プランニング　83
ソーシャルワーカー　76,87
ソーシャルワーカーの倫理綱領　94
ソーシャルワーク　34,76
　…の専門性　112
　…の定義　34
ソーシャルワーク・リサーチ　82
措置制度　165

たーと

第1種社会福祉事業　149
第三者評価　173
第三者評価事業　170
対象理解論　117
対人援助論　219
第2種社会福祉事業　149
高島進　31
滝乃川学園　49
地域援助技術　82
地域福祉権利擁護事業　177
地域福祉の場　134
チェルノブイリ原発事故　201

索引

知的障害者更生相談所　153
中央共同募金会　155
直接援助技術　80
ディマンド　63
トインビー, A.　52
トインビー・ホール　52
東京市養育院　48
トール, C.　13
特定非営利活動促進法　156,208
都道府県　151
留岡幸助　48

な－の

難民　193
ニーズ　59
ニード　59
…の判断　67
ニィリェ, B.　23
日本型福祉社会　56
日本国憲法第25条　28
人間的自由　14
人間的生　11
人足寄場　43
ネットワーク　83
ノーマライゼーション　4,23

は－ほ

パートナーシップ　90
ハートビル法　146
バーネット, S.　52
長谷川良信　3,50
パターナリズム　89
ハル・ハウス　52
バンク－ミケルセン　23
非営利組織　199
比較ニード　66
非貨幣的ニード　67
非識字者　204
非政府組織　199,206
秘密保持　105
貧困　195
フォーマルケア　136
福祉　19
福祉系企業　156
福祉サービスの事故　182
福祉施設　160
福祉事務所　152
福祉ニード　61
福祉八法改正　152
福祉六法　56,147
婦人相談所　153
フランス人権宣言　191
プラント　25
古川孝順　32
平和　195
保育士　158
法的優位性　25
方面委員制度　53
訪問介護員　159
ホームヘルパー　159
ボランティア　208

ま－も

マネジメント　15
マハヤナ学園　50
三浦文夫　31,61
民間非営利団体　156
民族紛争　192
名称独占　157
目的概念　27
目的概念的用法　26

や－よ

ユニセフ　204
ユニットケア　133
ユネスコ　204,207

ら－ろ

ラッセル, B.　22
リスク・コントロール　184
リスク・ファイナンシング　185
リスクマネジメント　181
リスクマネジメント委員会　181
リスクマネジメント・プロセス　183
リッチモンド, M.　51
利用者評価　173
良心的エゴイズム　102,220
臨床社会福祉学　21
隣人ギルド　52
倫理　93
ルソー　21
レスパイトサービス　140
老人福祉法　148
老人保健法　148

わ－ん

ワークハウス　45
渡辺海旭　49

●編者紹介

足立 叡（あだち・あきら）

1945年　生まれ
1971年　立教大学大学院社会学研究科応用社会学専攻・修士課程修了
　　　　元淑徳大学総合福祉学部教授（学長）
著　書　『臨床社会福祉学の基礎研究』学文社
　　　　『ソーシャル・ケースワーク ── 対人援助の臨床福祉学 ── 』（共編著）
　　　　中央法規出版
　　　　『新・社会福祉学 ── 共存・共生の社会福祉学をめざして ── 』（共編著）
　　　　中央法規出版
論　文　「人間学的社会学の立場と方法・序説（その1）」『淑徳大学研究紀要』
　　　　「臨床社会学序説 ── 社会福祉学の可能性を求めて ── 」『立教社会福祉研究』
　　　　「社会福祉教育における臨床的視点 ── 社会福祉の専門性と「援助技術論」をめぐって ── 」『淑徳大学研究紀要』他

新・社会福祉原論
現代社会福祉の視点と
社会福祉援助の可能性

2005年3月25日　初版第1刷発行
2022年9月5日　初版第11刷発行

編　者	足立　叡
発行者	竹鼻均之
発行所	株式会社みらい

〒500-8137　岐阜市東興町40　第五澤田ビル
TEL 058-247-1227(代)
https://www.mirai-inc.jp/

印刷・製本　サンメッセ株式会社

ISBN978-4-86015-058-7 C3036
Printed in Japan　　　　乱丁本・落丁本はお取替え致します。